读懂外交语言

How to Interpret the Diplomatic Language

仪名海 等 著

清华大学出版社
北京

版权所有，侵权必究。举报：010-62782989，beiqinquan@tup.tsinghua.edu.cn。

图书在版编目（CIP）数据

读懂外交语言 / 仪名海等著. —北京：清华大学出版社，2021.12
（博学通识）
ISBN 978-7-302-49203-0

Ⅰ. ①读… Ⅱ. ①仪… Ⅲ. ①外交–语言艺术 Ⅳ. ① D80

中国版本图书馆 CIP 数据核字 (2017) 第 319288 号

责任编辑：王如月
封面设计：文化·邱特聪
责任校对：王荣静
责任印制：朱雨萌

出版发行：清华大学出版社
网　　址：http://www.tup.com.cn, http://www.wqbook.com
地　　址：北京清华大学学研大厦 A 座　　邮　　编：100084
社 总 机：010-62770175　　邮　　购：010-62786544
投稿与读者服务：010-62776969, c-service@tup.tsinghua.edu.cn
质量反馈：010-62772015, zhiliang@tup.tsinghua.edu.cn

印 装 者：三河市国英印务有限公司
经　　销：全国新华书店
开　　本：165mm×230mm　　印　张：17.5　　字　数：250 千字
版　　次：2021 年 12 月第 1 版　　印　次：2021 年 12 月第 1 次印刷
定　　价：68.00 元

产品编号：077902-01

序　　言

　　语言作为人类彼此沟通的工具和文明进步的标志，具有一种刚柔并济的力量，在推进人类进步和最终构建人类命运共同体的过程中发挥着巨大作用。自主权国家创建以来，国家间由于政治、经济、军事及文化等原因引发的矛盾和冲突不断。在处理和解决国家间矛盾和冲突的过程中，或诉诸武力通过战争途径，或借助外交通过和平手段成为主权国家的基本选择。

　　"黄沙百战穿金甲，不破楼兰终不还""男儿何不带吴钩，收取关山五十州""夜阑卧听风吹雨，铁马冰河入梦来"等诗句，充分展现出尚武从戎的将士们在金戈铁马、刀剑铿锵的战场上建功立业、报效国家的英雄本色。与此同时，作为独特群体的外交人员，在维护和拓展国家权益的过程中，虽然不能像战场上的将士们那样披坚执锐，冲锋陷阵，御敌于外，但他们胸藏百万雄兵，以语言为利器，在谈判桌上，纵横捭阖，唇枪舌剑，决胜千里；在彼此问答中，破拆敌谋，消弭矛盾，瓦解对手，实现国家对外战略的目标。

　　毫无疑问，外交人员虽无战场将士横刀立马、投鞭断流、横扫顽敌的武力，却也不乏陈词慷慨、力挽狂澜、气吞山河的威势。"一人之辩重于九鼎之宝，三寸之舌强于百万之师"，此之谓也。一言可以兴邦，一言可以丧国。在外交领域，语言的作用尤为彰显。较之军事战场上的两军对垒，阵线分界，真刀实枪，外交领域面临的问题则更加盘根错节，犬齿交错，隐晦不明。在波诡云谲、阴晴交替、瞬息万变的外交舞台，对外交语言的运用关系到国家的生死存亡、民族的兴衰续废、个人的荣辱悲欢。

　　外交语言是国家间在彼此交往的过程中形成的特殊语体，其功能独特，风格殊异，含义复杂。常言道：当外交官说"是"的时候，也就是"也许"；当外交官说"也许"的时候，也就是"不"；当外交官说"不"的时候，就不是外交官了。在外交舞台上，笑脸相迎，却口蜜腹剑；温情脉脉，却底色狰狞；觥筹交错间不仅是欢歌悦曲，笑语盈盈，也常常有刀光剑影，危机重重；听似不经意的话语，实则经过了深思熟虑；听似风马牛不相及的回答，实则意图明确，指向清晰，受话者在"蓦然回首"间，幡然醒悟，品出话语的奥妙，理解其含义真谛；看似习以为常、司空见惯的行为举动，实则是经过千思百虑蕴含着深意的有意为之，蓄意为之。

"工欲善其事，必先利其器。"对于外交人员而言，外交语言是他们驰骋外交舞台的利器。纵横舌上鼓风雷，谈笑胸中换星斗。古今中外杰出的外交家都能很好地利用这一利器，守疆卫土，御敌于外，出色地完成其所肩负的外交使命。

"读懂"是"说好"的前提。外交语言常常言在此，而意在彼，虚实并至，真假相糅，让人扑朔迷离，如雾里看花，取舍踌躇。在运用外交语言的过程中，"读懂"是首要问题。只有"读懂"外交语言，才能了解相关方面话语活动的目标、本质、策略及技巧，并做出有效的回应，实现"说好"外交语言的目标。

进入 21 世纪以来，全球化进程不断加快，外交进一步成为各主权国家实现其利益、捍卫其合法权益的主要途径。世界各国的外交战略、外交策略及外交技巧等研究在深度上和广度上不断加强。为维护国家利益，实现国家外交活动的目标，外交人员不仅要了解国家外交战略，掌握国家外交政策，熟知外交技巧，还必须学会运用外交语言。

本书将语言学与外交学结合，通过对古今中外大量的运用外交语言案例的分析，阐明外交语言的语体特色、发展规律、语用策略及语用技巧，解决如何"读懂"外交语言的问题。本书集趣味性、知识性、实用性于一体，可读性强。

参与本书写作的有：王一民、聂珺婷、韩海宾、张婧、麻梦倩、崔潇、潘帅孜、刘小燕、任鹏飞、张智琦、李烨辉、李杨薇、冯小桐、戴湛轩、仪修稷、刘桦葳、高杉、陈珂、王译霄、张正、李唐、巩亚妮、李聆溪、吴雨萌和仪名海等。由于我们的水平所限，书中疏漏、欠妥之处在所难免，敬请专家、学者及广大读者批评指正。

在本书编辑出版过程中,清华大学出版社的编辑做了大量卓有成效的工作,许多极具专业性的建议使作者受益匪浅。他们的辛勤工作使本书能及早与读者见面,在此表示诚挚的感谢!

仪名海

2021 年 1 月 1 日

目　　录

第一章　语言与国际社会 /001
　　一、语言塑造国际社会 /002
　　二、世界性的语言彰显国际秩序 /005
　　三、国家语言影响国家外交活动 /007

第二章　称谓——国家关系亲疏的晴雨表 /011
　　一、国家称谓的概念 /012
　　二、国家称谓的类型 /012
　　三、国家称谓的作用 /016

第三章　国旗"飘扬"出的天地 /023
　　一、国旗的起源及类别 /024
　　二、国旗的象征意义 /031
　　三、国旗在国际关系中的运用 /034

第四章　服用"饰"己，但重在"示"人 /037
　　一、外交服饰语言的概念 /038
　　二、外交服饰语言的类型 /039
　　三、外交服饰语言的功能 /044

第五章　外交礼仪怎样以礼达意 /051
　　一、外交礼仪的含义、形成及发展 /052
　　二、外交礼仪的基本构成 /053
　　三、外交礼仪的应用原则 /056

四、外交礼仪的作用 /058

第六章　外交肢体语言的运用 /064
　　一、外交肢体语言的概念 /065
　　二、外交肢体语言的作用 /067
　　三、正确运用外交肢体语言 /071

第七章　多彩颜色与复杂世界的表达 /074
　　一、颜色的外交含义 /075
　　二、颜色在外交中的运用 /076

第八章　觥筹交错中把握什么 /088
　　一、宴请表达国家关系的亲疏 /089
　　二、宴请展示国家的实力及文化 /094
　　三、宴请营造和烘托外交氛围 /096
　　四、宴请中智慧化解外交难题 /098

第九章　国家领导人外交形象语言 /100
　　一、国家领导人外交形象的构成 /101
　　二、国家领导人外交形象语言的功能 /104
　　三、国家领导人外交形象语言的运用 /105

第十章　外交言辞与真实含义之间的转换 /109
　　一、外交言辞的真实含义 /110
　　二、外交言辞与真实含义的转换 /116

第十一章　外交演讲语言的特点 /119
　　一、外交演讲的概念及类型 /120

二、外交演讲的功用及特点 /120
　　三、外交演讲语言的运用 /123

第十二章　外交诗赋语言 /135
　　一、外交诗赋语言的概念 /136
　　二、外交诗赋语言中的顺应体现 /136
　　三、外交诗赋语言的实践运用 /141

第十三章　语言博弈的策略及手段 /145
　　一、语言博弈的概念和功能 /146
　　二、语言博弈的策略选择 /148
　　三、语言博弈的手段 /153

第十四章　对模糊语言作清晰的判断 /156
　　一、模糊语言的概念 /157
　　二、模糊语言的起源 /158
　　三、模糊语言的功能 /159
　　四、模糊语言的运用 /163

第十五章　外交语言中的谎话分析 /169
　　一、外交语言中的谎话现象 /170
　　二、外交语言中谎话存在的原因 /172
　　三、外交语言中谎话的作用 /173
　　四、外交语言中说谎的后果 /174
　　五、外交语言中谎话的未来发展 /174

第十六章　外交语言中的虚实运用 /176
　　一、外交语言的务实 /177

二、外交语言的务虚 /180

第十七章　外交语言中潜台词的运用 /185
一、潜台词的概念 /186
二、潜台词的功能 /187
三、潜台词在外交语言中的应用 /192

第十八章　引经据典，魅力彰显 /193
一、娓娓道来，情谊绵长 /194
二、妙引故事，化解分歧 /196
三、巧用谚语，一语中的 /197
四、援引古文，昭示现实 /200
五、趣引名言，成就外交 /202

第十九章　外交中如何说"狠话" /204
一、义正词严式 /205
二、比喻对比式 /209
三、口号式 /212
四、绵里藏针式 /214

第二十章　外交中如何用语言化解难题 /217
一、利用矛盾，排除障碍 /218
二、动之以情，晓之以理 /219
三、求同存异，真诚包容 /221
四、进退有据，收缩自如 /223
五、自我解嘲，突破困境 /224
六、言辞委婉，善用暗语 /225

七、恰当躲闪，适度回避 /226

八、答非所问，规避矛盾 /227

九、推己及人，博得同情 /229

第二十一章　一份被篡改的急电引发的战争 /231

一、"埃姆斯急电"变成挑动法国"公牛"的"红巾" /232

二、"鸣放退却"的号音变成"鸣放进攻"的喇叭声 /233

三、"帝国像纸房子一样倒塌了" /236

四、普法战争后法语的"最后一课" /238

第二十二章　乒乓外交的语言运用 /241

一、得体原则的运用 /242

二、模糊原则的运用 /244

三、修辞手法的运用 /247

第二十三章　熊猫外交的语言运用 /250

一、熊猫的形象语言 /251

二、熊猫外交的礼仪语言 /251

三、熊猫外交的模糊语言 /255

第二十四章　环境外交语言透析 /257

一、环境外交语言的概念 /258

二、环境外交语言的特征 /259

三、环境外交语言的差异 /261

第一章　语言与国际社会

　　语言作为主权国家开展外交活动的工具，受制于维护和扩大主权国家的利益需要。外交言语活动并非是为了击倒对方，而是在合理的、体面的空间内，实现自身国家利益最大化。作为主权国家间外交关系起始标志的《威斯特伐利亚和约》，是一份经过200名代表"精心的文字打磨"的，在国际法发展过程中具有里程碑意义的国际文件。代表们之所以克服重重障碍，对该和约反复字斟句酌，除了要维护自身所代表的国家利益外，也表达了国际社会在经历了惨烈的"三十年战争"后痛定思痛，力避战争重现的心得。

　　上图为《威斯特伐利亚和约》签订仪式——画家杰拉德·泰尔博赫通过画笔记录下了1648年发生在谈判地点明斯特的重要时刻。

人类在认识世界和改造世界的过程中创造出语言，并借助语言进一步认识世界和改造世界。就国际社会而言，语言是国家关系和国际秩序的一种反映，语言的使用深刻影响国际关系的发展，对构建国际秩序发挥着重要作用。国际关系建构主义学派认为，语言对于国际社会具有建构作用。语言是文化的延伸和代表，在国际社会中，实力霸权和语言霸权往往相伴相行。无论是在哪个时代，实力霸权常常借助国际政治支配力获得语言霸权，其语言理所当然地成为世界性的主导语言。从这个意义上讲，语言就是一种权力。在具体外交活动中，对于语言的理解与运用极大地影响了国家的外交实践。"文字游戏"成为外交活动的重要部分，对于语言的理解和运用不当，往往带来严重的外交后果，甚至导致国家利益的丧失。因此，语言的运用必然成为从事外交活动的外交人员一门必修的课程。

一、语言塑造国际社会

语言不仅对于人类社会有着建构作用，从广义范围来看，对于国际社会的建构也有很大影响[1]，这是西方国际关系理论建构主义学派的重要共识。从 20 世纪 80 年代末开始，西方逐渐将语言研究作为国际关系理论研究的重点之一。当时，新现实主义和新自由主义理论在国际关系学术界风头正盛，原有西方主流国际关系理论正日益受到挑战，于是人们开始从其他所谓非主流的视角重新审视国际关系。国际关系学界对语言的关注便开始于这个时期。建构主义学派把语言作为影响社会进程的一个重要变量和影响因素，开始投入更多的精力关注语言对建构文化和社会的影响。

国际关系理论对于语言的研究主要包括以下四个方面：第一，从规则的角度进行研究。建构主义认为，语言的使用本身就是一种建构规则的行为。人们在使用语言的过程中往往遵循一定的约定俗成，而这一语言使用过程最终则会演绎成社会的规则，进而各式各样不同的规则最终形成了政治权威和政治统治，以此来建构整个社会。所以，只要有语言规则的存在就会

1　刘永涛. 语言与国际关系：拓展政治分析的新视角 [J]. 世界经济与政治，2011，（7）：157.

衍生出政治权威和政治统治。国内社会如此，国际社会也一样如此。第二，从语言使用艺术的角度进行研究。语言的使用可以称得上是一门学问，或者是一门艺术。第三，从话语的角度进行研究。语言被学界公认为可以建构定义和概念，因而可以建构话语权。在一定的社会范围内，对于语言的特定使用将形成一种主导的话语体系。而一旦某个主导话语体系建立起来，便会形成一种权威，即被当然地认为是无可厚非的、正确的，而任何偏离主导话语的语言均被认为是错误的。第四，从语言权力的角度进行研究。国际关系学者认为，在国际社会范围内，对于某种语言的使用本身就是一种权力的象征。和物质力量一样，语言作为一种文化力量，同样也形成一种叙述结构，制约行为体的行为，最终影响国内社会和国际社会的秩序。

以上研究表明，语言对国际关系的影响有其内在的生成逻辑，语言对国际社会建构发挥重要作用。举例来说，使用不同的语言形容一个相同的客观事物，将会起到完全不同的效果。使用不同的语言会演绎出不同的规则，进而形成不同的话语权体系和主导权威。学术研究表明，对于国际关系中语言的使用已成为当今国际社会一个重要的研究课题，而研究结果也十分有趣。

在当今世界，对于同一问题因利益不同而作出不同的表述的例子比比皆是。例如，针对全球出现的气候问题，对于使用什么样的语言和词汇来定义这一问题就引起过争议。在美国政府发布的有关国情咨文中，前副总统戈尔使用"气候危机"（climate crisis）一词；而前总统乔治·沃克·布什则使用"气候变化"（climate change）进行描述。一些亚洲国家政府通常使用"全球变暖"（global warming），而欧洲国家往往使用"气候混乱"（climate chaos）进行描述。对同一个问题，不同的描述将演绎不同的定义和界定，从而带来不同的外交后果。就"气候危机"和"气候混乱"这两个词而言，前者显然加强了这个问题的严重性，需要采取紧迫措施来处理而后者则重点强调失序，相对而言紧迫性弱些；"气候变化"一词给人直观感受是这个问题仍然可以被控制，对人类没有太大的挑战；"全球变暖"更容易把人们的视线集中在全球平均温度，而不是专注于更严重的环境问题，如海啸、洪水和干旱。最后美国政府还是选择了保守的说法，即"气候变化"一词，并延续至今。

从国际关系研究的角度出发，对中国而言，当务之急是要建立符合自身利益的国际话语体系[1]，为此首先要开展相应的理论研究，建立自己的理论体系。现如今，中国的国际关系学者依然将西方的国际关系理论奉为圭臬，对于国际关系的发展变化、行为体行为的描述及各类概念的定义基本上使用西方的话语和意义体系。在这一情势下，中国的很多外交行为常常被西方的话语体系所界定，其结果往往对中国不利。例如，中国经济的蓬勃发展被西方形容为"中国威胁"，而中国对非洲的战略投资则被西方定义为"新殖民主义"。正因为世界主要的话语权仍然掌握在西方国家手中，西方国家往往根据自身利益通过自己的话语体系界定西方自身和其他行为体的行为。

根据国际关系理论的发展态势，如今"软实力"这一概念备受学者和政治家关注。美国在奥巴马政府时期，更是明确地提出"软实力"概念的升级版——"巧实力"这一概念。在当今国际社会话语权则越来越被判定为衡量国家软实力的重要标准。对中国来说，如何构筑一个以中国为核心的国际话语体系，提升中国在世界范围内的话语影响力是国家软实力发展面临的重要课题。中国想要为自身未来的发展营造有利的国际环境，首先需要在国际话语建构问题的研究上下大力气。中国需要一个能够反映中国文化和思维方式，体现中国价值观的国际话语体系，以适应自身与日俱增的国际影响力。

2008年全球金融危机之后，西方社会出现了对于以西方为中心的世界政治体系和国际话语体系的检讨和反思。这一现象折射出西方人意识到问题的所在，即其话语体系并不是完美无缺的，在现实的国际社会实践中也存在着诸多不足。随着中国经济的发展，中国的国际话语权得到了很大的伸展和提升。近些年来，中国在世界范围内推出了很多概念，如"和谐世

---

1 刘永涛. 理解含义：理论、话语和国际关系 [J]. 外交评论（外交学院学报），2007，（2）：25.

界""科学发展观",乃至"一带一路"倡议、"中国梦""人类命运共同体"等。就对外关系而言,中国需要将自己的发展理念打造成世界范围内的通行概念,即建立以中国理念为核心的国际话语体系。在这一过程中,我们必须明确指出,话语体系的建立必须以实证研究为基础,需要找到中国话语系统与西方话语系统之间的差距,如文化、语言、思维方式等各个方面,然后找出彻底解决这些问题的办法。

同时,在话语权构建的过程中,我们还要正确处理语言和权力的关系。语言实际效果的强弱取决于语言资源的强弱,而语言资源包括媒体资源、语言的通行程度、对国际社会的影响力等。现实的例子就是伊拉克战争,美国和伊拉克都在舆论战上投入了巨大的精力,但最终的语言效果天差地别。伊拉克在国际社会的话语权微乎其微,仅仅依靠半岛电视台等少数阿拉伯媒体资源进行发声。而美国不仅垄断了国际社会的主要媒体资源,其国家语言英语更是对阿拉伯语的受众形成压倒性的优势,即便美国发动的这场战争是非正义性战争,但却通过各种舆论手段在将伊拉克政权界定为邪恶政权的同时,把这场侵略战争描述为"解放伊拉克人民"的战争,从而在一定时期内占据了舆论的制高点。

二、世界性的语言彰显国际秩序

"国运兴,则语言兴,国运衰,则语言衰"。历史上一个个案例表明,一个世界性或者地区性的领导国家的语言,必定是国际社会流行的语言。作为软实力的一种,语言的发展以硬实力作为基础。纵观世界历史不难发现,语言的兴衰与国家霸权的兴衰相同步。[1]

在古罗马时代,得益于罗马帝国的强盛,欧洲各国的官方语言是拉丁语。罗马帝国覆灭后,由于基督教会作为重要势力继续使用拉丁语,欧洲各国依然以拉丁语为其外交工作语言。在文艺复兴开始以后,随着各国家民族意识崛起,许多国家纷纷使用本民族语言来代替拉丁语,但在数百年的影

---

[1] 孙吉胜. 国际关系中语言与意义的建构——伊拉克战争解析 [J]. 世界经济与政治,2009,(5): 50.

响下，拉丁语的影响依然根深蒂固。人们在文学、教育、科学等领域使用的主要语言依然使用拉丁语。著名科学家牛顿、培根等人的著作和发明均用拉丁语来书写。在1648年威斯特伐利亚会议时，欧洲各国依旧使用拉丁语编写条约。

威斯特伐利亚体系建立以后，随着法国称雄欧洲大陆，法语逐渐取代拉丁语成为欧洲国家的外交工作语言。当时欧洲各国的王公贵族、上层社会和知识分子均以讲法语为风尚。但是，好景不长，随着欧洲列强特别是英国、荷兰等国加入了争霸世界的行列，法语渐渐失去了一家独大的地位。在法国大革命和拿破仑战争中，法语的传播达到顶峰，此后，法语的地位逐渐下降。拿破仑战争给欧洲带来巨大破坏，波旁王朝复辟后的法国再也没有往日雄风。及至19世纪大不列颠帝国霸权的开始，英语逐渐出现取代法语成为世界性语言的势头。随着英国成为"日不落帝国"，英语也在全世界范围推广起来。

第一次世界大战后，英语特别是美式英语伴随着美国在全球的崛起逐渐成为世界的通用语言。比较世界范围内的其他语言，英语的使用范围和地域更为广阔。据统计，当时世界上的报刊有二分之一、邮件有四分之三、新闻广播有五分之三都使用英语。而英语中的科技词汇则成为国际通用的术语和标准。特别是在第二次世界大战后，美国取代英国坐上了世界头把交椅。凭借自身拥有的巨大经济、军事势力，美国开始将美式民主、价值观、生活方式等推广到全球，进而建立了以美国为中心的全球信息传播体系。

当代世界发展的重要标志是信息技术的进步。在信息时代，信息正变得越来越丰富和重要。而语言作为信息的载体，其重要作用也就凸显出来。对年轻人而言，为了跟上信息革命的脚步，为了获得最尖端的知识，甚至为在世界上最好的大学接受教育，英语是必备工具。无数非英语国家的学生因此把英语作为自己的重要功课。在中国，英语成为重要的考试科目，升学、就业等都要求具备一定的英语能力。这些升学和就业的规定无疑直接提升了英语在世界非英语国家的影响力。借助于英语在世界范围的"横行"，美国人的生活方式和价值观念蔓延到世界各个国家，对这个星球上的许多人有着潜移默化的影响。

综上所述,语言在国际社会上的地位是其所代表的国家在国际政治中权力分配的反映。无论是当年盛极一时的罗马帝国,当时称霸欧洲大陆的法国,曾经的"日不落帝国"英国,还是如今"一超独霸"的美国,无一不是凭借其在某一时期强大的硬实力,从而使其国家的语言成为当世通用的国际语言;而他们语言影响力的扩大,又反过来成为承载其文化价值的利器,大大增强了其国家的软权力,从而更间接地提升了其硬实力。

三、国家语言影响国家外交活动

由于使用语言的不同,不同的国家对同一外交文本内容的理解也会存在着差异,各国对于同一外交文本内容的翻译也不尽相同,有时会南辕北辙。历史上由于各国语言的差异,影响国家的外交行动,甚至影响国家命运的案例比比皆是。

清政府时期,中国与西方列强签订了诸多不平等条约。由于中文和英文的差异,导致本来条约中没有丧失的权益,也因为翻译的不同而被迫丧失。1842年8月29日签订的中英《南京条约》、1843年10月8日签订的中英《虎门条约》,由于语言差异带来的思维和理解差异,在很大程度上导致中国的关税自主权、司法审判权等方面丧失就是典型的例证。

在关税权利方面,中英《南京条约》第十款规定:各通商口岸"应纳进口出口货税、饷费,均宜秉公议定则例,由部颁发晓示,以便英商按例交纳。"据此,清政府的权利就仅仅是制定一部所谓"公平"的关税。尽管清政府拥有完全的制定权和公布权,即法律条文规定中国有关税自主权,但作为《虎门条约》一个部分的《五口通商章程:海关税则》却将26类160余种货物税率用"中英协议"的方式确立下来,清政府也就因此承担了相应条约义务。也就是说,虽然制定关税是清朝政府自己的事,但涉及具体的货物,税率得两国商量来看。因此,事实上清政府改变税率的权力丧失了。负责外交谈判的清朝官员被条约开头的几句官话糊弄住了,大笔一挥爽快地签订了条约，却稀里糊涂地让中国失去了近一个世纪的关税自主权。

在司法审判权方面，《虎门条约》第六款明确记载："倘有英人违背此禁约，擅到内地远游者，不论系何品级，即听该地方民人捉拿，交英国管事官依情处理，但该民人等不得擅自殴打伤害，致伤和好。"这原本是根据清朝的要求写入条约的，本意是禁止英国人进入中国内地，结果变成违禁英人的处治权归英国。[1]特别是"不得擅自殴打伤害"的表述，使这项原本由英方担保禁止英人前往中国大陆腹地的条令，变成清政府保证违反禁令的英国人不受伤害的承诺，其条约内容的实际意义大变。这样一个失误使中国丧失了对英国人的司法审判权这项重要的权利。

从以上事例我们可以看出，由于各个国家的语言、文化传统及综合实力存在着差异，其外交方式也不尽相同。中国历史悠久，其语言根植于自身的文化传统，在闭关锁国的清朝，难以接受他国语言文化思维，难免在外事活动中出现理解上的偏差，进而对国家的外交间接地产生影响。清政府在与他国签订条约时，对于条约中的内容只是从自己的语言定义出发，按自己的语言含义和表述习惯来理解国际条约，这便和实际语义产生极大的出入。从这一时期外交实践来看，清政府面对大英帝国不仅没有对外交往的实践经验，也缺少专业外交和英语人才，更别说还有"天朝上国"封建思想的作祟。因此，即便在条约文本中千篇一律地用着看似详尽、避免事端的语言，但事实上却是模棱两可、存在多方面歧义，最终导致自身利益的损伤。

2001年4月1日，美方派出EP-3侦察机飞到中国沿海实行抵近侦察，对此中国军方派出军机对美机进行跟踪监视。在飞行过程中，美方飞机突然违反飞行规则转向中国军机，导致中美军机相撞，中国战斗机坠毁、飞行员失踪。美方侦察机事后在未得到中国允许的情况下，闯入中国领空迫降在中国的海南机场。在整个事件的处理过程中，美国一直借助自己的话

---

1 程英姿.从《南京条约》看中西体制和观念的碰撞——中国近代化必要性的案例分析[J].太平洋学报，2008，（8）：89.

语建构自己的正面国际形象，逃辟责任，尤其是美国政府用了似是而非的所谓"深表歉意"的语句代替了应该表示道歉的表达。

在相关的外交谈判中，由于中国要求美国必须作出道歉，美国外交话语逐渐向低姿态转变，并采取适当的措辞来表达对中国的歉意。《香港经济日报》2001年4月7日报道分析称，北京坚持美国应该向中国道歉，目的是让美国承认此事件中自身的过失责任。[1] 因此，对于美国政府来说，"道歉"是一件极为困难的事。美国媒体和舆论普遍表示，如果共和党政府选择"道歉"一词，那就意味着不仅是美国承认自己的错误，将使美国在世界范围内失去威信，并对布什政府的中期选举以及连任产生不良后果。美国政府心里也很明白，"道歉"不仅仅意味着要承担道义上的责任，同时将有相应的法律责任和后果。一旦美国向中国"道歉"便给中国以口实，使得中国可以借机审判美国飞行员、进行赔偿、要求美国结束对中国的抵近侦察。4月11日，美国驻华大使普理赫向中国外交部部长唐家璇递交了美国政府致中国的外交信件。信中表示："布什总统和鲍威尔国务卿对中方飞行员失踪和飞机坠毁都已表示了真诚的遗憾。请向中国人民和飞行员王伟的家属转达，对飞行员王伟的失踪和那架飞机的坠毁，我们深表歉意。"信中所用的语句是：对此次不幸事件表示"遗憾"（regret），对中国飞行员王伟的家属表示"哀痛"（sorrow），信中还两次使用了"深表歉意"（very sorry）。

就外交学而言，"遗憾"和"道歉"两词属于完全不同的概念。单从语义表达上分析，英语中regret（遗憾）和apologize（道歉）有差别，在汉语中也有差别。其差别的程度以及表达的态度则取决于特定语境中言者的本意和听者的理解，在某些情境下语义可能很相近，也可能差别很大。在外交语言使用中，"遗憾"和"道歉"则蕴含着不同的政治含意[2]，最大的区别是"道歉"有承认错误的意味，而"遗憾"没有。在英语中，如果用"apologize"，除了表示歉意，还有"认错"（admitting fault）之意，美方不

---

[1] 何芳.语言在国际传播能力建设中的作用[J].首都师范大学学报（社会科学版），2013，(1)：154.
[2] 贺文睿.模糊性外交语言的翻译原则与策略[D].信阳师范学院，2015：24.

接受这一说法；而"遗憾"的英文"regret"有抱歉的含意，但没有承认错误的意思，对此中国难以接受。该事件的最后解决办法是，美国在声明中，除了使用"遗憾"一词，还以"不幸"（unfortunate）和"悲剧"（tragic）等词叙述事件，以委婉地表达歉意。另外，美方使用了含义介于"apologize"和"regret"之间的"very sorry"来表达歉意，既保住了美国的面子，同时给了中国一个台阶。[1]

在无政府的国际社会中，国家间的交往基石是国家的硬实力。在中美撞机事件之前，也发生过美国军舰撞沉日本渔船的事件，美国政府也没有表达过所谓的"道歉"。在一些研究者看来，作为当今世界上唯一的超级大国，美国使用"very sorry"来表达对事件的态度，已经算作对中国国力的承认和事实道歉。

主权国家的对外语言实践表明，语言不仅塑造着国际社会，书写着国际秩序，在国家的外交实践上也发挥着重要作用。在当前"软实力"说法流行之际，语言作为软实力的重要组成部分受到人们越来越多的关注。而国家在国际社会的话语权更是成为影响国家实力与地位的重要因素。同样，语言作为一种对外交往工具，是沟通国家间外交关系的桥梁。不同语言对于同一外交事件的不同表达，往往成为影响国家间交往，甚至影响国家命运的重要因素。

一个处于领导地位的国家，其语言必定是国际社会流行的语言；而一种语言的兴盛，必定是以该母语国强大的硬实力为后盾来支撑的，这铁一般的定律已被无数历史事实鉴证。在实现中华民族伟大复兴的时代背景下，在中国国力蒸蒸日上之际，如何在世界范围扩大中文的国际影响，并在国际社会提升中国的国际话语权，必然成为我们这一代人的重要历史使命。

---

[1] 高睿.论政治外交语言中模糊策略的语言与语用实现形式[D].北京交通大学，2008：79.

第二章 称谓——国家关系亲疏的晴雨表

"我说是邪恶轴心,我就是这个意思"。从轴心国、邪恶轴心国,最终到邪恶轴心,时空改变,政权更替,但依据自身的好恶对他国进行称呼的行为方式并没有改变。

上图为2002年1月29日,时任美国总统乔治·沃克·布什在国会发表国情咨文。该文准备了3个多月,至少修改了25次。国情咨文使用"邪恶轴心"一词,且将矛头直指朝鲜、伊朗和伊拉克。

称谓是人们基于一定关系下彼此间的称呼或名称。在人类言语活动中，称谓走在其活动的前沿，代表发话人最基本的认知判断、话语内容趋向及情势的构建；对于受话者而言，称谓是构建其社会身份的第一要义。通过称谓来把握称谓者和被称谓者彼此之间或明示的或隐含的关联信息。在国际关系中，国家间的称谓就是国家亲疏关系的晴雨表。

一、国家称谓的概念

国家称谓是国际社会各主权国家间，基于国家主权原则及彼此之间关系的称呼或名称。在日常交际中，称谓语的选择不仅是用来称呼对方或间接指代，更是用来标记讲话者身份或态度，反映交际双方之间的关系。正如人与人之间的称谓是复杂多样的，国家间称谓也多元繁杂、内涵各异。当今国际社会，国家之间的关系按照现实主义理论基本上是一种利害关系、利益关系、博弈关系。在外交上赋予国家间关系特定的名词，诸如友好关系、合作关系、伙伴关系及同盟关系等，是为了强调两国之间的外交权利和义务。国家间的称谓，如"美帝""苏修""鬼子""欧洲的中国""亚洲的法国"等，在某种程度上反映了一个国家与另一个国家相互关系的亲疏程度和双方共同利益的多寡。简而言之，国家间关系的称谓反映了国家间博弈的现实状态，成为国家间合作与否的直接体现。

二、国家称谓的类型

国家间的称谓种类繁多，庞杂多变。不同的国家对同一个国家有不同的称谓；同一个国家在不同时期对另外同一个国家的称谓也不尽相同。为了更好地阐述国家间称谓，根据国家间称谓的应用场合和目的等，将其分为正式称谓和非正式称谓、官方称谓和民间称谓、历史称谓和现实称谓三类六种区别标准。每种称谓都有其特点及成因，通过对国家间称谓及其变化的分析，能更好地把握国家间关系的变化及称谓所隐含的外交价值及其走向。

（一）正式称谓与非正式称谓

正式称谓是在官方话语体系、正式场合下的称谓；非正式称谓是在非官方话语体系或非正式场合下的称谓。正式称谓一般都有一套正式的力求价值中立的国家称谓，因此正式称谓含有更多的理性因素，而非正式称谓更灵活、更直观，带有更多的感情色彩。

1949年中华人民共和国成立，苏联作为世界上第一个社会主义国家率先与新中国建立了正式外交关系，开创了两国关系新篇章。中国亲切地称苏联为"老大哥"。"大哥"一词本身已经体现出了两者之间的亲密关系，"老"字更是突显出中国对苏联的无限尊敬。1950年2月14日，中苏两国签订了《中苏友好同盟互助条约》，结成同盟关系，中苏两国进入"蜜月期"。及至20世纪50年代后期，两国关系开始紧张和恶化。随着内部争论向公开论战的转变，两国在世界范围内战略方针出现对立并最终导致两党两国关系的破裂。中国外交政策从"一边倒"改成"两个拳头打人"。特别是赫鲁晓夫上台后不顾绝大多数社会主义国家的反对，全盘否定斯大林；在对美政策上，竭力推行所谓"和平相处"；在对华政策上，恶化中苏关系，撤走专家、催债逼债；在中苏边界和中蒙边界屯兵百万，对中华人民共和国大力施压以攫取自身利益。中国共产党和国家领导人认为苏联的做法已经背离了社会主义原有的路线，形成了新的帝国主义，于是开始称自己的"老大哥"为"苏联修正主义"，简称"苏修"。

毫无疑问，不管是"苏联"抑或是后来的"俄罗斯"，都是正式的不带有价值倾向的正式称谓，而"老大哥""苏修"则是非正式称谓，带有更多的感情色彩。据此我们可以从中看到称谓改变背后两国关系的变化。中苏两国相同的意识形态和社会制度奠定两国友好关系的基础，但后来受国际社会及国家间关系的影响，两国关系出现过波折，中苏关系走过了从蜜月、对抗、缓和及友好关系不断发展的阶段，相应地中国对其称谓也发生了变化。今天伴随着中俄关系向更高层次关系的迈进，对中俄国家关系的称谓也逐渐由"相互视为友好国家"，发展到"面向21世纪的建设性伙伴关系"，再到"平等信任的，面向 21 世纪的战略协作伙伴关系"。

（二）官方称谓与民间称谓

官方称谓也称政府称谓。在国家称谓中，官方称谓并不一定都是正式的，也有正式和非正式之分，如上面提到的"老大哥"和"苏修"都是官方使用的称谓，但并不是正式称谓。正式称谓是一种按照国际关系准则，不带有感情色彩的、价值中立的称呼；官方非正式称谓和民间称谓有相似之处，都带有明显的感情倾向，但官方非正式称谓通常具备民间称谓所不具有的政治与意识形态色彩。

在中美关系历史上，中国曾经称美国为"美帝国主义"，属于官方的非正式称谓。从中我们不难看出两国间的紧张关系。1949 年 10 月 1 日，新中国在美苏冷战对峙的国际大环境中诞生。美国对向社会主义阵营执行"一边倒"政策的中国充满敌意，对中国采取了政治上孤立、经济上封锁、军事上包围的敌对政策。与此同时，美国还与中国台湾当局缔结军事同盟，直接阻挠中国统一大业。此后，中美两国还在朝鲜和越南进行了"热战"，导致双方在相当长时期内处于相互僵持和敌视状态。直到 1954 年，在讨论和平解决朝鲜问题与恢复印度支那和平问题的日内瓦会议期间，中美两国才开始有所接触。1955 年 8 月 1 日开始举行大使级会谈——作为当时中美之间唯一的沟通渠道，到 1970 年 2 月 20 日，双方共举行了 136 次会谈。耗时 15 年的"马拉松式谈判"在实质问题上没有取得任何进展，被国际社会称为"聋子的对话"。中国对美国所称的"美帝国主义"尽管属于官方的非正式称谓，但确实代表了中国政府对美国外交政策的表达，具有更加直观、生动、可达性的特点。

民间称谓即非官方称谓，是在民间自发形成并得到广泛传播的对特定国家的称呼。国家间民间称谓的存在可谓历史久远，种类繁多，褒贬不一。中国和巴基斯坦两国山水相连、友谊源远流长，是唇齿相依的友好邻邦。1951 年 5 月 21 日，中国和巴基斯坦建交。在两国人民共同努力下，中国和巴基斯坦肝胆相照，休戚与共，患难之中见真情，共筑了彼此友好的深厚的民意基础。进入21世纪，在构建全天候战略合作伙伴关系的过程中，中国和巴基斯坦的友好关系走向新的历史时期。2008年中国汶川地震发生后，巴基斯坦出动军用运输机将本国作为战略储备的帐篷第一时间运抵中国灾区；2010年，巴基斯坦遇到特大洪灾时，中国派遣大规模医疗队，迅速开展救援；2015年，在也门撤侨行动中，中国军舰帮助176名巴基斯坦公民迅速撤离动乱区域等，成为彼此友好关系最直接的体现。中国和巴勒斯坦成为不同文化背景、不同社会制度的国家间友好相处、合作共赢的典范。源于这种友好的情谊，中国民间亲切地称巴基斯坦为"巴铁"。"巴铁"暗含两国间的友好关系如钢铁般坚硬，结实，不可动摇。由此可见，国家间的民间称谓源于各国民间的直观感受，带有独特的感情色彩，是在特定历史背景下国家间关系远近、亲疏、好恶的表达，是外交称谓语言在民间最为直观、最为生动的呈现。

（三）历史称谓与现实称谓

国家与国家间称谓并不是一成不变的。从称谓的变化可以解析两国关系的发展历程以及其中政治文化因素的影响，称谓变化历程也是国家间关系相互变化的缩影。

中国和印度这两大文明同处东方，有多方面共生关系。早在2000多年前，中印两国人民就开始了友好往来。历史上中国对印度的称呼几经变化，从"身毒""西天""天竺"到"印度"，这些译名皆源于印度梵文。在远古时代，中国人就陆续接收到印度传来的消息，也从这些信息中对印度形成了一个神秘国度的形象。例如，《列子》中有两处提到与印度相关的内容。一处是在《列子·仲尼》中，孔子在回答商太宰什么是"圣"时说："西方之人，有圣者焉。不治而不乱，不言而自信，不化而自行，荡荡乎民无能名焉。"[1] 另一处是在《列子·周穆王》中有"西极之国,有化人来"的记载。[2]

---

[1] 白治刚译注. 列子·仲尼[M]. 上海：上海三联书店，2014：137.
[2] 白治刚译注. 列子·周穆王[M]. 上海：上海三联书店，2014：103.

所谓"西方圣者"当是佛陀。"化人"指的是来自印度的幻术家。随着印度佛教传入中国，中国人对印度的敬仰也逐渐强化。对于中国佛教徒来说，印度就是"佛国""西天"。"身毒"这个名字已经不能被接受，因此变"毒"为"竺"，改"身"为"天"，为佛国正名，把"身毒"的字面含义上升到"西天"的高度。中国正史把"身毒"改成"天竺"，表明中国社会肯定了佛教徒敬仰印度的基本态度，是按照儒家"名不正则言不顺"的传统对印度的形象进行"正名"。明朝著名小说《西游记》中对印度称为"西天"，可以说是对印度称谓达到了一定的高峰。"天竺"名称的消失有两大原因：一是佛教在中国的式微；二是印度变成印度教统治的社会，又分裂为许多小国，过去那种以佛教或印度教为主导思想的"天竺"已不复存在。之前，唐代玄奘仔细探讨了"身毒""天竺"这些名称，并根据当地发音称其为"印度"。后来"印度"这一称呼被广泛采用。

三、国家称谓的作用

指示功能是称谓最重要的功能之一。称谓标记讲话者身份或态度，反映交际双方关系。在国家间称谓中，其隐喻功能包含的信息更多，应成为我们研究的重要内容。

（一）称谓的指示功能

称谓的指示功能，即称谓对现实世界和虚拟世界中的各种现象进行描写的功能，又称认知功能。这是称谓最基本的功能之一。在对外交往中不带有感情色彩的官方正式称谓最重要的功能就是指示功能。

中国与朝鲜半岛的国家交往源远流长。在朝鲜半岛发展的历史上，这里曾出现高丽、百济、新罗三国。中国政府对这些国家常常以其国号呼之。1392年李成桂开国，按照明太祖朱元璋的旨意，取"朝日鲜明"之意，定国号为朝鲜。由于是李成桂开国，历史上这个国家也称其为李氏朝鲜，一直持续了500多年，"朝鲜"这个名字已经根深蒂固。甲午战争后，中国丧失了对朝鲜的宗主权，于是李氏朝鲜决定放弃"朝鲜"这个称号，遂于1896年改国名为大韩帝国，以示自己的独立。现在的大韩民国，显然是秉承了大韩帝国这个名字，简称就成了韩国。

（二）称谓的隐喻功能

称谓语包括直接称谓和间接指代。在称谓语中，称谓语的间接指代更能体现发话人的身份或态度，反映交际双方的关系。在人类的语言发展过程中，称谓语的"创造性使用"特别是"有意误用"时有发生，这就是称谓语的隐喻用法。无论是词语的"创造性使用"还是称谓语的"有意误用"，称谓语隐喻用法的产生及其解读，与人的认知能力、交际者的关系和语言使用的语境密不可分。这里的语境是指认知语境，既包括文化语境、语言语境（上下文），也包括具体语境（言语活动场合）。对隐喻意义的解读要求受话人进行动态的推理。称谓语的隐喻用法往往用来表达交际者之间的亲疏程度以及发话人的情感和态度。称谓语隐喻用法的表达分为正极（尊敬友好）和负极（讽刺攻击），相应地，国家间称谓也有正极和负极之分。

1. 正极尊敬友好

（1）中国与古罗马。古罗马有一句谚语："人离得越远越受尊重。"这一谚语告诉我们，人们往往将自己对美好事务的思念和向往，寄托在遥远的民族身上。罗马帝国和汉代中国就是这种关系的典型证例。正因为两个国家从未有过直接的接触，人民彼此间了解甚少，因此只能借助想象和猜测形成对方的体形面貌和道德状况。可以认为，这时期是罗马人和中国人彼此羡慕的时期，种种美好的传说在民间流传为我们说明了这一点。这种彼此心仪直到16世纪东西方两大文明间真正相遇为止。"大秦"称谓是由中亚人创造。对他们来说中国就是Qin（秦国）。这个名称既是首次统一中国的秦国的名称，也被称为统一后中国朝代的名称，以后便流传下来。China就源于Qin（秦），指中国。而在中亚民族的心目中，罗马帝国是一个疆域比秦国更辽阔、国力更为强大的国家，故称为"大秦国"。这个词被中国人民采用,以称呼罗马帝国,从中也可以看出当时中国对罗马帝国的敬意。当时中国人想象中的"大秦国"国民是"其人民皆长大平正,有类中国""其人质直,市无二价"[1],而在通往大秦国的路上没有匪徒。罗马帝国灭亡后,中国又以"拂菻"来称呼东罗马帝国。

与上述内容相对应的问题是:罗马人对中国人怎么称呼呢?罗马人称中国为"赛里斯"(Sinae、Serica、Seres),拉丁文 Seres 原意是"有关丝的"。一般而论,中国人如同中亚和东亚地区的居民一样为罗马人所熟悉,是遥远的东方国度,然而中国的特产丝绸与众不同,因而中国被称为"丝绸之国"。在罗马人的想象中,中国人非常高大。中国人和希腊—罗马人固执地相信对方与自己相似,只是比自己更高大和富有一些而已。而公元四世纪西赛尔对赛里斯人的描述更印正了罗马人对中国的正极友好的形象呈现。[2]

(2)美日。日本将"America"翻译成"アメリカ亞米利加",即"米利坚合众国",简称"米国",与中国对"America"的翻译中带有"美"的含义相去甚远。在当时的日本看来,America 的主要特点不在于"美",而在于拥有吃不完的米山面海。America 是真正的农业大国。"米"原是人们必需的食粮,对于亚洲人来说尤为如此。日本用"米"这个字来称呼美国,这无疑代表了日本人对美国的具体的认知。第二次世界大战结束以后,美国在日驻军。1951 年 9 月 8 日,日本与美国在旧金山签订军事同盟条约,即《日美安保条约》。该条约奠定了日本屈从美国的法律基础,可以使美国在日本几乎无限制地设立、扩大和使用军事基地,使日本在"冷战"期间成为美国在亚洲的跳板。时至今日,美国一直都视日本为其最重要的盟国,日美关系作为日本外交的基石在短时间内难以改变,日本对美国称谓的正

---

1 《后汉书·西域传》:"大秦国一名广鞬,以在海西,亦云海西国。地方数千里,有四百余城。小国役属者数十。以石为城郭。列置邮亭,皆垩墍之。有松柏诸木百草。"《后汉书·西域传》亦记载了当时罗马的政治、风貌及特产:"其王无有常人,皆简立贤者。国中灾异及风雨不时,辄废而更立,受放者甘黜不怨。其人民皆长大平正,有类中国,故谓之大秦……"
2 西赛尔. 对话 [A]. [法] 戈岱司编, 耿昇译. 希腊拉丁作家远东古文献辑录 [C]. 北京, 中华书局, 1987.67.

极隐喻也不会改变。

2.负极讽刺攻击

（1）中俄。中俄交往由来已久，中国元明清时期称俄罗斯为"罗斯国"或"罗刹国"。而罗刹国也指大海中食人的罗刹鬼聚居之所。史料记载：罗刹国经常侵扰中国的黑龙江领域，对当地达斡尔、鄂伦春、鄂温克、赫哲等少数民族进行野蛮杀掠。用如此名字称呼俄罗斯，可见当时中国对俄罗斯是一种恐惧的心态。除了"罗刹国"这一称呼外，中国还曾用"老毛子"来称呼过沙皇俄国。沙皇俄国最初源于莫斯科公国（1283—1547年），经过不断发展和对外扩张，到彼得一世，特别是叶卡捷琳娜女皇时期，已成为横跨欧亚的大帝国。清朝后期，国力衰落。沙皇俄国乘机南下，强迫清政府割让黑龙江外大兴安岭以北原属中国满族、蒙古族等少数民族世代居住的大片领土，并开始向东北腹地渗透，疯狂攫取利益。在不断入侵中国的过程中，沙俄制造了包括江东六十四屯海兰泡在内的多起惨案，残忍杀害包括汉族在内的当地各民族同胞。沙俄的野蛮侵略行径激起了中国老百姓的愤慨，"老毛子"一词就是在这样的背景下，人们结合俄罗斯人的外貌特征和性情而使用的。后来，蒙古族人用蒙语拼读俄文"ROCIA"时，在"R"前面加一个元音，因此，"ROCIA"就成了"OROCCIA。"清朝时，蒙语的"OROCCIA"译成汉语时，就成了"俄罗斯"。而英语中，俄罗斯（Russia）也与"罗刹"相近。及至乾隆年间官方修订《四库全书》时，将元代译名为"斡鲁思"、罗刹等名称正式改译为"俄罗斯"，从此终止了自元代以来对俄罗斯译名混乱不统一的局面。

（2）中朝。自清末开始，长期觊觎中国东北的日本就开始向该地区进行大规模渗透和殖民。在日本向中国渗透的初期，在华人员多数是日本军人。为实现日本对中国侵占的长远的战略目标，日本需要对占领区进行日常统治和人员管理。基于日本本国人力的局限、路途的遥远以及费用等问题的困扰，日本人不可能从本土迁来大量的移民。为解决这一问题，日本从当时已经实现"日韩合并"的朝鲜半岛征调大量人员来华。这些人由于之前接受了所谓"日韩同祖"的教育,来华后行为不端,被当地华人称为"二鬼子"。但是征调来华的"二鬼子"并没有得到日本人的信任,所以这些"二鬼子"警察无法得到日方给予的任何武器,不得不将妇女用于洗衣服的棒子当作打人的武器。由于这些"二鬼子"来自古代被称为高丽的地区,且行为粗野、凶恶,中国当地的老百姓也在背地里叫他们"高丽棒子"。对此,在日本早稻田大学所藏清乾隆十六年版的《皇清职贡图》第一册中也有所记载。因为具有很大的歧视性,"高丽棒子"这个称呼在中华人民共和国成立后被官方所禁用。按照黄普基的观点,棒子原本写作"帮子",最初的意涵是明清时期朝鲜使团中地位低微的服役者。"帮子"从一个特定称谓演变为"高丽棒子"这一含有贬义泛称的历史演变,反映出的是明清时期的使团接待政策所引发的朝鲜使团与中国百姓之间的矛盾,而这种矛盾又对"高丽棒子"贬义形象的构建起到了推波助澜的作用。[1]

(3)中日。受中日间国家关系的影响,中日间国家称谓大多时候都带有蔑视的意味。不论是中国对日本的蔑视性称谓,还是日本对中国的挑衅式称谓,都展现了中日两国由来已久的情感纠葛。中日两国交流源远流长,日本大量遣唐使见证了中日间友好关系的发展。然而,这段悠久的交往历史似乎并没有让两国曾经的相互尊重、彼此欣赏的历史延续下来,相反在进入近代以来,两国经受了一个又一个重大历史变故后,积怨甚深。中国对日本的称谓经历了从"东瀛""扶桑",到"倭""倭奴""倭寇",再到"鬼子""小日本"的变化。而日本对中国的称谓也出现从礼貌的"汉土""唐土""中土"等到蔑视与不屑的"支那"的改变。毫不夸张地说,这些包含情感的称谓正是当时中日关系最真实的描绘和写照。

中日两国一衣带水,有2000多年的交流历史。据《山海经》记载,在中国东部的海上有三座神山——瀛洲、蓬莱、方丈,而日本岛在中国的东面,

---

[1] [韩]黄普基.历史记忆的集体构建:"高丽棒子"释意[J].南京大学学报(哲学·人文科学·社会科学),2012,(5):119.

所以称为东瀛。"东瀛"一词表明当时中国对日本并无特殊的情感,只是通过正常的地理方位来命名。"扶桑"一词最早记载于《梁书》。这是中国正史中第一次记载中国东方海域中遥远又神秘的国家。然而,东瀛和扶桑都不是正式的官方称呼。从秦汉到南北朝,官方一般称日本为"倭"。《山海经》《论衡》都有这种称谓的呈现,西晋陈寿在《三国志》中甚至为"倭"立传。至唐代中国始称"倭"为"日本"。

"支那"一词起源于印度。古印度人称中国为"chini",据说是来自"秦"的音译。中国从印度引进梵文佛经以后,需要把佛经译成汉文,于是高僧按照音译把"chini"就翻译成"支那"。在较长的历史时期"支那"一词并无贬义彩色,日本明治维新以后此词的含义在日本逐渐有了改变,其意指"半死的人",充斥着对中国的蔑视和侮辱。1937年日本全面挑起侵华战争之后,其外务省也开始按着其军部的叫法称中国为"支那",将"卢沟桥事变"称作"支那事变"。在整个侵略中国的战争中,日本延续了这种称呼,将中国人统称作"支那人"。日本战败后,反法西斯联盟国家最高司令部政治顾问团认为,日本对中国称"支那"暗含蔑意,要求日本外务省不得再使用"支那"一词。此后,作为含有蔑视之意的"支那"称谓开始从日本政府的公文里、学校教科书及媒体中被祛除。随着国际社会的发展,国家间越来越注重外交语言的使用,日本逐渐停止在公众场合使用"支那"来称呼中国,中国也不再使用"鬼子"等词来描述日本。但是时至今日,在日本仍然有右翼分子使用"支那"称呼中国,对中国不断挑衅。随着中日近年来在钓鱼岛问题上愈演愈烈的紧张局势,中国国内爆发了多次反日游行,国内民众对日本的不满情绪持续加剧,在中国民间也可听到对日本不雅的、带有轻蔑含意的旧称。

(4)中印。中国人对印度人称"阿三"来源于上海"十里洋场"时期的吴语上海话。历史上,吴人称呼人喜欢用"阿"字,而上海话中与"三"相关的词汇,如阿三、瘪三、十三点、猪头三等则含有贬义。在上海英租界存在期间,经常会有从印度调来的"公务员"负责一些杂事。这些印度人被看作是英国人的"看门狗",整天警棍乱舞,因此上海人便蔑称其为"阿三"。此后,"印度阿三"一词广泛流传开来,并且多含调侃之意。

中印两国都是世界文明古国,又是山水相依的邻邦。长期以来,中印关系融洽,交通和贸易往来频繁。印度的天文、数学、医药、音乐和炼糖技术很早就传入中国。当然最为壮观的交流是佛教从印度传入中国。当时许多中国僧人不辞千难万险,跋山涉水到印度取经求法。在当时中国对印度称为"天竺""西天",蕴含着中国对古印度的无限尊敬与崇拜。及至近代,伴随着西方殖民主义者入侵东方,中国与印度的往来中断,两国都生活在外国势力的压迫和剥削下。共同的遭遇,苦难的命运,强化了两国人民之间的了解和同情。然而,在今天中国和印度由于边界争端问题及国际格局变化的影响,一些历史上带有消极的、含有贬义的称谓还会在两国交往中,特别是在民间交往中出现。但毫无疑问,中印之间需要彼此以诚相待、互相谅解,从而化解矛盾、弥合分歧,成为和睦的邻居和合作伙伴,让积极的、含有褒义的称谓在彼此间流行,进而促进两国关系的发展。

第三章　国旗"飘扬"出的天地

"抓住这面旗帜就是胜利！"这是800多年前丹麦国王瓦尔德玛·维克托里斯在1219年6月15日隆达尼斯战斗中，在丹麦军队陷入困境时发出的呐喊。最终在"这面旗帜"的鼓舞下，丹军奋勇作战，转败为胜。此后，国旗逐渐成为一个主权国家的标志，成为国家及其民族精神的象征和权利的表达。

上图为2008年12月29日，在耶路撒冷的希伯来大学，巴勒斯坦学生挥舞国旗抗议以色列在加沙的军事行动，而以色列学生则舞动以色列国旗支持以军空袭哈马斯的"铸铅行动"。

语言是人类用于沟通交流的表达符号，是人类最重要的交际工具。外交语言是外事活动中涉及或使用的语言，它不仅包括文字、声音等传统意义上的语言，还涉及各种代表国家的符号，国旗便是其中之一。国旗是国家的象征，对外代表国家。国旗通过具体的样式、色彩及图案等反映一个国家政治特色、历史传统、文化趋向及未来发展目标，代表其专有性和民族性，展现出其国家的意愿和民族情怀。

一、国旗的起源及类别

（一）国旗的起源

国旗具有强烈专有性和民族性。国旗与国家是一一对应的。一国国旗仅代表该国，世界上除了唯一一对国旗相同的国家——罗马尼亚与乍得外，没有哪两个国家的国旗是相同的。

国旗的由来、发展及改变往往伴随着一个国家的历史进程，反映了该国历史、政治、经济、文化的变化。国旗的出现与一国公民对该国自我意识的觉醒和不断发展有关。欧洲是世界上最早萌发主权意识的地区，也成为国旗的发源地。早在中世纪，欧洲各国统治阶层便将徽章作为家族的象征。经过不断发展，徽章缎带的颜色或徽章图案逐渐发展成为国旗。据传，世界上第一面国旗诞生在丹麦。据丹麦史诗记载，公元1219年丹麦国王瓦尔德玛·维克托里斯率军讨伐爱沙尼亚异教徒。1219年6月15日，在隆达尼斯战斗中，丹军陷入困境。突然，一面带有白色十字的旗帜从天而降，并伴随着一个响亮的声音："抓住这面旗帜就是胜利！"在这面旗帜的鼓舞下，丹军奋勇作战，转败为胜。此后白色十字旗帜就成为丹麦王国的国旗。[1] 但在当时，由于欧洲各国封建势力十分强大，现代国家意识淡薄，国旗的使用并没有推广开来。

国旗的大规模出现是在欧洲文艺复兴和启蒙运动之后，特别是当各国

---

1 田宏．丹麦概况 [J/OL]. http://news.cntv.cn/2014/06/13/ARTI1402651956709495.shtml.

纷纷开展资产阶级革命之时，公民意识高涨，对主权提出空前的要求，国旗这一国家主权的标志便顺应形势纷纷出现了。近代以来，随着独立国家的增多，特别是第二次世界大战后第三世界国家纷纷独立，世界上国旗的数量也随之增多。一般来说，世界上有多少个国家就有多少种国旗。但事实上，除 197 个被国际社会普遍承认的国家（其中 193 个是联合国会员国，4 个为非会员国）外，还有一些已经宣布独立的但不为国际社会普遍承认的实体，如西兰公国、摩洛希亚共和国、赫特河省公国、南奥塞梯共和国、阿布哈兹共和国、北塞浦路斯土耳其共和国等也拥有代表自己的"国旗"。另外，一些国家的海外自治领地，如美国的关岛、法属圭亚那也有代表自己的旗帜。

国旗在一个国家的历史发展中并不是一成不变的，它很可能几经演变，但在一定的历史时期则呈现出相对稳定的形态。中国直到晚清时期才确立正式的国旗。至中华人民共和国成立前，共使用过四种国旗：清政府的三角黄龙旗、黄龙旗，中华民国的五色旗和青天白日满地红旗。1949 年新中国成立，确立了五星红旗为国旗，沿用至今。美国自 1776 年独立开始，先后使用过 27 个国旗式样。自第二个国旗式样开始，美国就确立了"星条旗"的基本形态。在随后的领土扩张中，每增加一个州，就在国旗上增加一颗星。直至 1960 年夏威夷州加入，美国国旗才最终确立。还有一些国家，在历史发展过程中不复存在了，因此其国旗也退出了历史舞台，如 1990 年解体的苏联和 1975 年被印度吞并的锡金。总之，在历史的长河中，国旗是随着国家政治、文化的变化而变化的。

（二）国旗的类别

1. 比例

对比世界上不同国家的国旗可以发现，绝大多数的国旗是长方形的。瑞士和梵蒂冈的国旗是正方形，而尼泊尔的国旗旗尾是两个三角形尖端向右的角，表示喜马拉雅山的两个山峰。在众多长方形国旗中，长宽比例也不相同，通常有3∶2、5∶4、5∶3、2∶1等。中国的五星红旗长宽比例就是3∶2。毫无疑问，除美学设计的考量外，国旗的长宽比例也有不同涵义的表达。

2. 颜色

（1）单色。唯一的只有一种颜色而无任何图案的国旗是卡扎菲政权时期的利比亚国旗。这面国旗由利比亚前领导人卡扎菲设计而成。旗面除绿色外，无任何图案、徽章等元素。这是因为利比亚的大部分公民信奉伊斯兰教，而绿色是伊斯兰教信徒所喜爱和崇尚的颜色。随着卡扎菲的下台，这面唯一的单色国旗也不再使用，取而代之的是利比亚"过渡委"确立的红、黑、绿三色旗。

（2）双色。国旗由两种颜色组成，如中国国旗、吉尔吉斯斯坦国旗、马其顿国旗、越南国旗、巴基斯坦国旗等。虽然上述国家的国旗由两种颜色组合而成，但图案形态不同、颜色选择各异，即便采用了相同的颜色组合，其所代表的含义也各不相同。

（3）多色。多色是指国旗拥有三种以上的颜色。这其中，三色旗可以说是世界上最为常见的国旗，人们熟悉的法国、俄罗斯、意大利的国旗均为三色旗。三色旗通常采用平行排列的三种颜色作为国旗图案，三种颜色的排列方式有横向和纵向两种。

3. 图案

纵观世界各国国旗，除了颜色外，国旗的图案千差万别，其所含元素和象征意义截然不同。加拿大国旗上的枫叶，不丹国旗上的龙，斯里兰卡国旗上的狮子，柬埔寨国旗上的吴哥窟，巴布亚新几内亚国旗上的极乐鸟等，代表了不同的地域空间、政治趋向和历史文化传统。

枫树是加拿大的国树，也是加拿大民族的象征。加拿大国旗中央绘有一片11个角的红色枫树叶，11个角代表着加拿大的7个省和4个自治州；旗面两边是红色，代表加拿大国土两侧的太平洋和大西洋；中间为白色，象征加拿大广袤的国土。[1]

不丹属于佛教国家。"不丹"一词在梵语中可译为"神龙之国"。龙是这个国家的图腾,象征着国王的权力。因此在不丹国旗的中间绘有一条白色飞龙,龙的四爪各抓一颗白色的宝珠。同时该国国旗的背景由金黄色和橘红色的两个三角形连接而成。其中金黄色象征国王的权力和作用,橘红色是僧侣长袍的颜色,象征佛教的精神力量。

斯里兰卡在国家成长的过程中,国内不同民族和宗教之间一直存在分歧和冲突。因此,反映在其国旗上的图案比较复杂,不同民族的利益诉求需要体现在国旗上。具体体现在,旗面四周的黄色边框和框内靠左侧的黄色竖条将整个旗面划分为左右结构的框架。左边框内是绿色和橙色的两个竖长方形;右侧为咖啡色长方形,中间是一头紧握战刀的黄色狮子,长方形的四角各有一片菩提树叶。咖啡色代表僧伽罗族,占全国人口的72%;橙、绿色代表其他少数民族;黄色边框象征人民追求光明和幸福。菩提树叶表示对佛教的信仰,而其形状又和该国国土轮廓相似;狮子图案标志着该国的古称"狮子国",也象征刚强和勇敢。[2]

柬埔寨的吴哥窟是世界最大的宗教建筑,在12世纪由信奉毗湿奴的吴哥王朝国王下令修建。其以建筑的宏伟和浮雕的精细成为柬埔寨的文化象征,也被纳入国旗的设计中。柬埔寨国旗由蓝、红、白三色组成,分别象征王室、民族和佛教。白色的吴哥窟图案处于国旗中间的红色横条之上,上下两边为略窄的蓝色横条。

巴布亚新几内亚的极乐鸟是其特有物种,象征着国家和民族的自由与幸福,因此也成为国旗的元素之一。巴布亚新几内亚的国旗近似长方形,长与宽之比为4∶3。从左上角至右下角的对角线,将旗面分为两个相等的三角形。右上方为红色,象征剽悍、勇敢,内有一只展翅飞翔的黄色极乐鸟;左下方为黑色,代表国家领土处于"黑人群岛"之中,内有5颗白色五角星,

---

1 华侨时报.澳际移民[J/OL].http://www.chinesepress.com/Canada/52156.html.
2 中国人大网.斯里兰卡概况[J/OL].http://www.npc.gov.cn/npc/wbgwyz/wsgz/cfylsg/2012-09/07/content_1736552.htm.

其位置排列位置象征南十字星座，表明该国地处南半球。[1]

英联邦国家的国旗普遍有一个共同特征，即包含英国国旗"米字旗"，代表与英国在历史和政治上的关联。这些国家曾经是英国的殖民地，现在名义上的国家元首仍是英国女王。最为典型的代表就是澳大利亚。澳大利亚国旗的背景是深蓝色，左上角是由红、白条纹组合而成的"米字旗"，其正下方有一个白色七角星，象征组成澳大利亚的六个州和联邦区。国旗右边有5个小星，其中4个为七角星，1个为五角星。这5个小星代表南十字星座，表明澳大利亚在南半球。类似的情况还有新西兰的国旗，同样是蓝色背景、左上角有"米字旗"，不同的是其只有4颗镶白边的红星位于旗面的右半部。除澳、新两国外，位于太平洋上的岛国斐济、图瓦卢目前也使用左上角有"米字旗"的国旗。因为没有在规定的期限内满足英联邦提出的举行民主选举的要求，2009年，斐济被中止英联邦成员资格。[2] 随后，在2013年，斐济对外宣布将重新设计国旗。

全世界唯一的三角形国旗是尼泊尔的国旗。该国旗由两个部分重叠的三角形构成，旗面是红色蓝边，上面的小三角形印有月亮和星星，下面的大三角形印有太阳。红色是尼泊尔国花红杜鹃的颜色，蓝色象征自然和和平，两个重叠的三角象征喜马拉雅山的两个山峰，月亮和星星代表皇室，太阳是曾统治尼泊尔的拉纳家族的标志。[3]

全世界仅有的两个正方形国旗是瑞士国旗和梵蒂冈国旗。瑞士使用十字旗作为国旗，其特殊之处在于：国旗为正方形，并且旗面上的白色十字也是横竖长短相等，象征着该国采取的公正和中立的外交策略。梵蒂冈正方形的国旗由两个面积相等且长宽比为2∶1的竖长方形横向排列构成。左侧的长方形为黄色，右侧为白色。白色上还绘有教皇的牧徽：两把交叉的圣伯多禄的钥匙和一顶教宗的三重冕。黄白两色是耶稣十二门徒之首——

---

1 吕凤琴. 亚洲地理：巴布亚新几内亚 [J/OL].http://www.cpweb.gov.cn/kepu/dili/gedazhoudili/27302.html.

2 国际在线. 南太平洋岛国斐济宣布将重新设计国旗 [J/OL].http://news.china.com/international/1000/20130104/17611443.html.

3 神游网. 尼泊尔简介 [J/OL].http://www.3etravel.com/nepal_intro.htm.

西门彼得的两把钥匙的颜色,代表了两种最珍贵的金属:金与银。教宗的牧徽则是至高无上地位的象征。

十字旗,顾名思义就是旗面上有"十"字图案的国旗。该类国旗在基督教国家中较为常见。其渊源被认为是基督教十字。北欧五国丹麦、瑞典、芬兰、挪威、冰岛的国旗均为十字旗,且十字偏左。其中,丹麦国旗是红底白十字,正如之前提及的,是世界上最古老的国旗。瑞典国旗是蓝底黄十字图案。对于这面国旗的来历,有一个传说。1157年,瑞典国王远征芬兰。在出发之前向神祷告之时,突然看到蓝色的天空中出现了散发着金色光芒的十字架,认为这是上帝给予他的指示,坚定了其征服芬兰的决心。因此象征吉兆和庇护的金色十字架逐渐演变成黄十字,成了瑞典国旗的图案。芬兰国旗是白底蓝十字,源于其地理特征。芬兰以"千湖之国"著称,西南临波罗的海,因此旗上的蓝色象征着湖泊、河流和海洋;芬兰有三分之一的领土在北极圈内,气候寒冷,因此旗上的白色象征着白雪覆盖着的国土。[1] 与上述三国国旗只有两种颜色不同,挪威和冰岛的国旗有三种颜色。在丹麦统治挪威期间,丹麦统治者将自己的红底白十字国旗引入挪威。作为一种历史文化的传承,挪威国旗与丹麦国旗十分相似:红色旗底和偏左白色十字。不同的是挪威国旗的白色十字上面覆盖了一个蓝色十字。冰岛也曾是挪威的殖民地,因此冰岛国旗的结构又与挪威国旗相似:蓝色旗底以及偏左白十字上覆盖着红十字。其中蓝、白、红三种色彩分别象征着冰岛的火山、冰山和海洋这三种特色景观。为何北欧五国国旗无一例外都是十字旗呢?尚无准确的解释。但是,作为第一个使用十字旗的国家,丹麦曾统治过瑞典、挪威、冰岛,而芬兰曾被瑞典统治。因此可以推断,丹麦在统治其他北欧国家的过程中将十字旗的理念传到它的殖民地。瑞典、挪威、芬兰和冰岛的国旗都起源于丹麦国旗。除了北欧五国,英格兰和苏格兰国旗中也含有"十"字。其中,英格兰国旗叫"圣乔治十字",由白底和居中的红色十字组成。这是因为圣乔治是基督教徒,被认为是英格兰的守护神;

---

[1] 单小菲. 欧洲各国国旗及其含义 [J/OL]. http://blog.sina.com.cn/s/blog_3e8ed5770101db9p.html.

而苏格兰国旗是蓝底加白色斜十字，代表苏格兰的守护神圣安德鲁。英国国旗就是英格兰国旗、苏格兰国旗和1922年之前的爱尔兰国旗（爱尔兰1922年之前是英国的一部分，当时的国旗是白底红色交叉十字旗）重叠而成。

美国的第一面国旗也有"米"字图案。美国独立战争期间的1776年1月1日，独立战争领导人乔治·华盛顿的指挥部周围升起一面左上角是"米"字图案、其余部分有13条红白相间的横条的旗帜，作为美国独立战争期间的国旗，被悬挂在堡垒和海军舰船上。"米"字表示与英国的关系，13条红白相间的横条表示英国在北美的13个殖民地。次年，大陆会议制定的新国旗上就把"米"字图案去掉了。此后带有英国"米"字旗特征的美国国旗，逐渐演变成反映北美大陆独立特征及发展进程的"星条旗"。

4. 易混淆的国旗

世界上国家数目众多，会出现一些国家国旗十分类似甚至基本相同的情况，这给人们识别国旗带来不便。

（1）印度尼西亚、摩纳哥、波兰三国国旗的相似之处及区别。印度尼西亚、摩纳哥和波兰三国的国旗十分相似，都是由红白两色横向平行排列组成，红白两部分面积相等，各占旗面面积的一半。印度尼西亚和摩纳哥国旗均为红色在上白色在下，唯一的不同是国旗的长宽比例，印度尼西亚是3:2，而摩纳哥是5:4。如果不放在一起比较，两国国旗极易被混淆。波兰国旗则是白色在上红色在下，长宽比例为8:5。

（2）巴林、卡塔尔两国国旗的相似之处及区别。巴林和卡塔尔这两个位于西亚的阿拉伯国家不仅历史文化相近，国旗也几乎一样。巴林国旗由红白两色组成，左侧为白色，右侧为红色。白色约占旗面的四分之一，中间用锯齿形状分开。国旗长宽比例为5:3。卡塔尔国旗同样由两种颜色组成，左侧同巴林国旗一样为白色，占旗面的较少部分，中间也同样用锯齿形状分开。不同的是右侧颜色是酱紫色，长宽比例为28:11。也就是说，卡塔尔国旗看上去比巴林国旗长，而且颜色更深。

（3）摩洛哥、越南、突尼斯、吉尔吉斯斯坦四国国旗的相似之处及区别。这四个国家的国旗的共同点是，旗面都是红色。摩洛哥国旗长宽之比为3:2，中央有一颗由5根绿色线条交叉组成的五角星，就像一笔画成的一样。越南国旗同样是3:2的长宽比例，中央同样为五角星，但颜色为金色且五角星是实的，而非线条交叉组成。突尼斯国旗长宽比例也是3:2，中央有一白色圆形，其直径约为旗宽的一半，圆形中有一弯红色月亮和一颗红色五角星。月亮和五角星是伊斯兰国家的典型标志，因此巴基斯坦、阿尔及利亚、土耳其等许多伊斯兰国家的国旗上都有星月图案。吉尔吉斯斯坦国旗长宽比例为5:3，旗面中央是一轮金色的太阳，太阳的圆形中有斜向交叉的6条红线，象征着其独特的毡房建筑。

二、国旗的象征意义

国旗是国家的象征，在国际会议、世界赛事等重要国际交流场合中代表国家，尤其代表着国家的主权和尊严，具有至高无上的政治地位。《联合国宪章》虽然未对各会员国国旗加以规范，但其第一章第二条第一款中明确规定，"本组织系基于各会员国主权平等之原则"。这就意味着，代表国家主权的各国国旗也是平等的并受到保护。

为表明和维护国旗在国家政治中的象征意义和地位，许多国家颁布了相关的法律。《中华人民共和国宪法》第四章第一百三十六条规定，"中华人民共和国国旗是五星红旗"，以根本大法的形式确立了国旗的地位。中国还于1990年颁布了《中华人民共和国国旗法》，其中第四条规定，"中华人民共和国国旗是中华人民共和国的象征和标志。每个公民和组织都应尊重和爱护国旗。"国旗法的第五条至第十四条规定了应挂国旗和升国旗的机构、场合和节日。国旗法全面具体地对有关国旗的事宜作出规定和解释，显示出中国对国旗的重视。美国同样制定了相关法律，规定了人们对国旗的礼节，如"国旗与其他旗帜一起悬挂时，应位于中间，并高于其他旗帜。""国旗悬挂在汽车上时，应牢固地固定于车身"等。美国法律还规定了美国公民面对国旗宣誓时的仪态要求。

各国除了法律规定国旗的国家象征意义外，各国国旗的形状、图案、颜色又有其独特的具体意义和价值取向。

法国国旗由三个竖长方形从左向右依次纵向排列的，其颜色为蓝、白、红三色。三种颜色分别象征了法国大革命时期思想的主旋律：自由、平等、博爱。由三个竖长方形从左向右依次排列的三色旗还有意大利（绿、白、红）、比利时（黑、黄、红）、罗马尼亚（蓝、黄、红，与乍得国旗完全相同）、爱尔兰（绿、白、橙）、科特迪瓦（橙、白、绿）、马里（绿、黄、红）、几内亚（红、黄、绿）、塞内加尔（绿、黄、红，黄色长方形中间有一个绿色五角星）等。这些国家多数与法国有历史渊源，乍得、科特迪瓦、马里、几内亚和塞内加尔曾是法国的殖民地。意大利国旗以前也与法国国旗相同为蓝、白、红、三色旗。1796年，意大利新共和国——坦斯帕达纳地方共和国参考了当时拿破仑在征战中设计的绿、白、红三色旗，将原有的蓝色部分改为绿色并沿用至今。

比利时国旗旗面从左向右依次为黑、黄、红三色排列。黑色是为了纪念在1830年独立战争中牺牲的英雄，黄色象征畜牧业和农业的繁荣和兴旺，红色代表爱国者的生命和热血。爱尔兰国旗从左向右依次以绿、白、橙三色排列构成。爱尔兰国旗的绿色代表天主教，橙色代表新教，白色代表天主教和新教教徒之间永久休战、团结友爱。科特迪瓦国旗从左向右依次是橙、白、绿，橙色代表北部的热带草原，也象征着国家的繁荣富强与人民的爱国精神，白色象征南北两方和平团结，绿色代表南部的丰富自然资源。[1]

在以自上而下三色为国旗特征的国家中，俄罗斯采用了白、蓝、红三色，分别代表了其由于幅员辽阔所跨越的三个温度带：白色代表寒带，常年覆盖冰雪；蓝色代表亚寒带，也象征着其丰富的地下矿藏、水和森林等自然资源；红色代表温带，也象征着其悠久的历史和深厚的文化。而这三种颜

---

[1] 中国签证资讯网. 爱尔兰国情基本概况 [J/OL]. http://www.qianzhengdaiban.com/geguogaikuang/2942.html.

色作为"泛斯拉夫颜色",被广泛使用在以斯拉夫人为主体民族的国家国旗中,如塞尔维亚、克罗地亚、捷克、斯洛伐克、斯洛文尼亚等。德国国旗自上而下依次是黑、红、黄三色,这三种颜色长久以来就象征泛日耳曼民族争取统一、独立、主权的雄心。黑色象征严谨肃穆;红色象征燃烧的火焰,激发人民憧憬自由的热情;黄色象征真理的光辉,绝不会被历史的泥沙掩埋。[1] 此外,国旗自上而下依次为三色的保加利亚(白、绿、红)、爱沙尼亚(蓝、黑、白)、立陶宛(黄、绿、红)、匈牙利(红、白、绿)等苏联的加盟共和国和前社会主义国家的国旗也大同小异,成为这些国家政治、历史、文化因素在国旗上面的某种体现。

在国际活动的各种场合,国际礼仪要求正确对待国旗,包括升挂和使用本国和别国的国旗。[2] 这不仅体现本国尊严,也是对他国表示友好和尊重的方式。一国国家元首、政府首脑或其他领导人出访他国时,东道国为了表示礼遇,要在来宾的住所升挂来宾国国旗,在其乘坐的交通工具上悬挂两国国旗。在来宾访问期间举行的一些重大礼仪活动要升挂两国国旗。来访国家元首如有特制元首旗,可按其意愿和习惯,在其所坐车辆及下榻宾馆升挂元首旗。[3] 在国际会议、国际体育比赛、国际展览会等国际活动中,一般需悬挂会员国国旗。旗序必须体现主权国家一律平等的原则。[4] 一般国际惯例,是按国名的英文字母从 A 到 Z 的顺序排列。例如,1971 年,中华人民共和国(China)五星红旗在联合国会员国的旗序中排在第 23 位,位于智利(Chile)和哥伦比亚(Colombia)之间。[5] 旗序确定后,还必须根据国际惯例,遵守"礼仪右为大"的原则,将来宾国的国旗悬挂于右侧。需要指出的是,国际礼仪中左右的概念不是从观众角度来区分的。例如,两国国旗并挂,以国旗本身面向为准,右边挂来宾国国旗,左边本国国旗。

---

1 郎静.国旗中的地理知识 [J/OL].http://www.xzbu.com/1/view-5062140.htm.
2 教育部全国普法领导小组办公室.小学生普法教育读本 [M].上海:华东师范大学出版社,2011:17.
3 李天民.现代国际礼仪知识——怎样进行对外活动 [M].北京:世界知识出版社,1999:178.
4 北京市丰台区人民政府.涉外升挂旗注意事项 [EB/OL].http://wb.bjft.gov.cn/web/common/articleDetail.jsp?id=14891362620001.
5 杨松河.外交·社交·礼仪 [M].北京:军事谊文出版社,1993:159.

汽车上挂旗，则以汽车行进方向为准，驾驶员右侧为客方，左侧为主方。[1]

《中华人民共和国外交部关于涉外升挂和使用国旗的规定》第十四条规定，"在中国境内，凡悬挂多国国旗时，必须同时悬挂中国国旗。在室外或公共场所只能升挂与中国建立外交关系国家的国旗，如要升挂未建交国家国旗，必须事先征得省、自治区、直辖市人民政府外事办公室批准。"如遇哀悼纪念日或重要人物逝世，应下半旗志哀。《中华人民共和国国旗法》第十八条规定，"下半旗时，应先将国旗升至杆顶，然后降至旗顶与杆顶之间的距离为旗杆全长的三分之一处。降旗时，也应先将国旗升至杆顶，然后再降下。"

菲律宾是世界上唯一一个允许国旗倒挂的国家。这是因为菲律宾国旗是在反抗西班牙殖民统治、争取自由和独立的斗争中制定的，不同的挂法对应不同的寓意：和平时期，菲律宾国旗是蓝色条纹在上，代表和平、真理与正义；一旦硝烟四起、战火纷飞，菲律宾国旗就会被倒挂，代表爱国与勇气的红色在上，这意味着人民需要拿起武器，捍卫和平。[2]

三、国旗在国际关系中的运用

（一）展示爱国情怀

对国旗的爱护体现出对国旗所代表的祖国的热爱。在重大国际体育赛事上，获得冠军的运动员通常会拿出自己国家的国旗向观众展示自己的成绩和所代表的国家。比如在 1996 年亚特兰大奥运会上，中国运动员王军霞在获得女子 5000 米冠军之后身披国旗绕场一周的场面、2004 年雅典奥运会上飞人刘翔夺冠后身披国旗迈上领奖台的情景，都体现出国旗对于民族自尊心和自信心的重要意义。国家领导人对待国旗的态度更能传递和激发出这种爱国情怀。在 2012 年 6 月的 G20 峰会上，主办方用贴在地板上的各国国旗来标示合影时领导人的位置。合影结束后，唯有时任中国国家主席

---

[1] 杨松河. 外交·社交·礼仪 [M]. 北京：军事谊文出版社，1993：160.
[2] 环球时报. 菲律宾国旗正挂倒挂有讲究 [J/OL]. http://world.huanqiu.com/roll/2008-10/264562.html.

胡锦涛弯腰把中国国旗贴纸捡起,细心地收了起来,从而使中国国旗避免了被人踩踏。[1]胡锦涛主席这一举动表达了对国旗的尊重,受到亿万中国人及国际社会的广泛称颂和赞誉。

(二)维护国家权益

自从 1970 年 8 月 12 日美国驻日本大使馆发言人宣布将钓鱼岛管辖权移交给日本以来,中国和日本围绕钓鱼岛归属问题争议不断。日本曾先后于 1979 年和 1990 年在钓鱼岛上修建直升机机场和灯塔等公共设施,引发海峡两岸的保钓风潮。进入 21 世纪,日本仍未停止针对钓鱼岛的挑衅活动,小动作不断。2010 年 9 月 7 日上午,一艘中国渔船在钓鱼岛海域先后与两艘日本巡逻船相撞。当晚,日本海上保安厅以涉嫌妨碍公务逮捕中国渔船的船长,并将其扣留。[2]这次撞船事件引起中方强烈不满。中国政府态度坚定,多次向日本和国际社会明确指出,钓鱼岛是中国神圣的领土。2010 年 9 月 21 日,时任中国国务院总理温家宝在纽约会见当地华人华侨、留学生代表和中资机构时指出:如果日本一意孤行,中方将会采取进一步行动,由此造成的一切严重后果,日方要承担全部责任。日本虽迫于压力释放了中国渔船船长,但撞船事件成为中日钓鱼岛争端再起的导火索。2012 年 8 月 19 日,10 名日本民间人士乘船登上钓鱼岛,他们在灯塔附近竖起了日本国旗。几乎同时,来自中国香港的保钓人士乘坐"启丰 2 号"船前往钓鱼岛宣示主权。他们成功登岛并插上中国国旗。一般情况下,国旗只能在本国领土悬挂,在有争议领土插上国旗的方式宣示主权,是发生领土争端时各国经常采用的一种方法。

在 2004 年雅典奥运会开幕式上,朝鲜和韩国两国参赛运动员身着统一服装,两国旗手更是手持同一面旗帜进入会场。这面旗帜,既不是朝鲜国旗,也不是韩国国旗,而是象征朝鲜半岛和平统一的"半岛旗"——旗面为白色,

---

[1] 曹林.胡锦涛捡国旗贴纸何以引发大反响[J/OL]. http://www.dzwww.com/dzwpl/zjt/201206/t20120621_7218639.htm.

[2] 环球时报.日方决定逮捕钓鱼岛撞船事件中方船长[J/OL]. http://zt.iyaxin.com/content/2010-09/08/content_2129715.htm.

中间有蓝色朝鲜半岛轮廓图案。朝韩两国使用同一面旗帜参加国际体育赛事的开幕式的举动，也出现在 2000 年悉尼奥运会、2006 年都灵冬奥会和 2006 年的多哈亚运会上。共同使用统一的"半岛旗"，被看作朝鲜半岛双方有意愿推进和平进程的重要体现。

（三）以损毁国旗表达不满

国旗作为一个国家的标志性旗帜，是国家的象征。因国际争端引发的焚烧他国国旗，常常成为对他国不满的举动。2017 年 12 月 6 日，美国总统特朗普正式在白宫外交厅宣布：美国承认耶路撒冷为以色列首都。特朗普是首个承认耶路撒冷为以色列首都的美国总统，此举招致了中东地区和欧盟及其他地区的一些国家的强烈反对，尤其是拥有世界上最为庞大的穆斯林人口的印度尼西亚。他们认为，特朗普的这一举动威胁了中东地区乃至整个世界的稳定。12 月 11 日，穆斯林团体在美国驻印度尼西亚大使馆门前示威游行，烧毁美国和以色列国旗以及美国总统特朗普的画像，以抗议特朗普承认耶路撒冷为以色列首都的决定。这不禁让人想起 2012 年 7 月，一部名为《穆斯林的无知》的电影预告片的阿拉伯语配音版被上传到 YouTube 的同一频道后，埃及首都开罗近千名民众前往美国驻埃及大使馆抗议示威，高呼反美口号，撕毁美国国旗，举行抗议活动的情景。

第四章 服用"饰"己，但重在"示"人

"红色中国"曾是中国共产党领导下中国的代名词。长久以来，西方国家"谈红色变"，但红色在中国人心目中则是积极、热情及富于生命力的象征。在1972年2月21日至2月28日美国总统尼克松访华期间，总统夫人帕特·尼克松特意选择了中国人喜欢的红颜色的外套出现在访华的多个场合，以表达对中国人民的尊重、友好及推进中美关系发展的愿望。1984年4月26日至5月1日，美国总统里根访华，夫人南希也同样采用身着红色外套这一方式。

上图为1972年2月24日尼克松总统携一袭红衣的夫人帕特·尼克松游览北京八达岭长城。

服饰是装饰人体的物品总称。在外交场合，服饰被赋予更多的外交含义和特质。在外交场合，外交人员通过服饰往往能更好地表达自己的立场、观点、态度及情感。同样，如何通过对方的服饰把握其所包含政治、经济、文化理念及具体的外交目标等信息，则是外交人员开展外交活动的基础及其能力的直接体现。

一、外交服饰语言的概念

外交服饰语言具有语言符号的共同特征，同时因其独特的表达方式而在外交语言中占有重要地位。为了说明外交服饰语言的功能及其在外交实践中的运用，首先要对外交服饰语言的概念作出界定。

（一）服饰语言

服饰语言是指人们在交际场合，行为者通过服装、发型、饰物及化妆等所传递的信息。服饰作为体态语的组成部分，对口头语言有着十分重要的协调和配合作用。服饰作为人体的装饰，它可以反映一个人的精神气质、心理素质、生活情趣、文化修养、审美观念以及与之有关事物的主场和态度。

卡西尔在《人论》一书中明确指出："符号化的思维和符号化的行为是人类生活中最富有代表性的特征，并且人类文化的全部发展都依赖于这些条件，这一点是无可争辩的。"[1] 人类的历史是创造和运用符号的历史，符号化的思维及行为是人类所具有的代表性的特征。服饰作为一种重要的语言符号，是显而易见的文化产物和文化现象。历史沉淀下的许多服饰语言符号都无一例外地留下了时代的烙印。它不仅体现了物质文化和精神文化的统一，审美主体内的情感外化，而且在一定程度上透视出特定社会政治、经济、文化结构下人们的生活习俗和审美理念。[2]

---

1 ［德］卡西尔.人论[M].李华梅译.北京：西苑出版社，2009：35.
2 刘佳.服饰语言符号传播研究[D].广东工业大学，2014：1.

（二）外交服饰语言

服饰在众多外交场合中得以展现，不仅能体现出外交人员个人的性格、气质、审美品位、兴趣爱好以及价值观等，也能体现出不同时代、不同地域、不同民族的文化特征、民族性格和社会风貌，向国际社会传达着重要的话语内容。现在世界上一些知名的国家首脑峰会，出席的各国国家元首身着东道主国家的特色着装，充分体现了民族元素，大有摒弃前嫌、搁置争端的意境，使人产生生机盎然、社会和谐的强烈感受。[1]

外交服饰是指参与外交活动的所有服饰的总称，与一般人际交往中的服饰有所区别。外交中的服饰除具有一般人际交往中服饰的基本特点外，还兼具建构外交人员个人形象及国家形象的任务，它既要体现外交人员的个人魅力，又传达出外交人员所代表的国家形象。作为外交活动中的重要内容，外交服饰语言是指外交人员通过自身服饰对外交事务包括国家立场、政策取向及其态度等所做出的表达。

作为广义外交语言的组成部分，外交服饰语言可以传达出非常丰富的内容。在外交场合中，外交人员的服饰对一个国家外交活动的影响是直观的又是潜移默化的。不同的场合中不同的服饰所传达的信息不同，附带的感情不同，或强调民族文化，或表现亲切，或表达疏远的态度，有些不便通过话语表达的信息，借由服饰来传达已成为各国普遍采用的外交手段。

二、外交服饰语言的类型

服饰外交语言根据其不同的特点可以分为规约类、指示类、象征类三大类型。规约类也就是受各种社会文化的约定而形成的特性，具有社会性。相对于规约类的普遍性，指示类具有更多的特殊性，外交人员一般通过指示类外交服饰语言表达某种独特的信息。而象征类外交服饰语言多用于表

---

[1] 薛玲珑，薛婧. 谈服饰语言的运用 [J]. 江苏纺织，2010，（2）：39-40.

达隐含的寓意。

（一）规约类

人们在使用语言时，需要遵循一定的规则，才能正确传达或接收信息。也就是说，语言具有约定俗成的性质，即规约性。在不同的社会环境下，这种规约性会受到历史、政治、经济、文化等多方面的影响而各不相同，从而具有社会性。尤其是口头和书面语言，与一个地域的文化发展紧密相连。服饰语言作为行为语言的一种，也具有规约性和社会性，在特定的语用规则下发挥其作用。作为外交语言重要组成部分的外交服饰语言，经过长时间外交实践，逐渐形成了一系列约定俗成的规范，即具有了一定的规约性。综合而言，外交服饰语言的规约性要求服饰要合身、合心、合时、合礼、合规及合俗等。

1. 合身

服饰必须适合穿着者的体型。服饰必须要适合穿着者的身材，简洁大方，着身效果好，穿着舒适。得体的服饰可以扬长避短，展示人良好的精神面貌，体现个人的外在美和内在美，以及独特的个人风度和魅力。另外在选择服装时要合乎自己的年龄，女性要选择彰显女性特质的服装，中年男性衣服的选择可表现阳刚和成熟的服饰。人到老年，服饰选择上或表现老成持重，或表现老当益壮，或表现慈祥随和。例如，美国总统奥巴马在选择沉闷颜色的西装时，会搭配稍显活力的领带，显得自己更加年轻。除此之外，涉外服饰必须合乎自己的身份，如外交人员在出访期间穿着不能过于随便和花哨。

2. 合心

服饰要合乎心意。因为涉外活动不是单向的信息传达，而是双方的一种互动与合作。因此在外交场合，服装的选择在合乎自己心意的同时，一定也要合乎对方的心意。服饰多是给他人看的，如果不合他人心意势必会效果不佳，甚至有时会闹笑话。

3. 合时

　　服饰要合乎时宜。涉外场合服饰的选择要符合每个时代不同的特点。例如，在21世纪的今天，中世纪的欧洲华丽宫廷服饰就不适宜正式场合；中山装在中国改革开放前一直是出席正式场合的服装，随着几十年对外开放，外交场合着装逐渐与世界同步，中山装被西装所替代。除一些特殊场合外，如果着中山装出场似乎显得古板和老套。另外，着装风格要尽量避免过于超前，因外交场合毕竟不是时装发布会，过于超前的服装会显得不合时宜。

4. 合礼

　　服饰要合礼节。不同的场合要穿不同的服装。例如，出访期间正值一国国庆就适合穿着稍微喜庆的服装。相反，如果在葬礼或者某些具有悲伤色彩的纪念日，需穿着黑色或暗色的服装。军人在参加正式场合的活动时要着军装。

5. 合规

　　服饰要合规矩。合规主要是指在不同外交场合下，行业人员要穿着制服。例如，军官必须穿军服。在中国，根据中国人民解放军内务条令规定，穿军装必须佩戴帽徽、肩章、领花，头发整洁等。

6. 合俗

　　服饰要合俗。合俗就是要合乎风俗习惯，尤其是不能触犯对方的忌讳。在外交场合，服饰要符合己方、他方或共建的平台范围内约定俗成的规范或习惯。例如，民族服饰能够展现本民族的特色，在一些隆重的外交场合穿戴民族服装和服饰，要符合其民族规范和习惯，尤其是不能触犯对方的忌讳。

　　一般而言，在正式外交场合，男士应该身着西装，并且打领带。在颜色选择上，应该选择颜色较深的西服再配上深色的皮鞋。西装要平展，褶皱的西装会给人一种邋遢的感觉。领带是男士穿西装套装时最重要的装饰，一定要长短合适，质地优良，色彩协调。衬衫和袜子的选择也必须注意。

一般来说，衬衫选择白色的比较通行；衬衫的袖口要长出西服袖口1厘米左右。袜子要避免浅色，因为在就座时，袜子很容易露出来，导致在视觉上与整体着装不协调，而影响着装整体效果，甚至分散对方的注意力。对女士而言，在正式外交场合，最好穿着套裙，以冷色和素色为主。裙长根据年龄可以稍微有所不同，年龄略大的可以选择裙长过膝，年轻的可选择不短于膝上3厘米的裙子。在正式场合不能穿露脚趾的鞋子，要穿长筒袜，不要选择无袖衣服。戒指的戴法要特别注意，通常应戴在左手上。在妆容上，白天要淡妆，晚上可以选择稍浓的妆容。

除了在正式场合有服饰方面的要求以外，非正式场合的服饰搭配同样应该引起注意。非正式场合主要指的是有别于正式外交场合的交往，包括游览、观光、旅游等，在这些场合男士是不宜西装革履。在涉外活动时，男士除了要准备西装外还得备上一套休闲服饰。如果没有准备休闲服饰，可以穿西装不打领带，衬衣不系最上面一颗扣子。女士要避免穿透视装、跟太高的鞋以及露脚趾的鞋。

（二）指示类

指示符号是指"符号"与指示对象由于因果、时空等关系，能相互指代，将接收者的注意力吸引到所要指示的对象上，从而使接收者在感知符号时能够即刻联想到所要指示的对象，如风向标、指示牌、敲门声、电铃声等。在外交活动中，相对于规约类的普遍性，指示类具有更多的特殊性。外交人员一般通过指示类外交服饰语言表达某种独特的信息。

通过外交服饰语言传达外交信息最典型的例子是美国前国务卿奥尔布赖特的胸针外交。奥尔布赖特是美国历史上第一位女性国务卿，她通过不同的胸针在不同的外交场合表达不同的外交信息，将外交服饰语言运用得淋漓尽致。奥尔布赖特在2011年4月出版的《读我的胸针——一位外交官珠宝盒里的故事》一书说："我猛然发现，不经意间我的珠宝成为我个人外交武库中的一部分。……在适当的时间发出正确的信号能够给人际关系增加热度或者施加必要的压力。"[1] 奥尔布赖特戴每一枚胸针，都会花她很大心思。在就任国务卿典礼时，她戴的是鹰胸针；和阿拉法特会面时，她戴的是蜜蜂胸针；同曼德拉交谈时，她戴的是斑马胸针；与金正日合影时，她戴的是美国国旗胸针；在声讨其他势力危及美国利益时，她总戴着一枚天使胸针；在向卢旺达种族灭绝大屠杀中的遇难者致敬时，她戴一枚和平鸽胸针；和一群快乐少年欢聚时，她的胸针是一条自由自在的鱼；在庆祝中美经贸洽谈成功时，她戴了用陶瓷碎片烧制成的一枚中国龙的胸针。[2]

（三）象征类

象征一词具有相当宽泛的意义，被广泛应用在哲学、人文科学、语言学、数学及日常生活中。英国马利诺夫斯基从语言学角度对象征作出了以下划分：①与被象征者处于积极的关系中，如语言；②与被象征者处于非直接的关系中，如小说中的形象；③与象征者处于神秘关系中，如仪式。而对于一般符号学而言，最重要的象征概念是作为非语言的实物和图符的象征。[3]

常言道，入乡随俗，因为这个"俗"意味着象征。对一个国家访问时要尊重当地风俗，避免触碰该国的忌讳。例如，与日本人在一起的时候要避免衣着不整、赤膊赤脚、袒胸露背等。在韩国，人们会对数字4有忌讳。在新加坡，人们比较忌讳紫色、白色、黑色和黄色，因此在外交活动中这四种颜色的服饰和搭配要尽量避免。马来西亚忌讳的数字有0、4、13，在颜色上忌讳黄色和单独使用黑色。在泰国，要避免使用带狗的图案和褐色的服饰。印度忌讳黑、白、灰三色，认为其代表了消极的精神状态，并且禁忌玫瑰图案，因为玫瑰在其传统文化中多作祭奠之用。法国人忌讳黄色的花，认为黄色代表不忠；在图案方面，法国人忌讳黑桃，认为黑桃象征死亡和不祥。另外法国人也忌讳仙鹤，认为其象征了蠢汉和淫妇等令人不

---

[1] [美]玛德琳·奥尔布赖特.读我的胸针——一位外交官珠宝盒里的故事[M].邱仪译.南宁：广西师范大学出版社，2011：20.
[2] 张达明.奥尔布赖特的胸针外交[DB/OL].http://world.huanqiu.com/hot/2016-02/8562576.html.
[3] 李幼蒸.理论符号学导论[M].北京：社会科学文献出版社，1999：496.

愉快的社会角色。德国忌讳红色、黑色、深蓝色。美国人忌讳黑猫和蝙蝠的图案。俄国人对颜色的认知大致是：红色象征吉祥、美丽；黑色象征肃穆、庄重；白色象征纯洁、温柔；绿色象征和平、希望；粉红色象征青春；蓝色象征忠诚、信任；黄色象征幸福和谐；紫色象征威严、高贵。在一些伊斯兰国家，妇女是要包头巾、蒙面纱的。另外，在一些佛教国家不同的国家有不同的禁忌，例如，在印度就要避免穿牛皮鞋，而基督教的国家普遍不喜欢大象和孔雀图案。

与不同的国家人们交往要特别注意服饰的颜色和花形的选择，因为这也是得体服饰一个重要的组成部分。不得体的服饰有时不仅会闹笑话还会伤害有关国家人民的感情。当然，现在很少有人故意通过触犯他国禁忌来伤害他国，但是一些无意的失误也会出现。

三、外交服饰语言的功能

衣服作为肌肤的延伸，既可以被视为一种能量控制机制，又可以被看作社会生活中自我界定的手段。[1]人类的语言活动是一种"编码"和"解码"的过程，对于任何想要将信息传递给"解码"人，都会在符号文本进行编码时，对其赋予一定的意义。[2]在"编"和"解"的过程中完成语言表达的功能。外交服饰语言的功能可以分为政治功能、文化功能和经济功能。

（一）政治功能

在国际政治的实践中，服饰符号的"所指"是服饰所传达的信息和意义。美国政治家本杰明·富兰克林说："为自己而吃，为别人而穿。"外交人员的穿着打扮是彼此之间交流信息的重要工具。外交人员的服饰符号是外交人员实践中特殊的非语言符号，暗藏了外交人员的个人信息：服饰符号可以定位外交人员的身份、表现外交人员的性格特征、凸显外交人员的个人品位、

---

1 [加拿大]马歇尔·麦克卢汉.理解媒介[M].何道宽译.南京：译林出版社，2011：159.
2 [加拿大]马歇尔·麦克卢汉.理解媒介[M].何道宽译.南京：译林出版社，2011：145.

传达外交人员的执政理念及对具体外交事件的立场和态度。

国家形象作为国家综合实力的反映，对国与国之间友好往来发挥重要的作用，也是提高国家综合竞争力的重要途径。外交活动中的服饰符号主要通过传播自身文化与外交信息来建构国家形象。具体而言，在国家形象的建构过程中，国际政治中服饰符号的"所指"体现在彰显民族文化特色、传达国家外交理念、表征历史文化交融、暗示国家政治背景等方面。[1] 国际政治中的服饰是塑造国家形象的"初始效应"[2]，是外交人员留给国际社会的第一印象。

凸显个性，表达自己独特的要求是许多外交人员，尤其是国家领导人所追求的。俄罗斯总统普京的服饰除了传统的西服、衬衫、皮鞋外，有太阳镜和手表，还有针对专门的外交场合作出的特殊装饰安排。普京在正式场合的服装以西服为主，主要颜色是黑色和黑灰色。这些颜色与普京刚毅冷峻的外表相称。在领带的选择上，普京主要以暗红色、深蓝色条纹为主，这些颜色和图案彰显朝气和活力。普京在特定场合的服饰运用也具有高超技巧，不时向国际社会传达出其运筹帷幄的自信。

外交团队服饰的和谐与彼此呼应也非常重要。近年来，中国国家主席习近平和其夫人彭丽媛在外出访问时的着装造型一直被人们称道。特别是2013年3月22日至24日对俄罗斯进行国事访问期间，习近平主席和其夫人的着装相互搭配，被大家亲切地称为"情侣装"。虽然都为黑色风衣，但是习近平主席搭配的是青色领带，而与之相呼应的是夫人彭丽媛搭配的青色丝巾。彭丽媛的珍珠耳环、黑色皮包、细致的腰带都彰显出简约大气的风格，这与习近平主席的成熟稳重的服装搭配相呼应。在出席宴会以及在俄罗斯国际关系学院演讲时，习近平主席的着装则以民族特色示人，传达出亲切和善的领袖性格及庄重包容的大国领导人风范。在离开俄罗斯时，习近平主席依然是着黑色的风衣，不同的是搭配驼青色围巾，其夫人则身

---

1 王滢. 国际政治中的服饰符号研究 [D]. 湖南师范大学，2015：I.
2 吴友富. 对外文化传播与中国国家形象塑造 [J]. 国际观察，2009，（1）：8-15.

穿驼青色外套，彼此呼应，相得益彰。中国国家主席习近平与其夫人出访时所穿服装都是国内品牌，也显示了他们的爱国情怀和信念。

奥巴马当选美国总统后，其夫人米歇尔·奥巴马由于非常注重自己的形象、举止及衣着品位，因此常被媒体评为衣着最佳的公众人物之一[1]，并被媒体与前美国第一夫人杰奎琳·肯尼迪相提并论。如果说奥巴马喜欢冷色系服装，那么米歇尔则在穿衣打扮方面更加偏向暖色系，因而两人服饰形成互补。身着暖色系服装的米歇尔常给人一种随和温婉的感觉。她在出访时多穿着单色带碎花的连衣裙，并且很少使用名牌。由于服装的剪裁贴身得体，再搭配上腰带，更凸显其体态美，整体上给人的感觉端庄得体，富有活力。2009年11月15日，奥巴马总统访问中国，在上海下飞机时身穿黑色略带休闲的外套，显得亲和力十足。在正式会见场合，奥巴马是以黑色西装、白色衬衣加暗红色斜纹领带着装，但在游览长城和故宫时黑色休闲装和休闲皮外套相搭，则显得休闲随意。奥巴马身着的西装主要是美国本土品牌，并不昂贵且多为素色，款式也很简单，彰显其平实朴素的形象。在领带的选择上奥巴马多以斜纹为主，这是因为黑色西装加白色衬衣给人的感觉较为沉闷，但是配上带有动感的斜纹领带就显得活力十足了。在领带打结方法上，多使用上班族常用的四手结，以增强和显示其亲和力。

（二）文化功能

在外交领域中服饰的文化意义不容忽视。借助外交舞台，服饰能在无形中将各民族文化传播到世界的各个角落。在外交活动中，服饰能彰显出国家的文化传统与民族特色，是各个国家建构国家形象的重要途径。在外交活动中，服饰所承载的民族文化特色体现在各个方面，从外交人员的发型、服装到围巾、胸针、帽子等配饰，都能显现出外交人员所代表国家的民族文化特色。

外交服饰语言所传达的文化，通常与外交人员所代表的国家某一特定时期的历史紧密相连。

1　环球网.美国第一夫人眉形改变引关注媒体好评如潮[J/OL]. http://fashion.huanqiu.com/news/2014-02/4864771.html.

以中国为例，唐朝时期的服饰对中国的影响一直延续到今天。唐朝主要服饰有祭服、朝服、公服和常服。常服多富丽华美，以彰显其富裕繁荣。唐代百官常服"为圆领袍服，因前后襟下缘用一幅整布接成横襕，故称圆领襕袍；初唐、盛唐时受胡族风尚影响流行窄紧直袖式样，中晚唐以后，流行传统宽衣大袖；与常服配套的首衣是幞头，足衣为乌皮六合靴，饰物有腰带、鱼（龟）袋等"。[1] 当时唐朝的服饰受周边国家的影响很大，反映了唐朝兼容并蓄的文化传统，也是一个朝代鼎盛时期的表现。如今唐装经过革新重新出现在今天人们的生活中，它融合了汉代服装的特色，在保留某些传统特色的同时又有了一定的创新。清朝的服饰特点非常鲜明。清军入关之后实行"半剃半留"的满族传统发式，一直延续到辛亥革命。乾隆时期，清朝实行冠服制，不同的官品其服饰和纹章是不同的。冠服中的蟒袍，三品以上绣9蟒，四品以下绣8蟒，七品以下为5蟒，袍的下摆绣上云水图案，以天蓝为正色。皇室的服饰按等级不同也有所不同，皇帝、皇子、亲王、郡王等，其帽子、服装、腰带和朝珠各不相同。但总体而言，清朝的服饰给人留下的印象就是长袍马褂、花翎和长辫。

戊戌变法之后，中国的服饰发生了改变，越来越与西方趋同。民国时期，一种既区别于中国传统服装又区别于西服的新式服装——中山装开始流行，并成为代表中国形象的国服。中山装走平民、实用路线，但文化寓意丰富：前衣襟有5粒扣子，代表"五权分立"即行政权、立法权、司法权、考试权、检察权；4个口袋，象征"国之四维：礼、义、廉、耻"；3粒袖扣，则表达"三民主义：民族、民权、民生"。孙中山建立民主共和体制的三民主义理念在服装上得到完整体现，中山装成为"革命"在身体空间中的象征符号。[2] 到了20世纪80年代，随着西装的流行，中山装已经淡出了人们的视线。但是在一些正式场合，也时常看见中山装的影子。例如，在中华人民共和国成立60周年国庆阅兵式上，时任国家主席胡锦涛就穿着中山装出席。时至今日，在出席国际会议时很少见到中国代表穿着中山装，因为目前西装已经是公认的正装。中国外交人员在开展外事活动时服饰以西装为主，但是

---

[1] 李怡. 唐朝服饰[J]. 华夏文化，2006，（4）：48.
[2] 陈蕴茜. 身体政治：国家权力与民国中山装的流行[J]. 学术月刊，2007，（9）：139-147.

在不同场合也会加入中国传统服饰的元素，将中西文化融合在一起，也给人留下深刻的印象。

1993年11月19日至20日，首次亚太经济合作组织领导人非正式会议在美国西雅图的布莱克岛举行。基于会议的非正式性质，会议期间所有领导人不着正装，而穿休闲装，为的是营造一种较为轻松的气氛。这种形式成为以后亚太经济合作组织领导人非正式会议的模式。[1] 从1994年第二届亚太经济合作组织领导人非正式会议开始，几乎每届会议都会为与会领导人准备各具主办国特色的民族服装。

表一　亚太经合组织领导人非正式会议主办国提供着装情况一览表 [2]

举办次序	召开日期	主办国	举办地点	提供服饰
第一次	1993年11月19日	美国	西雅图	主办国未提供统一着装，倡议休闲装。
第二次	1994年11月15日	印尼	茂物	印尼传统蜡染印花衬衫"巴提克"。
第三次	1995年11月19日	日本	大阪	主办国未提供统一着装。
第四次	1996年11月25日	菲律宾	苏比克	由菠萝纤维制作的菲律宾国服"巴隆他加禄"。
第五次	1997年11月25日	加拿大	温哥华	飞行员款牛皮夹克。
第六次	1998年11月18日	马来西亚	吉隆坡	马来西亚蜡染印花衬衫"巴提克"。
第七次	1999年9月13日	新西兰	奥克兰	由新西兰优质羊毛制成的套装，包括一件帆船茄克、一件长袖马球衬衣及一条黑裤。
第八次	2000年11月16日	文莱	斯里巴加湾	男士服装为文莱传统中出席重要仪式穿戴的竖领"MIB"衬衫；女士衣服为套裙"巴佳克郎"。
第九次	2001年10月21日	中国	上海	中国传统唐装。
第十次	2002年10月26日	墨西哥	洛斯卡沃斯	墨西哥印第安人传统白衬衫"瓜亚贝拉"。

---

1 方芳. 盘点历届APEC领导人非正式会议"全家福"[J/OL].http://www.ce.cn/xwzx/gnsz/zg/200911/06/t20091106_20365025.shtml.

2 作者根据资料整理形成。

续表

举办次序	召开日期	主办国	举办地点	提供服饰
第十一次	2003年10月20日	泰国	曼谷	由昔日皇室专属的泰丝制成的特色民族服装。
第十二次	2004年11月20日	智利	圣地亚哥	智利传统套头披肩"查曼多"。
第十三次	2005年11月18日	韩国	釜山	由本土绸缎制成的传统韩式大褂"图鲁马吉"。
第十四次	2006年11月18日	越南	河内	越南传统丝质长衫"奥黛"。
第十五次	2007年9月8日	澳大利亚	悉尼	拥有百年历史的防水油布大衣"德瑞莎"。
第十六次	2008年11月22日	秘鲁	利马	秘鲁印第安人传统羊驼披风"彭丘"。
第十七次	2009年11月14日	新加坡	新加坡	结合了中国、马来西亚、印度三国服装特色的中式领长袖亚麻衬衫。
第十八次	2010年11月13日	日本	横滨	主办国未统一提供男士服装，女士服装为以蚕丝和玉米为原料的生物塑料制成的礼服
第十九次	2011年11月12日	美国	夏威夷	主办国未提供统一着装。
第二十次	2012年9月8日	俄罗斯	符拉迪沃斯托克	主办国未提供统一着装。
第二十一次	2013年10月7日	印度尼西亚	巴厘岛	由巴厘岛特有编织工艺制成的"安代克"。
第二十二次	2014年11月10日	中国	北京	融合中国特色传统工艺的"新中装"。
第二十三次	2015年11月18日	菲律宾	马尼拉	菲律宾国服"巴隆他加禄"。
第二十四次	2016年11月19日	秘鲁	利马	秘鲁印第安人传统羊驼披肩"彭丘"。
第二十五次	2017年11月11日	越南	岘港	越南传统丝质衬衫。
第二十六次	2018年11月17日	巴布亚新几内亚	莫尔兹比港	主办国未提供统一着装。
第二十七次	2019年10月30日，智利总统皮涅拉发表电视讲话，宣布取消11月和12月将在智利首都圣地亚哥举办的亚太经济合作组织领导人非正式会议和联合国气候变化大会。主办国未能有机会提供统一着装。			
第二十八次	2020年10月26日，马来西亚2020年亚太经济合作组织秘书处发表声明称，2020年亚太经济合作组织领导人非正式会议将于11月20日以视频方式举行。主办国未能有机会提供统一着装。			

亚太经济合作组织领导人非正式会议，本来就是非正式的，因此在穿着上不需要更多的讲究，穿西服可以，牛仔裤搭配夹克也可以。自从1994年开始，东道国提供服装似乎已经成为一个不成文的规定。一般来说，东道国都会为与会领导人提供当地的民族服装。身着当地的民族服装能传达出会议的非正式性以及轻松的氛围。穿着统一的民族服装拍出的"全家福"更彰显亚太经济合作组织大家庭的风貌和追求。

（三）经济功能

法国学者让·波德里亚从符号学的角度对消费进行了论释，"要成为消费的对象，物品必须成为符号"。[1] 在经济学体系下，"消费"指对物品使用价值的占有。消费主义是以人类社会物质的极大丰富为前提。消费主义就是指大众消费逐渐摆脱对物品功能和使用价值的占有，而更多注重商品和服务的象征价值或符号价值。"流行（或时尚）是一种群众性的社会心理现象，是指社会上许多人都去追求某种生活方式，使这种生活方式在较短时期内到处可见，从而导致人们彼此之间发生连锁性的感染，即所谓的'一窝蜂'现象。"[2] 随着商品经济的发展，消费主义逐渐渗透到社会的各个角落。受消费主义物质利益的诱惑，服饰时尚开始由消费决定。服饰流行以服饰符号的有效传播为前提，大众传媒为服饰符号的传播提供了多种形式的平台。大众传媒在传播信息的同时，也携带着大量的商品信息，影响着受众的消费倾向。

在外交领域，服饰是建构外交人员个人形象及国家形象的重要元素。进入外交领域的服饰具有独特的政治、经济、文化及历史的象征意义和使用价值。外交人员，尤其是国家领导人借助外交场合，利用报纸、杂志、网络等大众传媒塑造自身"明星"形象，开创时尚潮流。与此同时，外交人员的服饰借助外交舞台、大众媒介的传播，刺激消费市场，带动本土品牌，从而为服饰的生产和消费注入新的元素。

---

1 [法]尚·布希亚. 物体系[M]. 林志明译. 上海：上海人民出版社，2001：223.
2 时蓉华. 社会心理学[M]. 杭州：浙江教育出版社，1998：537.

第五章　外交礼仪怎样以礼达意

　　在智慧树下，两位出生于不同时代的东西方先哲——中国古代的圣人孔子与被誉为"草原之子"的哈萨克斯坦的阿里-法拉比(Al-Farabi)正在共话文明、美德、友谊及互助。雕塑的底座上面分别镌刻着孔子的名言"德不孤,必有邻"和阿里-法拉比的名言："如果人们能够互帮互助，世界将会繁荣昌盛。"

　　作为外交礼物，雕塑作品《智慧树》构思独特，寓意深刻，展示了两国深厚的历史文化和独到的思想底蕴及优势，充分表达了哈萨克斯坦人民和中国人民在历史和精神价值方面的相似性和对未来世界的美好期盼。

　　上图为2011年2月22日哈萨克斯坦总统努尔苏丹-纳扎尔巴耶夫访华时，赠送给时任中国国家主席胡锦涛外交礼物《智慧树》雕塑。

外交礼仪代表国家的形象，体现国与国之间关系并在推进外交活动中发挥着重要的作用。[1] 外交礼仪种类繁多，不同的外交礼仪承担不同的功能，发挥着各自的职责。因此，在进行对外交往的过程中外交人员要善于使用外交礼仪语言，正确传达出外交诉求，进而推动国家间关系的发展，促进自身国家的外交目标的实现。

一、外交礼仪的含义、形成及发展

礼仪就是礼节和仪式。礼仪是从根本上规定和限制人们彼此行为关系，使彼此之间通过遵循社会的一定准则来表达相互间的尊重。就社会学而言，良好的行为是人类社会的一种约定，它要求人们彼此行为遵循礼节，传递关爱。礼仪作为一种社交要求，不同于法律，但却具有较强的约束力，规范和指导人们彼此之间如何相处。在外交活动中，礼仪是衡量一个国家社会发展水平的标准，是一个国家文明程度、道德风尚、生活习惯的反映。德国作家歌德认为，"一个人的礼貌是一面照出他的肖像的镜子"。[2] 同样，一个国家的礼仪，特别是外交礼仪也是国家间关系发展进程的反映。

关于礼仪的最初形成，许多研究者认为，人类在狩猎时代就已形成礼仪并要求人们遵守。在打猎时，狩猎者相互之间需要保持适当的距离。即使没有猎获物，也要讲一番有关狩猎的趣闻，使同伴们不致扫兴而归。"礼"在狩猎时代就有了它的初始形态。随着人类社会政治、经济和文化的发展，人际交往日趋频繁，社会生活更加复杂和多样化，"礼"也不断地丰富和发展。

阶级社会出现以后，伴随着国家的建立，"礼"的发展达到了新的阶段。"礼"不仅仅是个人交往的"私人礼节"，而且成了国家统治的一种手段。统治阶级为了巩固自己的统治地位，建立并稳定自己的统治秩序，规定了许多礼节条文，首先要求本阶级的成员严格遵守。所以，"礼"也往往是指

1　鲁培新. 外交礼仪背后的交锋 [J]. 今日南国, 2006, (12): 40-41.
2　张颖. 有"礼"走遍天下——谈外事礼仪 [J]. 学习月刊, 2006, (24): 22-23.

上流社会的行为规范、宫廷礼仪以及官方生活中的公认准则。"刑不上大夫，礼不下庶人"就是这种准则的一种表达。在古代中国，很早就有了天下和世界的概念，这其中也包含着外交思想的因素。中国最早的文献之一《礼记》中，就提出了"大道之行也，天下为公，选贤与能，讲信修睦……是谓大同"的思想。而《左传》认为，"礼，经国家，定社稷，序人民，利后嗣者也"。

国家间关系的发展，国际交往的频繁必然需要有一定的规范与准则遵守。在人类发展的历史上，国与国之间充满了矛盾、斗争。谈判、议和、结盟、互通贸易等逐渐为大多数国家所公认和接受。随着国际关系的发展，国家间交往的规模逐渐扩大，节奏加快，交往越来越频繁。伴随着国际交往的内容不断丰富，参加国际活动的人数日益增多，涉及全球的诸多问题已引起了世界各国越来越多的关注。这些变化同各国人民之间的文化、艺术、体育、旅游等来往交织在一起，构成了一幅空前广阔、繁复、多样化的图景。因此，外交礼仪的演变也随之深入，一套现代意义上的外交礼仪再次得到革新。

二、外交礼仪的基本构成

外交实践中的礼仪往往是通过多种行为加以体现：迎送、会见、宴请、招待会和晚会；为不同目的举行的仪式、庆贺、慰问、吊唁以至日常交往；见面时的称呼、礼节和服饰等。

（一）迎送

迎送是对正式来访的外国国家元首和政府首脑按国际惯例举行的欢迎仪式，包括演奏两国国歌、检阅仪仗队、鸣放礼炮（元首21响，政府首脑19响）、讲话、群众欢迎等。[1] 许多国家还形成带有自身特点的较为固定的做法，如中国派出部长级的陪同团团长到机场或车站迎接，同日或次日在人民大会堂东门外广场或东门内大厅由国家主席或总理主持正式欢迎仪式

---

1 黄金祺. 外交礼仪、礼节举例 [J]. 世界知识，1989，（11）：28-29.

等。除国家元首和政府首脑外，对于其他级别的来访者都应组织规格相当的迎送。出席国际会议的代表主要由东道国组织迎送；参加国际组织常会的代表（如出席联合国大会的代表）由有关国际组织的礼宾部门安排迎送；常驻使节的到任和离任，接受国礼宾部门一般也要安排迎送。在正常的迎送规格基础上，各国还常根据当时的特定情况和两国关系，对迎送规格作某些调整和变通。

（二）会见

会见主要指礼节性的会面。会见虽不同于正式的政治或业务会谈，但也可以谈论政治性或业务性的问题。在当代外交实践中，会见在国家领导人对外交往中已越来越广泛和频繁。国家领导人不仅会见外国政界人士，也会见民间人士。会见已成为领导人推进国家对外政策的一种非常灵活、方便和有效的方式和渠道。1971年和1972年中美乒乓球队互访，周恩来总理和尼克松总统分别接见对方的球队。虽然会见时双方未涉及政治问题，但会见本身却具有政治意义。毛泽东关于"三个世界"的战略思想、邓小平关于"一国两制"和世界面临"和平与发展"两大主题的思想，都是先通过会见外国客人提出，然后才向外界发布的。东道国对来访者，从礼节和两国关系考虑，一般都会根据对方的身份、来访目的和愿望，安排相应的领导人和部门负责人会见。外国常驻使节到任和离任时，国家领导人需要应来访者的要求，权衡轻重决定是否接见等。在实施上述活动的过程中，通过不同的礼仪方式传达出外交信息。

（三）宴请

宴请包括国宴、酒会、茶会、便宴和家宴等多种形式，各有其特殊的作用。其中，国宴是国家元首或政府首脑为国家庆典或为外国元首、政府首脑来访而举行的正式宴会。一般在国家最富有象征意义或最豪华的地方举行，规格最高，如中国在人民大会堂，苏联在克里姆林宫，美国在白宫。宴会厅可悬挂来宾国和东道国的国旗，席间可演奏国歌，致祝酒词等。

便宴和家宴是国家领导人及外交人员广结善缘，互相了解，交换看法，探听事态发展以致达成重要谅解的非常随便的宴请活动，带有个人外交的色彩。英国政治家艾登在他的回忆录中，对他和周恩来总理在 1954 年 4 月 26 日至 7 月 21 日举行的第一次日内瓦会议期间，通过互相宴请增进了解以至互相摸底的情况有过生动的描述。

冷餐会和酒会也是外交宴请的重要形式。冷餐会也称自助餐会。冷餐会的特点是不排席次，但也可为主要宾客设专座。冷餐会提供的食物不一定都是冷的，中国举行的冷餐会多有热食。酒会也称鸡尾酒会，是比冷餐会更为自由的宴请形式。时间可在中午、下午或晚上，请柬上标明酒会持续时间，客人可在这一时间内的任何时间到达或退席。冷餐会的优点是可以充分利用空间和时间，多请客人，为主宾双方提供广泛接触和自由交谈的场所。酒会灵活轻松，也可用于非常正式的场合。

（四）文体招待会

文体招待会是指不同形式的文艺和体育表演或招待会（包括电影招待会），也是礼宾活动的重要形式。对客人来说文体招待会是艺术享受或休闲娱乐，对主人来说则可以宣传和介绍本国文化艺术和体育事业的成就，同时也是相互联络友情和增进了解的有效手段。

（五）参观游览

参观游览是为外国客人或使节组织的活动，也属礼宾范畴。参观游览内容需要根据接待对象的特点和要求来安排，所以具有较强的针对性和政策性，除游览本国的名胜古迹外，还可以游览包括工业、农业、文化、科技直至军事等各种项目。在正式访问日程中，参观游览一般占很大一部分比例。中国自 1978 年实行改革开放政策以来，对外国客人和使节开放的地区和项目越来越多。中国出访领导人和常驻国外的使节也视参观游览为了解对方的重要途径。[1] 有些国家还为外国使节组织狩猎，这也是一种礼宾活动。

三、外交礼仪的应用原则

受各自国家政治、经济、文化、历史等因素的影响，许多国家拥有自己独特的外交礼仪，彼此之间存在着一定的差异。千百年间，以实力论资排序是一个亘古久远的行事方式和规则。在中国春秋战国时代，弱小诸侯是没有资格参加诸侯盟会的。第一次世界大战后的巴黎和会，中国作为战胜国，竟然没有真正的发言权。[2] 第二次世界大战结束后，国家主权平等逐渐成为共识，外交礼仪上的"实力"概念逐渐被抛弃。自联合国成立以来，各国之间的交往在形式和规模上都有了很大变化，与之相适应的新型外交礼仪也逐渐形成，即承认各国主权平等，不再认同以强凌弱、以大欺小的论资排序规则。

《联合国宪章》规定："本组织系基于各会员国主权平等之原则"。在这里，主权平等原则的含义是：每个主权国家在国际事务中都享有平等的主权，不受他人侵犯；每个主权国家都有尊重别国主权的义务，不得以行使自己的主权为由，为借口形成对他国主权的侵犯。主权平等在国际外交礼仪活动中表现为对主权国家的象征——国家元首、国旗、国歌、国徽给予平等的尊重；主权国家之间可以建立外交关系，派遣外交代表，缔结国家间条约；在国际组织和国际会议中，每个主权国家都有使用本国文字的权利，都享有同等的代表权和投票权。具体而言，就是在国家交往中要遵守对等、平衡、惯例原则。

1. 对等原则

对等原则是指主权国家在对外交往中，为维护各自利益相互采取相同

---

1 李振民. 中国石油的海外战略选择 [J]. 中国石油企业，2013，(10): 125.
2 赵德生. 一战华工与五四运动 [J]. 中国青年研究，2010，(8): 53-56.

或大体相等的措施，就是要礼尚往来，平等相待。主要表现为两国领导人互访，讲究级别、规格、访问天数、招待费用等各方面的对等；两国政府谈判代表的级别、成员组成的对等；两国建立外交关系的级别、派往对方的外交代表机构，如大使馆、代表处以及人数等细微方面都不能相去太远；两国外交人员的活动也讲究对等，如大使对大使，参赞对参赞。双方在签订条约时，本方保存的文本上，本方的签名在前，对方的签名在后。然而，对等原则在外交上的消极运用也经常发生，这往往是在国家间关系处在困难的时候，以后发制人的方式，采取对等的报复性措施，如你驱逐我的外交人员，我也驱逐你相同级别、相同人数的外交人员。

2. 平衡原则

平衡原则是指在国家交往的过程中要一视同仁，讲求无差别、不厚此薄彼。平衡原则要求在外交活动中，施以平衡的外交礼节，忌讳在众多客人中，毫无理由地优待或冷落某个国家的个人或某些人。面对众多地位相同、相当、相等的客观实体（如国家、团体、具体人员、国旗等），要做到待遇应该大体相当，例如，多国地位相同的领导人来参加国际会议，礼遇不能有明显的差别[1]；邀请各国使节参加的某项交际活动，不能无故单独不请某位使节；在乘车、住房等安排上也要大体相当。至于位次排列，则可按礼宾次序原则办理。

3. 惯例原则

惯例原则是指在外交活动中，一些被广泛采用、行之有效的习惯做法。这些惯例相当一部分不会见诸公约或法律，但在国与国相互交往中逐渐成为共同习惯并为各国普遍接受，对外交礼仪具有规范作用。例如，在欢迎国家元首和政府首脑来访的仪式上，鸣放礼炮分别为 21 响和 19 响；同人

1　人民网（海外版).外交礼宾的指导原则（礼仪漫谈）[J/OL].http://paper.people.com.cn/rmrbhwb/html/2010-02/27/content_456150.htm.

握手，应伸右手；同人拥抱贴面，应当先以自己脸部的右半边与人相贴等。[1]

四、外交礼仪的作用

（一）外交礼仪是一项重要的外交职能

人类自从有了外交就有外交礼仪。随着对外交往的频繁，许多国家还设立专门的礼宾部门，配备专门的礼宾官员，来管理外交事务中的礼仪礼节活动。[2]

在古希腊，伴随"优遇外侨"制度的兴起，出现了负责礼宾的"外侨官"，负责接待来自其他城市的私人或使节。同时期的其他一些国家，则设立了办公厅等机构，由专职书吏负责各项礼宾工作，包括拟办给使节的训令、为统治者草拟回复他国的信件、在国王接见前与来访外国使者进行交流等。古罗马制定了与希腊"优遇外侨"制度相似的"礼待客卿法"，建立了费启亚里斯祭司团主管外事和礼宾。在现代，随着对外交往越来越经常化、制度化，礼宾部门已成为外交的职能部门。不管各国外交部门的内部组织机构如何设置，几乎都设有专门的礼宾部门来负责礼宾工作。不少国家的外交部门都设有礼宾司或礼宾处，也有的国家将礼宾司同其他司合在一起。例如，英国外交与联邦事务部设有"礼宾与会议司"。该司负责在英国的外交使团的特权、豁免和福利、外交代表的位次、外交官与领事官的任命文件、外国国家元首和政府首脑对英国的访问、勋章的授予、皇室礼仪及举办国际会议等事宜。

在中国，礼宾活动可以追溯到古代，历史上有许多重视礼宾的例子。在近代外交活动中，一些国家礼宾部门是先于外交部门产生的。1861年以前，清政府实行闭关锁国政策，极少与世界各国交往，没有设置外交部门，外交关系由皇帝亲自处理。西方各国早在16世纪已建立了常驻外交使节机

---

1 马保奉.外交礼宾的指导原则[N].人民日报（海外版），2010-02-27（6）.
2 江山.浅谈外交礼宾在涉外交往中的作用[J].外交评论（外交学院学报），1988，（2）：20.

制，可是清政府到 19 世纪中叶还拒绝向各国派出常驻使节。当外国使节来华时，只是由礼部负责接待使节、接受礼品和使节文件、审查使节印鉴等事项。除此之外，礼部还负责安排清朝外交使团短期出访。1861 年，清政府建立了第一个正式的外交部门——总理各国事务衙门。1901 年《辛丑条约》签订后，又将总理各国事务衙门改名为外务部，内部组织仍沿其旧制。辛亥革命后，外务部又被改称为外交部，下设 4 个司：外政司、通商司、交际司和庶政司，交际司也就是后来的礼宾部。[1]

（二）外交礼仪是外交政策的寒暑表

在涉外交往中，外交礼仪在某种程度上反映一国的外交政策及其国际关系。在外交活动中，一国给予他国的礼遇不是任意的，通常要遵循一定的国际惯例，有的还要遵循相关的国际法规。根据国家平等原则，一国给予地位相等的国宾的待遇应是相等的，以防止因为国家之间礼遇的"厚此薄彼"而引起不必要的外交摩擦。[2] 但外交礼仪上的过冷或过热，即"冷遇"或"热遇"也时有发生。实施"冷遇"或"热遇"常常取决于一国对外政策的特殊需要，以及一国同另一国之间的特殊关系。强权外交时期，各国由于实力地位不同，所受到的待遇也不同。为讨好大国，一些国家通常给大国使节以高礼遇，给小国使节以低礼遇。罗马教皇将外国使节分成三级，以三种不同的规格进行接待。而有时给予小国以"热遇"，这也同样是一种特定的外交需要。例如，拜占庭皇帝有时破格接待一位小国的王公，其目的是为了笼络这些小国，使它们更牢固地依附于自己。

在现代外交中，外交礼仪上的"冷遇"或"热遇"通常与下述情况有关：当两国之间存在着极为特殊的友好关系时，常常互相给予"热遇"，甚至是最高礼遇，如中国同朝鲜之间的亲密关系曾使两国之间互相给予最高礼遇。1987 年 5 月 21 日金日成主席访问中国时，受到了中国高规格的接待，对

---

[1] 刘信玉. 试论 1912~1928 年北京政府政权特点及其对外交的影响 [J]. 山东高等教育，2005，(4)：24-27.

[2] 江山. 浅谈外交礼宾在涉外交往中的作用 [J]. 外交评论（外交学院学报），1988，(2)：20.

其迎送仪式之隆重也是破格的。中国一般不在机场或车站对来访国宾举行群众欢迎仪式，国宾抵达后在天安门广场或人民大会堂举行正式欢迎仪式。[1]国宾回国时，一般也不举行欢送仪式，更少举行群众夹道欢送。但是，当金日成主席抵达北京站时，受到了800名青少年的热烈欢迎。在他乘车来到国宾馆时，又受到了几百名青少年的欢迎。金日成主席离开北京去天津时，受到了800名青少年的欢送。在他离开天津回国时，在车站上又受到了1000多名青少年的欢送，也有上万名群众夹道欢送。同时，陪同金日成主席参观访问，以及同其正式会见的中国党和国家领导的身份之高，人数之多也是破格的。有时，当一国的对外政策取得重大成就或者取得重大突破时，东道国也常常给有关国家以较高的礼遇。

与外交礼仪上的"热遇"相反，"冷遇"通常反映了两国关系的冷淡和不友好。古罗马帝国就将外国分为友好国家和敌对国家，给敌对国家的使节最低礼遇，不允许他们进入罗马城内。[2]在现代外交实践中，仍有许多国家仿效上述做法。20世纪50年代，中美处于敌对状态时，美国领导人更是走向极端，对中国的外交代表采取了极其粗暴无礼的做法。在1954年4月26日至7月21日期间举行的日内瓦会议上，美国代表团团长、国务卿杜勒斯下令美国代表团成员不许同中国人接触，不许同中国人握手，同中国人见面时要怒目相视。[3]

（三）外交礼仪是扩展外交关系的重要渠道

礼尚往来，礼待客卿，是主人向客人表示敬重、友好的一种重要手段。因为主人对客人的热情程度如何，采用什么样的接待礼仪，会对客人带来不同的心理感受和情感影响。这种心理感受和情感影响会影响到双边关系，而客人的身份越高对双边关系的影响就越大。早在17世纪，各国就已重视自己的大使在进入驻在国国境时，特别是在驻在国国君接见时所受到的礼

---

1 李天民. 现代国际礼仪知识（续）[J]. 外交学院学报，1994，（2）：64-82.
2 爱思想网. 第2章：古罗马的外交思想 [J/OL]. http://www.aisixiang.com/data/80.html.
3 李同成. 举手投足见雅俗——外交场合拾趣 [J]. 海内与海外，1996，（2）：50-51.

仪。这些礼仪活动被看作两国关系以及这种关系在国际关系中所占分量的象征。在常规的接见仪式中，如果东道国稍有脱离常规的做法就会引起猜疑。国家之间因礼仪细节发生争执的情况司空见惯。由于礼仪不周或对方难以接受而导致断绝彼此交往的情况也经常发生。清政府曾要求各国使节在觐见皇帝前要像藩属国一样，在皇帝及其牌位或空着的宝座前行"三跪九叩"的叩头礼。一些国家的使节不愿降低本国的尊严，拒绝接受这种"礼仪"而中途返回了本国，并引起外交纠纷。

外交礼仪在外交活动中有着举足轻重的地位，各个国家不仅重视东道国对自己的礼遇，也十分重视东道国对其他国家的礼遇。罗马教皇将各国使节分成三个等级给予三种不同的礼遇：对于皇帝、大国和威尼斯共和国派来的使节，教皇在大客厅即国王大厅接待，礼遇最高；对于其他国君派来的使节，教皇在小客厅即公爵大厅接待，礼遇次之；对于小国派来的使节，教皇则在内室小屋接待，礼遇最低。

在外交实践中，外交礼仪不仅是彼此表达关系的一种礼节形式，也常常被用来传达外交信息，表明政策意向，进行外交试探的手段。特别是当两国关系处于非常状态下，外交礼仪可以成为拓展外交关系的一个重要手段。

外交礼仪作为一种外交手段有着特殊作用。在外交实践中，实现彼此了解的重要方式是人际之间的交流，如通过知情人士可以了解到新闻媒介中所不能了解到的有关外交的各种信息。但是，要通过人际之间的交流了解这些信息，必须广结善缘。这就需要外交人员通过各种涉外交往，建立关系，结交挚友，例如，通过家庭宴会、酒会、茶会、冷餐会、舞会、打球、狩猎、下棋等外交礼仪活动开展多方面的交流，以获得所需要的信息。一名优秀的外交人员应该兴趣广泛，多才多艺，善于交际，能够通过社交渠道了解他国的真实情况，以便更好地为本国外交政策服务。

（四）外交礼仪是宣传自己的重要手段

外交礼仪活动是对外宣传的一个重要手段。在迎送、陪同外宾访问的过程中，展示自身国家的山川景色、风土人情、文化传统、外交政策等。百闻不如一见，通过实地参观、访问的传播比通过新闻媒介进行宣传具有更好的效果。

（五）外交礼仪是外交斗争的手段之一

借助外交礼仪开展外交斗争的做法在对外交往史上由来已久。早在拜占庭时期（395~1453年），奥斯曼帝国的统治者就以礼宾为手段达到宣扬自己、迷惑对方的目的。外国使节抵达拜占庭边境后，拜占庭皇帝便以护送宾客的名义，派出密探扮作侍从跟随使节。使节们被引领沿着最长又最不易通行的道路前往君士坦丁堡，目的是使他们认为通往帝国首都的道路是漫长而艰难的，从而打消他们攻占首都的念头。拜占庭皇帝对外国使节的接见仪式也搞得隆重堂皇，故弄玄虚：御座前摆着一棵金树，御座的两旁摆着两只金狮子。这些安排是为了向外国使节显示帝国的繁荣和强大，使他们不敢有进攻帝国的非分之想。帝国为外国使节安排的参观项目也煞费苦心，使节们被带去参观君士坦丁堡厚厚的城墙和坚固的堡垒，并让他们检阅五颜六色、络绎不绝的军队。其实，这只不过是同一支军队不断地更换服装和武器而已。

在现代外交中，上述做法已经罕见。但是，以外交礼仪为手段进行贿赂，甚至进行窃密却是常有所闻，即使这种做法是非法的、不光彩的。在一些特定的场合，特定外交礼仪的安排具有特定的外交含义，它或是间接地为外交斗争服务，或是成为外交斗争的直接组成部分。有时谈判桌形状的选择，也会导致一场外交冲突。1968年11月，以美国、南越政权为一方，越南人民民主共和国、越南南方民族解放阵线为另一方准备举行四方谈判。[1] 但是，围绕着谈判桌的形状和座位安排等礼宾问题就斗争了三个月。越南人民民主共和国提议，谈判使用方桌，四方各坐一方。美国方面坚决反对，认为

---

[1] 邵笑．中美会谈与越美和谈——兼论越南战争期间的中美越三角关系（1971—1972）[J]．中共党史研究，2014，（4）：38-50.

这样做就等于承认越南南方民族解放阵线同其他三方一样，具有一个合法政府的平等地位，会谈最后改成圆桌。

在对外交往的场合，失礼是极不礼貌的。但是，有时为了配合外交斗争，外交代表却要故意"失礼"。1938年7月，在法国政府为英国国王及其王后举行的歌剧晚会上，中国驻法国大使顾维钧就拒绝同日本驻法国大使杉村握手，以抗议日本对中国的侵略。新中国成立以后，为反对国际上制造"两个中国"的阴谋，中国外交人员曾经多次在外交场合进行过反对悬挂"中华民国"旗帜或使用"中华民国"名称的斗争。从表面上看，似乎属宾礼之争，实际上是一场维护国家主权和尊严的斗争。在开展反对制造"两个中国"斗争的过程中，由于中国坚持原则，方法得当，使"两个中国"的阴谋屡遭失败。

外交礼仪既是一门科学，也是一门艺术，它是在长期的国际交往中逐步形成和发展起来的。虽然欧美发达国家凭借其先进的工业文明和礼仪文化深刻地影响着外交礼仪的发展，但在当今世界，外交礼仪也在不断融合世界各国优秀的礼仪过程中加入新的元素，在不断完善的过程中呈现出新的形态。

第六章 外交肢体语言的运用

"毫无疑问，当任何外国政府试图影响我们选举的完整性时，我们需要采取行动。"美国总统奥巴马对所谓俄罗斯授意并帮助黑客入侵美国网络，意在干扰美国总统选举的行为向俄罗斯总统普京发出警告。而两人见面时的"死亡凝视"引爆国际社会："二人的眼神充满对对方的不屑与挑衅，隔着屏幕都能感受到浓浓的火药味。"

上图为2016年9月5日，俄罗斯总统普京和美国总统奥巴马在中国杭州G20峰会上见面时的表情。

人类在使用口头语言之前是通过肢体动作来彼此传达信息的。在人类使用了口头语言和书面（文字）语言之后，肢体语言仍然发挥重要作用。在外交领域，肢体语言表达有自己独特的方式。外交肢体语言成为研究外交语言的一个重要部分，并不断受到外交人员及语言研究者的重视。

一、外交肢体语言的概念

肢体语言是人类一种本能的表达方式，除了一些刻意的肢体表达外，人类的肢体语言会在不经意间透露出其思想活动、情绪变化等有关信息。我们可以通过肢体语言表达自己或感知他人在相关领域或问题上的态度、情感及意图。

（一）肢体语言

肢体语言属于身势学的一部分。肢体语言是指不使用口头或书面语言交流，而是以目光接触、面部表情的展露、身体姿势及运动等主要手段，与他人进行交流。在通常情况下肢体语言的作用是辅佐有声语言，但在有些情况下，肢体语言也可以完全代替有声语言，作为表达思想、传播信息的一种独立的表达方式。

（二）肢体语言的种类

（1）身势语。主体依靠身体姿势这一肢体语言来表达自我的情绪情感、传递信息。比如，日常生活中最为常见的，点头是代表肯定或同意的心理状态；摇头或左右大幅度摆动双手是代表着否定、拒绝或是内心不认可的状态；在以站立姿态与人交谈时，往往脚尖朝向也能揭示站立者的心理状态与情感取向。若与交谈的对象关系较亲密则站立者脚尖多偏向对方，反之则远离对方。

（2）目光语。"眼睛是心灵的窗口"，在一般情况下人的眼睛可以准确地传达其内心的喜怒哀乐，通过眼睛可以观察出人的情感变化及情绪波动。

有研究表明目光语在人类交往过程中发挥着重要作用,中国人所谓的"情人眼里出西施",并非是单纯以个情感判断事物的表达,而是有科学依据的。因为相恋的情侣注视彼此时瞳孔放大程度会高于平时,从而使得更多光线投射到视网膜上,形成"滤镜"般的视觉效果,在这种情况下眼睛里的对方就变得朦胧而美丽了。

(3)表情。面部表情是判断言语真实性、可靠性的重要佐证。在绝大多数情况下,表情可以准确地传达人的喜怒哀乐。人的表情有赖于面部肌肉的协调运作,人在交流的过程中,面部在数十块肌肉共同作用下,能够精准传达心理状态和思想情感。面部某些特定部位的肌肉更能直接传达某种特殊情感和下意识的心理反应,比如:眼眉可以传达思想情绪的变化。成语"扬眉吐气"中的扬眉动作往往能揭示欣喜、兴奋、骄傲的心理活动;"怒目圆睁"则通过睁大的眼睛突出内心的生气、愤怒之感。

(4)手语。身体运动是最易被发现的一种体语,其中手语占有重要位置。因为失聪失语,所以聋哑人借助手语来进行交流。不仅聋哑人如此,正常人也会使用手语来完善、丰富和补充彼此间的话语内容。

(三)外交肢体语言

外交肢体语言是外交语言特殊的表达方式,它是外交人员在外交活动中,通过自身肢体对相关外交问题所做的表达(如感情、态度、立场等)。肢体语言往往能够表达出口头语言或是书面内容难以传达的信息。在一般情况下,行为者借由眼神、表情、姿势、身体运动与触摸、个体间的空间距离选择等开展交流活动,使彼此即便在无言语活动的情况下也能传达自己的意愿或明晰对方的内心所想。在人类交往活动中,人们可以通过语言"伪装"自己,但身体语言却经常会"出卖"他们。在外交场合,人们往往可以通过政府首脑和其他各级外交人员的肢体语言来判断一国外交政策、态度和倾向。

作为外交人员，在开展外交活动中，需要运用手势、动作和面部表情等肢体语言来表达出自己对相关外交问题的立场和态度，与此同时，也要具备解读对方肢体语言的能力。

二、外交肢体语言的作用

在外交场合，由于外交问题的复杂性，外交人员的话语表达往往受到多方面的限制，其话语的表达方式和含义是非常复杂的，为此，借助对肢体语言的理解和运用就成为外交人员开展外交活动必须解决的问题。在外交实践中，外交肢体语言可以发挥以下具体作用。

（一）代替口头及书面语言

（1）周恩来与史密斯握手事件。为处理朝鲜问题和印度支那问题，1954年4月26日至7月21日召开的日内瓦会议，是新中国首次以大国身份参加的重要国际会议。时任美国代表团团长的副国务卿史密斯代表美方出席会议。在7月18日召开的第23次限制性会议休息期间，史密斯找到周恩来总理的秘书、翻译浦寿昌谈事情。此时，就在浦寿昌旁边的周恩来总理主动上前与史密斯打招呼，同时伸出手来表示要与史密斯握手，然而史密斯却只回应了周恩来总理的招呼，并未伸出手来同周恩来总理握手。此后不久，在周恩来总理与法国总理孟戴斯·弗朗斯交谈时，史密斯凑过来，以自我解嘲的口吻插话说：每次我走近周恩来先生，记者就会说我和周恩来先生握了手。周恩来总理随即说道：我刚才已经伸出手来了。史密斯说：刚才我一只手拿着烟，另一只手拿着杯子，下次必须得伸得比你还快。7月21日，日内瓦会议结束后，周恩来总理进入休息室，史密斯走上前对着周恩来总理说："我刚才怕讨论下去又要发生分歧，这样简短地结束很好。"周恩来总理再一次向史密斯伸出右手，可是史密斯却急忙用右手握住周恩来总理的左臂，避免了握手。会议期间，中美关系异常紧张，双方代表在会议上接触较敏感。周恩来总理曾两次向美国代表伸出手表达握手的意向，这是大国风范的体现，然而美国代表史密斯却用尽办法避免与周恩来总理握手，种种掩饰逃避，处处被动小气。史密斯所为确有失外交风范，但导致这一行为的根本原因是美国的反华政策。

（2）西方首脑集体拒绝与布什握手。同样是拒绝握手，时任美国总统的布什在2008年G20华盛顿峰会上的遭遇，更能反映出相关国家对美国对外政策的抵制和反抗。2008年11月15日，在美国首都华盛顿举行20国集团领导人金融市场和世界经济峰会。与会领导人在会前按惯例要合影留念。后来在CNN被反复播放的17秒合影画面是：当布什走向准备合影的各国领导人时，后排的8位领导人竟然没有一人与他握手，当然布什也没主动伸手。这与在布什入场之前时任中国国家主席胡锦涛入场时所遇到的情况形成了鲜明对比。布什总统所遇到的这令其尴尬的一幕当然是有原因的。2008年年底由美国次贷危机引起的全球性金融危机大举袭来，欧洲各国尤其是欧盟国家首当其冲，遭受了巨大打击。尽管美国有心维护自己的传统地位，但仅凭自己的力量也无力走出危机。与此同时，包括中国在内的新兴经济体在美国、欧盟和其他发达国家经济普遍衰退的时候，却占据全球经济增长的绝大部分份额而成为华盛顿峰会的主角，布什受冷遇也在情理之中。

（3）白宫草坪上的握手。在美国总统克林顿的第一个任期内，在挪威、美国等国家的积极斡旋下，巴勒斯坦和以色列于1993年9月13日在华盛顿签署了著名的《奥斯陆和平协议》，为中东和平开创了良好开端。签字结束后，克林顿和以色列总理拉宾、巴勒斯坦解放组织主席阿拉法特一同走出白宫。在场绝大多数人在想：拉宾和阿拉法特两人会握手示意吗？这绝非简单的礼仪问题。人们屏息凝神，想看看他们能和解到哪种程度。拉宾似乎在犹豫，克林顿轻轻碰了他一下，似乎是鼓励他上前与阿拉法特握手，而阿拉法特则在一旁等待拉宾采取主动。当拉宾上前握住阿拉法特的手后，克林顿举起了他们握在一起的手腕，随后人群中爆发出一阵掌声。这是巴以领袖的第一次握手，在场新闻媒体为之雀跃，国际社会也对两者的握手表达出了赞赏和欢迎之情。

（4）与会者的"握手秀"预示谈判僵局。2007年11月27日，中东问题国际会议在美国马里兰州的安纳波利斯开幕。会上美国总统布什宣布，巴以在时隔7年后重启和谈，并希望在2008年年底前达成协议。但一个多小时的记者发布会俨然成了与会领导人之间的"握手秀"。与会者彼此之间以"握手"代替了实质性问题的谈判或成为记者发布会主要"印象"，会谈在实质性问题上无法达成协议。此后不久，巴以双方起草联合声明的谈判陷入僵局。

（二）辅助口头及书面语言

美俄首脑的"明争暗斗"。2009年7月7日，时任美国总统奥巴马在与时任俄罗斯总统梅德韦杰夫会晤后，在普京的私邸与时任俄罗斯总理的普京会面。在闭门会谈正式开始前，两人在媒体前短暂合影寒暄。尽管双方客气气互相称赞，但路透社评论说，当时的气氛显得十分尴尬。这是由于普京大部分时间避免与奥巴马有眼神交流。究其原因是奥巴马将此次访俄重点之一定位于"重启"冷淡的美俄关系。2009年7月2日，奥巴马在美俄峰会之前接受采访时说，普京"一只脚还陷在冷战时期"。普京一天后做出回应指出："我们从不屈膝。我们双腿坚定站立，总是面向未来。这就是俄罗斯的特长，确保我们始终前进并不断强大。"[1]从会谈时的肢体语言中可以看出双方在各领域还存在较大分歧。

（三）表达情感

借助不同的肢体语言表达不同程度的情感，是人类肢体语言不断丰富的结果。在肢体语言运用中，下跪是表达感情的一种较极端的方式，往往给人留下深刻的印象。中国有句古话叫"男儿膝下有黄金"，因为下跪更多的是表示"屈服"之意，在其他国家也是如此。下跪除了表示极度的尊

---

[1] 赵津，盛晶晶. 媒体称普京奥巴马前后缺席对方峰会或重启冷战 [J/OL].http://news.china.com/international/1000/20120518/17205594.html.

敬之外还有深切的谢罪。1970年12月7日，东欧迎来了一场大雪过后极为寒冷的一天。时任联邦德国总理维利·勃兰特在刚结束对捷克、波兰的国事访问后，冒着寒风来到华沙犹太人死难者纪念碑下，向犹太人死难烈士敬献花圈。维利·勃兰特突然双膝跪在死难烈士纪念碑前被雨打湿的大理石板上，并祈祷道："上帝饶恕我们吧，愿苦难的灵魂得到安宁。"维利·勃兰特以此向二战中被纳粹党杀害的无辜的犹太人表示沉痛哀悼，并且虔诚地为纳粹时代的德国认罪悔罪。这超乎礼仪的惊人之举感动了所有的波兰人，使得来自世界各地在场的外交人员和记者无不动容。维利·勃兰特"一跪撼天下"，各国爱好和平的人们无不为之拍手称赞。维利·勃兰特因此在1971年12月20日获得了诺贝尔和平奖。

2015年9月28日，日本首相安倍与俄罗斯总统普京在纽约联合国总部举行会谈。安倍因之前的日程安排而迟到，朝日电视台播出的电视画面显示，当时安倍满面笑容，跑步从门口直接奔向普京，与其握手合影。两人坐下正准备谈事，普京突然眉头一皱，注意到裤子上似乎有东西贴附在上面，便当即伸手去掸。看到普京掸裤子，安倍用手在自己的裤子上做了类似的动作，随后把头扭开，表情略显尴尬。从安倍和普京双方的肢体语言来看，俄罗斯对日本的态度比较冷淡，注定了这次会谈不会取得实质性成果。安倍和普京会谈持续了约40分钟，最后10分钟是闭门会谈。在30分钟的公开会谈里，安倍和普京围绕日俄关系和乌克兰局势、叙利亚问题等交换了意见。在日本人最关心的"北方四岛"（俄罗斯称南千岛群岛）领土问题上没有取得进展。会谈一开始，普京就抛出了经济议题：日俄之间虽然在各个领域为扩大交流做了很多努力，但遗憾的是经贸额在显著减少。安倍则回应：我再次当选自民党总裁，今后将加倍努力，为能与弗拉基米尔（普京的昵称）一起协商和平友好条约的签署准备好条件，以推进双边关系的发展。安倍意在强调解决"北方四岛"问题的意愿。双方关心的焦点问题显著不同。有日本媒体注意到，"领土问题"四个字，普京提及甚少。对于邀请普京当年年内访日一事，双方一直没有明确下来，只是确认将继续寻求最佳时机促成普京访日。毫无疑问，在此次会谈中，双方领导人的态度已经在各自不同的肢体语言中表现出来了，注定此次会谈不会取得实质性的成果。

三、正确运用外交肢体语言

语言是一种文化现象，因此不同的国家和民族同一肢体语言有时候所表达的意思并不相同，甚至南辕北辙。在使用和解读肢体语言时应结合自身及相关国家的文化背景。与此同时，需要指出的是大多时候肢体语言是伴随着口头语言同时使用的，结合口头语言更有利于对肢体语言的理解。

（一）注重文化差异

1.距离

距离是指物体在空间相隔的长度。在人类行为语言中，交际双方所形成的距离远近常常成为衡量彼此之间关系亲疏的标志。在国际交往中，交际双方的距离在某种程度上反映出不同民族的特点、对外政策的取向。纵观当今世界，一些民族或国家较为注重空间开放性、距离隐私性和领域感。在美国，通常只有最亲密的交谈关系才能使用更小的交谈距离，一般关系则保持约定俗成的相对较大的交谈距离。在中国，受"人情"文化的影响，交际参与者通常采用较近的社交距离以表达自己的礼貌，以及希望与对方表示亲近的愿望，而对方通常也会选择以同样的交谈距离表示礼貌。

由此可以看出，不同民族、不同国家的人们受不同的历史文化影响，对社交距离的要求也各不相同。在对外交交往中，外交人员需要充分了解对方的民族文化特征，把握适当的社交距离，从而准确表达自己的外交意愿。

2.身体的接触

在对外交往中身体接触受文化和性别所限表现迥异。在美国社交文化中，人们第一次见面通常通过握手来表达问候，朋友之间则可以通过亲吻脸颊的方式表达情感。在法国、西班牙等国家，男性之间表达问候的方式多为亲吻双颊，显然这种问候方式在东方国家是很难发生的。这是西方历史传统所致，交往方式相对较为开放，而东方人则相对更为含蓄。同样不可否认的是，东西方不同文化传统使得身体接触的含义也有所不同。

3. 目光的接触

目光即视线，也指眼睛的神态。目光能够传达人的关注点、内心情感和对具体事务喜怒哀乐的情绪，而文化差异会使目光语言在跨文化交际中产生误解。在中国文化中，瞪眼这一动作往往代表施动者生气了，所表达出的内心潜台词是"我厌恶这样"。中文中很多成语可做佐证：如怒目横眉、发指眦裂、怒目而视等；同样的瞪眼这一动作，在英国则代表惊讶和好奇，表示"真的吗"；西班牙人瞪眼，则表示"我不明白"，是寻求帮助的意思；美国人做出瞪眼的动作是想说"我是无辜的"，多带有劝说的意义。在跨越不同文化和国度进行对外交流时，应充分理解同一目光所代表的不同含义，才能发挥目光语言的积极作用。

4. 手势

同一个手势在不同国家中具有不同的含义。竖起大拇指这一手势，在中国、英国和美国文化中代表赞许、同意、鼓励等积极意义，而在波斯文化中却截然相反，带有强烈的侵略性和冒犯含义；同样是"V"字手势，在美国和中国是一种胜利的标志，同时中国人和保加利亚人做这个手势也代表数字"二"，但是在南非，"V"字手势却是带有肮脏下流的贬义。在美苏关系的发展历史上，原苏联领导人赫鲁晓夫就曾因手势的失误，造成了美国人的误解。手势在对外交际中具有举足轻重的地位，要结合不同的文化背景理解手势不同的意义，以免造成误解和偏差。

5. 笑容

笑容是人际交往的润滑剂，也是对外交流中促进友情的催化剂。在对外交际中，因不同的文化背景的存在，笑容所表达的含义也不尽相同。在西方，尤其美国文化中，笑容往往突出情绪高昂、兴奋、开心等具有外显性的特点，或是认为一件事很滑稽搞笑；对于性格内敛含蓄的东方人，尤其是中国人和日本人而言，笑容不仅是一种友好的表达，更能传达内心隐含的思想，比如歉疚、尴尬、不安等心理状态，这是西方人难以完全理解的。西方人通常认为道歉时应该表情严肃而不能面带笑容，否则就是不尊重对方。因此，在外交活动中应充分掌握笑容在不同国家和文化中的含义，才能发挥好这一无声语言的正向作用。

（二）结合其他语言因素

在对外交往中，尽管肢体语言发挥着重要的作用，但也必须结合对方说话时的语言，甚至是语气、语调，这些都是影响我们理解他人思想、情感及意愿的重要因素。语言的沟通离不开肢体语言，但要全面地理解肢体语言就要结合相应的口头语言。在运用肢体语言表达时，与口头语言密切配合能更准确地表达出人们对问题的态度、观点及情感。

在对外交往中，国家地位、外交战略、民族特性、文化传统、个人特质、具体事件等无不影响外交肢体语言的运用和解读。肢体语言作为一种特殊表达方式，能传达出人们行为背后深刻的外交信息。当然，外交肢体语言的运用也要讲究方法和技巧。恰当地运用外交肢体语言不仅能展现外交风采，表达立场态度，更是一种外交公关，在外交活动中达到事半功倍的效果；反之，不合时宜，甚至是错误的外交肢体语言则会带来消极负面的效果，有违外交肢体语言活动的初衷。

第七章　多彩颜色与复杂世界的表达

　　没有任何一个他国节日曾让埃菲尔铁塔的灯光为之改变，然而在欢庆中国春节的日子，在中法建交40周年之际，埃菲尔铁塔披上了象征喜庆吉祥的"中国红"，显示了中法两国、北京和巴黎两市之间的友好关系和亲密情义，也成为中法文化交汇、交流、交融的象征。

　　上图为2004年1月24日晚8时许，280盏安置在不同位置的红灯同时点亮，铁塔顿时变得通身红亮，流光溢彩，映亮塞纳河两岸。

外交是国家交往的重要手段，是和平处理国家关系的艺术。外交语言是外交活动的主要媒介，常常具有含蓄内隐的特点。而颜色因具有能充分传达主观意图的载体作用，逐步成为一种能表达立场、观点及方法的外交语言且在外交活动中扮演重要角色。

一、颜色的外交含义

颜色是一种客观存在，是物质的自然属性。人类是感受客观世界的主体，在其认识客观世界的过程中随着其心智进化，颜色由人类最初的原始认知，即仅能描述客观物质外在特性和表象，如太阳的火红，大海的蔚蓝，逐渐被赋予了丰富的感情色彩，演变成了可以间接传达认知主体隐而未言的思想感情的特殊媒介。由此，颜色词逐步变成人类语言系统的一部分。颜色词不仅能表达人对物质的客观认知，更具有表达主观内涵的功能。这种主观性既表现人类有关颜色观念形成，也表现在人类对颜色功能的应用。

在人类成长的进程中，颜色观念经过数千年的发展逐渐得到完善。颜色作为人类主观意图的载体其作用越来越大。颜色的使用，除了为观者带去强烈的视觉冲击，更会引起其心理反应，从而表达出使用者的意图。与此同时，颜色因其具有能将人类交流化难为简的功能，被广泛应用在人们生活的各个层面。广告中对颜色的选择要求较高，因为恰当的广告颜色可以吸引潜在顾客，引导消费者进行主动消费。这里颜色的应用被作为商品市场的一种营销手段。数据显示，这种无声的营销方式比人工促销等有声的营销模式更容易唤起人们的新鲜感，从而吸引顾客注意，刺激消费，达到"无声胜有声"的效果。

颜色作为物质的特殊属性及其独有的功能同样适用于外交领域。外交是国家通过和平方式对外行使主权，以维护国家的利益，扩大国际发展空间为目标的活动。在人类外交发展史上，外交语言通常以口头语言和文字语言为主要形式。颜色本身作为一种非言语符号，在国家的外交活动中也起到一定的烘托气氛，传达思想的辅助作用。因此，在各国的外交活动中，颜色因其特殊的文化内涵和作为情感表达的载体而被有目的地加以使用，颜色的身份也由非言语中介变成可视的外交语言。

1949年11月8日，中华人民共和国外交部成立。周恩来总理在外交部的成立大会上曾指出，"外交与军事都同样地担负着保家卫国和维护国家利益的光荣而艰巨的任务"。外交不同于军事，外交依靠"无形"的形式和"文"的方式开展国际斗争。其中，语言理所当然成为外交斗争的武器。外交语言不仅要具备折中、含蓄、模糊的特点，又要具有清晰准确、严肃认真的特性，而颜色的运用既可鲜明地表明立场，又具备委婉含蓄表达感情、情绪及意愿的能力，契合了外交语言内在的要求。

二、颜色在外交中的运用

（一）颜色在政治外交中的应用

中国在政治上对颜色的应用历史悠久。最早将颜色与政治联系起来的当属华夏始祖炎、黄二帝。以色为号使得华夏民族的重色观念初具雏形。中国先秦人们对颜色的喜好在《礼记·檀弓》中可见一斑："夏后氏尚黑，大事敛用昏，戎事乘骊，牲用玄。殷人尚白，大事敛用日中，戎事乘翰，牲用白。周人尚赤，大事敛用日出，戎事乘騵，牲用骍。"[1] 先秦先民对颜色的重视由黑深到浅白，逐渐演变为赤，即红色的过程。

至秦始皇扫六合统一天下，秦始皇对黑色的偏爱使黑色再次成为社会主色调。《史记·秦始皇本纪第六》中提道："衣服旄旌节旗皆尚黑"。[2] 黑色成为在各种重要场合中使用的最高级别的颜色，表明统治者已注重将色彩运用到政治领域中。

颜色在政治层面的应用于汉朝达到第一个高峰。刘邦起兵反秦，为得民心，假借颜色之说制造舆论为自己壮大声势。《史记·高祖本纪》就有"赤帝子杀白帝子"之说。因战国时期秦处西方，"五行"之说视西方为白为金，

---

[1] 杨天宇，译注. 礼记·檀弓 [M]. 上海：上海古籍出版社，2004：59.
[2] 司马迁. 史记·秦始皇本纪第六 [M]. 北京：中华书局，2013：221.

所以引文中的白帝子为秦朝。刘邦借赤色代指自己,暗示百姓自己受命于天,必将取秦代之。可见红色在其伐秦攻楚时所起到的作用不可小觑,并由此成为汉初最为尊贵的颜色。隋唐以后,三品以上服紫,五品服绯,六品以下服绿,胥吏以青,庶人以白,屠商以皂,士卒以黄。中国士大夫的品官服色等级正式确立。这一时期紫色为高官所服,贫苦百姓着白衣,所以才有了唐代诗人刘禹锡"谈笑有鸿儒,往来无白丁"的诗句。

及至唐代黄色成为皇家权力象征。唐玄宗天宝六年采纳太常卿韦滔的谏言,将乘舆的案褥、床褥、床帏和御袍都统一为黄色,以求身份相符;唐高宗时期,黄服在百姓和百官中被禁用,黄色正式成为皇家专有色彩和王权象征,并沿用至其后所有封建王朝。在东方文化中,诸如此类的政治与颜色互构的例子不在少数。颜色在政治领域的应用在一定程度上推动了政治进程;反过来,政治活动中对颜色的应用,决定着民众对颜色的认知,从而形成相应的颜色观念。

中华人民共和国成立后,外交活动在推动国家国际化进程,促进国际交往发挥了重要的作用。由于颜色自古就被抽象为政治用语,颜色在新中国的外交领域受到重视,红色作为新中国对外交往的底色日益深入人心并在对外交往中扮演着重要的角色。

1. 颜色与首脑外交

在当代外交史上,首脑作为一国领袖和外交决策者,对推动一国的外交影响巨大。颜色在首脑外交中的应用不胜枚举。颜色在一定程度上成为首脑们表达其国家的外交立场和外交意图的语言。

最初,"红色中国"在西方国家是一个带有消极和贬义色彩的名词。"红色政权"在西方的外交语言中,代指以苏联和中国为主要代表的社会主义国家,含有专制暴力的意味;在社会主义国家视角下的"红色政权"则具有积极意义,代表革命和进步。由于国家性质及国家利益矛盾的存在,西方资本主义国家对社会主义国家抱有偏见,充满敌意。自丘吉尔1946年发表"铁幕演说",将社会主义国家比作"战争与暴政"的代言人后,西方人便认为红色所代表的社会主义国家是独裁专制的,产生了"红色威胁论"。这种背景下,西方社会的"红色中国"具有消极意义。

1970年美国总统尼克松采取改善对华关系的行动后,这种情况得到某种改变。1972年2月21日尼克松携夫人帕特·尼克松踏上了中国这片"红色的土地"。为表达改善中美关系的意愿,这位第一夫人特意穿了一件大红色毛呢外套。在接下来的行程中,无论是登长城,在学校与学生一同听课,还是参观人民公社,观看大熊猫,这鲜艳的红色都十分抢眼。从这一细节上不难看出尼克松为这次破冰之旅下足了功夫。这次尼克松访华不仅是中美关系正常化的转折点,更让中国人民记住了其夫人一身善意的红色。

亚洲太平洋经济合作组织是亚太地区最具影响力的区域性经济合作组织之一。2001年是中国亚洲太平洋经济合作组织轮值主席年。这一年,在中国举办的亚太经济合作组织领导人非正式会议是中国21世纪伊始一次重大的外交活动。这一活动的开展,加快了中国在21世纪对外开放和经济发展进程。当时各国领导人身穿中式对襟唐装,成为一道靓丽的风景,其中唐装的大红色更加彰显东方古国的韵致。唐装的运用突出了中国悠久深厚的文化底蕴,也显示出了中国与时俱进的现代感,有效传达了中国致力于推动中国特色社会主义经济发展的决心。

2. 颜色与夫人外交

在对外交往中,国家元首或政府首脑的夫人随访能为相对严肃冰冷的国际关系增添一份暖意。成功的夫人外交有利于拉近两国关系,能够更好传播友好信息,为整体外交工作增色。各国第一夫人在外交中对颜色的巧妙应用能很好地彰显其国家魅力和表达隐含的政治意图。

在夫人外交中,中国国家主席习近平的夫人彭丽媛端庄大气的着装风格在国内外备受好评。2015年4月20日,习近平携夫人访问巴基斯坦,这是习近平任国家主席后第一次出访巴基斯坦,也是2015年习近平主席国事访问的第一站。中巴人民的深厚友情在彭丽媛着装的颜色上可见一斑:白色上衣搭配绿色长裤,这两种颜色与巴基斯坦国旗颜色相吻合。巧妙的颜色搭配，在无声中向巴基斯坦人民传达了来自中国兄弟的坚定友谊和温暖问候。同年10月19日，习近平主席为期5天的访英之旅被视为开启中英黄金十年的一次重要创举。这期间陪同出访的习近平主席夫人彭丽媛因其典雅高贵的着装又一次吸引了无数目光。10月20日，英国女王伊丽莎白二世在伦敦皇家骑兵检阅场上举行隆重欢迎仪式，这时的彭丽媛身穿白色套裙装，口袋处点缀少量刺绣元素。在西方，白色具有纯净、幸福、美好的象征意义，是重要场合不可或缺的重要颜色。这套白色套裙装不仅以刺绣表现了中国文化的魅力，还以白色表达了对西方文明的尊敬之意。在出席欢迎晚宴时，彭丽媛以一袭蓝色长裙晚礼服亮相，更是惊艳全场。蓝色在英国享有"皇家蓝"的美誉。中世纪后期，欧洲人以肤白为美。英国贵族更是以自己雪白皮肤下清晰可见的蓝色静脉为傲，并自豪地认为区别于普通人的红色血液。在等级制度分明的英国，民众对贵族的崇拜和遵从使得英国社会由上至下将蓝色视为至高无上的皇家标志。所以当晚彭丽媛的蓝色长裙再一次无声地表达出了对英国文明的尊重，间接突出了中方真诚希望与英国携手打造黄金外交关系的心声。彭丽媛对衣着颜色得心应手的搭配，独具韵味的古典东方美与现代化时尚相得益彰。无论是与习近平主席领带呼应的情侣色，还是优雅高贵的中国风，无不体现着中国特色，彰显沉稳大气的中国风范。这在一定程度上为首脑外交的成功创造了良好氛围和条件，并以女性的柔情为政治增色不少。

在夫人外交中，不恰当的颜色选择也会将两国外交置于尴尬境地。2015年1月27日，美国总统奥巴马携夫人米歇尔出访沙特阿拉伯，吊唁刚刚离世的国王阿卜杜拉。米歇尔身着宽松艳丽的蓝色外套，没有戴头巾。未遮头发的装扮令沙特网民一度认为此举是美国第一夫人不满沙特阿拉伯女性着装待遇而对沙特女性着装提出的公然挑衅。沙特阿拉伯不仅因其富饶的石油资源而闻名，也以女性穿长袍戴头巾而令世人印象深刻。米歇尔的蓝色相对沙特女性的黑色长袍而言过于艳丽，又因未戴头巾遮脸违背了沙特阿拉伯的传统习俗，被视为不尊重该国文化。可见米歇尔错误的颜色搭配，使其开展的夫人外交未能获得期盼的效果，而适得其反，得不偿失。

毫无疑问，首脑外交作为最高级别的外交形式是国家交往中最为重要的政治活动。无论是双边或多边政策的制定，还是经贸往来、人文交流，很大程度上依赖于良性的首脑外交。夫人外交最初以首脑外交的附属形式登上国际政治舞台，后因其独特的柔性魅力逐步成为外交关系中不可替代的一种力量。因此，在夫人外交活动中准确合理地利用颜色的辅助作用，既体现出对他国文化、习俗、传统的尊重，也显示出作为第一夫人自己的涵养与智慧。

（二）颜色在人文外交中的应用

人文外交是一项系统性工程，需要更为高远广阔的立足点，需要推崇和践行国际社会人与人之间真诚相待理念和海纳百川的包容情怀；人文外交不仅要有政府的鼎力支持，更需要民间力量的共同参与。在中国传统文化中，"人文"占据了重要位置。《周易》中曾写："刚柔交错，天文也；文明以止，人文也。观乎天文，以察时变，观乎人文，以化成天下。"[1] 中国的人文外交融合了传统文化的精髓，同时借鉴了新时代的外交理念，是当代中国外交实践中的全新尝试，也是政府之外外交舞台主体多元化的体现。在人文外交领域，颜色往往是一国文化内涵的外显化载体，合理恰当的颜色应用对传播民族智慧和文化软实力具有不可忽视的作用。

1. 颜色与建筑艺术

中国建筑的代表色是红色，典型的例子除了故宫等古老的建筑外，当代建筑对红颜色的钟爱和运用也随处可见。作为2008年北京奥运会主体育场的"鸟巢"就采用了土红色作为其内部结构的主体颜色。夜幕降临，华灯初上，"鸟巢"红墙在红、黄、白三种光源的映照下，散发出轻柔的、介

---

[1] 韩立平译注. 周易·贲卦[M]. 上海：上海三联书店，2014：94.

于纯红与橘红间的暖红色调。这种暖红色调的运用不仅突出了中国传统中红色象征喜庆的特点，还因红色代表热情活力而带给人们运动的激情和快感。2010年上海世博会中国馆，更是通过红色向世界人民传播了中国红文化。上海世博会中国馆的外观设计采用了一组中国红，是由七种红色组合而成，是在吸取了北京天安门墙体的红色表现方式，经过提炼创新并结合中国馆独特的建筑形态设计而成。中国馆的这种颜色运用突出了中国悠久的历史和深厚的文化底蕴，使中国沉稳、儒雅、大气的形象深入人心，大国风范尽现。

　　一国建筑对颜色的应用充分体现出该国的人文特色。了解建筑颜色的内涵是人文外交中了解异国文化的有效手段。西方基督教堂颜色的设计充满了象征意义。蓝色在基督教文化中象征圣母玛利亚，代表真理和爱心，所以教堂运用蓝色彰显神圣之感；教堂中的彩绘玻璃是独特的色彩表现形式，阳光穿过彩绘玻璃照进教堂时会投射出赤、橙、黄、绿、青、蓝、紫等多种颜色，营造出圣洁神秘的氛围，令信徒感受到上帝对众生的宽恕与包容。基督教堂彩绘玻璃的这种独特寓意，与南非的别称"彩虹之国"有异曲同工之妙。"彩虹之国"是在南非共和国成立时由南非开普敦大主教、诺贝尔和平奖获得者图图提出的。"彩虹"并不是真正意义上的自然景观，而是以彩虹的绚丽之色代指各种肤色的人种。"彩虹之国"寓意种族和解，民族团结，对于当时处于种族隔离下备受歧视和暴力的南非人民有着重要意义。

　　无论是沉稳的中国红，基督教教堂玻璃的五颜六色，还是南非缤纷绚丽的彩虹之色，颜色在不同国家的不同文化背景下无不具有独特的寓意和象征。颜色的运用积淀了一个国家和民族的文化和历史，将国家和民族的魅力与传奇娓娓道来，在静默跃动之中展示给世人。

2. 颜色与文化交流

　　作为中国文化精华和瑰宝的剪纸和京剧，分别于2009年9月和2010年11月入选联合国教科文组织"人类非物质文化遗产代表作"。随着中国影响力在国际社会的不断提升，这些蕴含民族文化特点的中国古代劳动人民智慧结晶，在世界范围内为越来越多的人接受和喜欢。

剪纸所用的红色具有中国红文化的代表性，象征喜庆平安富贵吉祥。不同于西方人对红色忌讳和贬多褒少，中国人自古对红色情有独钟，自先秦起就有"周人尚赤"之说。中国红既有喜庆热闹之意，如"红红火火"；也象征权威与地位之高，如"红人"等。所以中国人借剪纸之红既表达对生活的热情和希望，也有对未来的期待和身份地位节节高升的希冀。

京剧脸谱中的用色艳丽而意味深远，如红色在中国文化中地位较高，故脸谱中红色具有正直忠心的褒义，而白色在汉族看来具有凶丧感，所以白脸则有奸诈阴险的贬义。中国民间艺术中对颜色的大胆应用，将抽象文化内容得以具体化，突出了中国文化独特深厚的底蕴内涵。在对外交流中，推动中国文化思想精髓的传播，更利于中国文化在国外的弘扬与融合。

随着改革开放不断深化，中国电影在国际上备受好评，在各大电影奖项中屡屡拔得头筹。导演张艺谋早期的作品，如《红高粱》《大红灯笼高高挂》等在国际影坛取得不俗成绩。影片中大量运用的红色元素表达了人类最原始的生命力和激情，突出了对生命的礼赞。无论是本土观众还是对中国文化了解不够深入的外国观众，都能够通过对大红颜色的直观视觉感受到影片所传达出的其内在生命的精神。中国红文化在电影艺术领域的应用，让世界各国的观众能够更为直观、具体地了解中国文化的内涵，增加了中国电影的吸引力，进而不断提升人文外交的层次和水平。

3. 颜色与科技传播

21世纪是科技飞速发展的时代。科技的进步不仅带动了经济增长，更促进了文化交流。颜色作为科技传播的视觉媒介，在对外交往中具有不可忽视的作用。

中国创办的世界互联网大会是一个世界性互联网盛会，聚集了海内外无数科技工作者的目光。2016年11月，在中国浙江乌镇举办的第三届世界互联网大会，依旧沿用了前两届的会议标志：蓝色的"互"字，恰到好处地宣传出了主办国的办会目的：搭建世界性互联互通的科技平台，吸引世界科技精英共同探讨互联网发展方向，携手打造网络空间命运共同体，以科技驱动创新，造福人类。心理学认为，蓝色能给人以冷静、理性、睿智、信任和安全的感觉，这恰好符合人们心中对互联网的定位，因此在国际上蓝色被广泛应用于互联网领域。Windows、Twitter、Facebook、Tumblr、Instagram、LinkedIn等国外许多成功的互联网公司，均以蓝色作为自己网站的主色调，甚至中国的百度、支付宝等电子软件的图标也采用了蓝色作为主色调。由此可见，蓝色被称为"科技蓝"可谓实至名归。这也诠释了中国举办的世界互联网大会为何以蓝色作为会议标志的主色调的缘由：既尊重世界科技领域的共识，也以经典沉稳的视觉效果，表现出了中国与全世界共同打造网络空间命运共同体，以科技为人类谋福祉的理念、信心和实力。

在第三届世界互联网大会上，很多此前未曾见识的高科技得以展示，让人们折服于日新月异的科技发展。华为推出的麒麟芯片就是众多亮点之一。作为中国本土最具影响力的手机品牌，华为手机广销欧美几十个国家。华为产品卓越的品质和优越的性能让全世界记住了华为的红色标识。华为红色的企业标识是其企业文化和核心理念的延伸，表达了其积极进取的精神，对客户忠心赤诚的服务理念；在将品牌推向世界的过程中表明了自己的中国企业身份。华为企业标识对红色的运用，继承和弘扬了中国红文化而被国人认可和赞赏。

（三）颜色在经济外交中的应用

外交语言作为外交活动的重要媒介是主权国家开展外交活动的必要手段与渠道。在外交活动中，外交行为体借助外交语言来阐释立场、表达看法，以实现外交活动的目标。外交语言因其独特性形成了一种高语境文化，行为主体常常依赖于非言语元素来完成彼此的信息交流和反馈，对各种色彩的运用是这种高语境文化的重要体现。

在全球经济一体化的趋势下，中国的经济外交新模式逐渐变成令世界耳目一新的亮点。随着一系列经济发展新构想、新理念的提出，中国的经济外交开启了全新局面，为推动共同发展，实现互利共赢，形成新的更合理的国际秩序提供可能。在经济外交推进的过程中，颜色通过直观的视觉传达将外交思想和主旨外化，发挥其颜色语言的作用，推进外交目标的实现。

1. 颜色与"一带一路"倡议

2013年9月7日，习近平主席在出访哈萨克斯坦时首次提出"丝绸之路经济带"的倡议；10月3日，习近平主席在印度尼西亚提出共建"21世纪海上丝绸之路"的构思。"一带一路"倡议逐渐被世界关注，并于2014年正式成为推进国家和世界发展的重大对外倡议。在世界格局大调整和全球经济一体化的时代背景下，"一带一路"倡议无疑是推动全球经济发展的新型经济模式。"一带一路"倡议实施以来为沿线国家创造出切实的经济利益，是中国经济外交上的一次极具战略意义的尝试。

"一带一路"倡议涉及范围非常之广。到目前为止，"一带一路"倡议贯穿了亚、非、欧地区的60多个国家，涉及40多亿人口，其中阿拉伯国家通过古代丝绸之路较早就与中国建立起深厚情谊，如今又是"一带一路"沿线重要组成部分。中国—阿拉伯国家博览会就是在这种背景下应运而生的。2013年中国—阿拉伯国家博览会执委会办公室向全社会征集会徽和吉祥物的设计。经过专家评委和中国—阿拉伯国家博览会筹备工作领导小组会议审议，确定了会徽的最终方案：敞开的大门代表着中国人民以最大的热忱欢迎世界各国宾朋，迎合了中国"有朋自远方来不亦乐乎"的和合思想；穹顶的形象是穆斯林文化中典型的视觉符号，即表现了穆斯林文化特征，也体现着中国—阿拉伯国家博览会平等、合作、共赢的理念；明亮耀眼的光束寓意着中国和阿拉伯国家交往的美好未来；会徽的主色调采用了红绿两色，红色是中国的象征，也是热情、美好、繁盛的象征；绿色代表阿拉伯国家，也代表希望和生命。红绿两色的巧妙搭配，在不需要任何言语解释就能使中国—阿拉伯国家博览会的主题清晰明确地告诉了世人：通过博览会这个平台，促进中国和阿拉伯各国政府间的了解，加强企业合作和民间往来，从而使中阿国家的经贸关系更为密切友好。

2020年11月27日，第17届中国—东盟博览会于广西南宁举行。此次博览会以"共建'一带一路'，共兴数字经济"为主题，通过展览、论坛，深化经贸、数字经济、科技、卫生等多领域合作，推动中国与东盟命运共同体建设提升到新水平。博览会会徽颜色亮丽，夺人眼球，整体以蓝色为主色，体现了中国与东盟10国大多具有沿海优势，希望博览会将最终谱写绚丽篇章的美好愿景。会徽的蓝色应用不仅符合视觉上的美感，也符合心理上的暗示：蓝色既代表中国和东盟国家的海洋优势和合作空间，也体现了中国与东盟睦邻友好、共同建设面向和平与繁荣未来的博览会宗旨。

2. 颜色与"高铁外交"

作为推动中国经济"走出去"的重要战略计划之一，中国"高铁外交"近年来在国际上硕果颇丰，成为继"乒乓外交""熊猫外交"之后中国塑造大国形象的新举措。

中国企业在欧洲拿下的第一单高铁生意是中国铁建股份有限公司联合中国机械进出口公司以及土耳其两家公司共同建设的安伊铁路。这条铁路从土耳其首都安卡拉到伊斯坦布尔，2014年7月25日正式建成通车。安伊高铁是中国企业在海外组织修建的第一个电气化高速铁路项目，打开了中国高铁"走出去"的新局面。高铁列车车体外观以蓝红两色为主色调，红色代表中国和土耳其之间的友好关系以及通力合作。因为红色既是中国国旗的颜色，也是土耳其国旗颜色；蓝色是土耳其人偏爱的颜色。无论是自然生成的蓝天碧海，还是土耳其人相信可以驱邪保平安的幸运符"蓝眼睛"，抑或是世界十大奇景之一的蓝色清真寺等，都足以说明蓝色在这个国度的重要地位。安伊高铁主色采用蓝色，意在突出对土耳其文化的尊敬，有向中国和土耳其建交40年间友好往来致意的寓意。红蓝两色的相得益彰，形象地表明了两国共同心声和期待：以"一带一路"为平台，以高铁建设为起点，推进中国与土耳其更为深广的多领域合作，最终实现共同发展和共同繁荣的合作目标。

3. 颜色与"亚投行"

　　作为国家间合作开发的区域性投资机构的亚洲基础设施投资银行，2013年10月由习近平主席提出筹建。意在投资亚太地区国家的基础设施，从而促进亚洲经济持续稳定发展。亚洲基础设施投资银行致力于发展基础设施，助力发展"一带一路"倡议，是中国经济外交中的重要战略举措。2016年1月16日，亚洲基础设施投资银行开业仪式于北京钓鱼台国宾馆举行，习近平主席亲临现场为亚洲基础设施投资银行的标志物"点石成金"揭幕。金属和原石结合而成的标志物象征着在中国与成员国的共同努力下，亚洲基础设施投资银行将创造点石成金的奇迹，推动亚洲乃至全世界的经济发展。灰色原石代表大自然，表达了对自然的尊敬之意；金色在中国文化中象征富贵辉煌，金色金属材料寓意亚洲基础设施投资银行将创造财富，促进经济发展。灰色和金色的搭配切合了各国对亚洲基础设施投资银行"点石成金"的期待，无须言语便形象阐释了亚洲基础设施投资银行的宗旨。亚洲基础设施投资银行官方网站上采用的锦红色"AIIB"徽标，突出了亚洲基础设施投资银行成立的宗旨。红色元素结合了中国红文化，是中国在国际社会形象的最好诠释。锦红色比传统的大红色偏暗，有大气沉稳之感，契合中国含蓄稳重的大国形象，同时红色也表达了对亚洲基础设施投资银行美好未来的祝福。亚洲基础设施投资银行锦红色徽标是颜色在中国经济外交上发挥作用的一个成功典例。

　　作为无声的外交语言，颜色在经济外交中具有锦上添花之效。在对外交往过程中要掌握察言观色的艺术。所谓"察言"，就是不仅要听懂对方外交语言的表面意思，还要解读隐含在表层之下的言外之意；"观色"能力也是解读外交语言的重要能力。外交中的"色"既是指在开展外交活动过程中，外交人员的神态表情，也指其通过外在情景中的颜色应用所显露出的情感色彩与主观态度。外交行为体对颜色的选择往往能代表其心声，展示其心理活动。外交语言的含蓄性和内隐性使外交人员在口头上有所保留，于是拥有"察言观色"的能力就尤为重要。

  颜色在外交中的应用，潜移默化地使其成为一种特殊的外交语言形态，无声但有力。透过颜色，国家历史、传统、习俗、文化等皆清晰可见，外交人员的情感、态度和立场得以呈现，言语未尽之意也得以揣测分辨。因此，在国家对外交往中，对颜色运用和解读能力是外交人员必备的能力。

第八章 觥筹交错中把握什么

"今晚大家玩得开心点,但也别太出格,要是有人想捣乱,别忘了咱加拿大总理曾是拳击手。"在美国举办的欢迎加拿大总理贾斯廷·特鲁多的晚宴上,时任美国总统奥巴马以轻松愉快的开场白,对加拿大总理进行了个性层面的评价。奥巴马在回顾了40多年前尼克松总统访加的场景以凸显美加传统关系后,进一步叙述了自己和加拿大的缘分,同时又站在国家的角度展望两国未来的发展前景。觥筹交错中营造出了彼此相互理解、互表友好的晚宴气氛,谈笑风生中传达出严肃认真的外交主题。

上图为2016年3月10日,奥巴马与贾斯廷·特鲁多在白宫举行的欢迎晚宴中举杯交谈。

觥筹交错是对宴请场面的一种描述，而宴请则是礼宾的一个重要内容。在外交领域，宴请是开展外交活动的重要途径和场合，而宴请的方式既体现出一个国家的经济实力、历史文化、民族传统，也体现国家间关系的亲疏远近及政策选择。宴请本身就是外交行为语言的重要内容，而在宴请的过程中，借助口头、书面或肢体语言则更能体现外交语言的意义、语言策略及技巧的运用。

一、宴请表达国家关系的亲疏

礼宾是指按一定的礼仪接待宾客。自从国家间交往产生以来，礼宾就成为国家间交往的基本原则和推进外交活动的重要途径和方法。随着国家间交往的不断加深和频繁，国家礼宾部门也就应运而生。在当今世界，出于外交经常化、制度化的需要，礼宾部门已经成为外交的重要职能部门。礼宾可以在某种程度上反映国家间关系的变化，及礼宾国对外政策的选择。礼宾的设置和安排需要遵循一定的国际惯例及相关的国际法。礼宾不仅是一种交往的形式，也是一种内涵丰富的外交语言。礼宾活动对宣传本国发展和树立本国形象、传达外交信息，进行外交试探具有独特的价值，特别是在国家间关系紧张时期，礼宾成为拓展外交的重要手段。

民以食为天。饮食是人类赖以生存的基础和基本的生存方式。长期以来，以精美的食品宴请客人成为人类交往的重要内容和友谊的表达，国家间的外交活动同样离不开对客人的宴请。在上古时期，人类就拥有极其丰富的饮食文化，"吃"被深深地根植在许多国家文化之中，并将其纳入治国理政、拓展外交的范围。老子早就提出"治大国如烹小鲜"的宏论，把治理国家与饮食联系了起来；欧洲外交界称"世间万物定于餐桌，而支配人类的就是宴会"。19世纪英国著名外交家帕默斯顿则用"请客吃饭是外交的灵魂"的言辞表达出外交宴会的重要。[1]

外交宴会形式多样，既有国宴、也有便宴、家宴。外交宴请的主角是

---

[1] 吴德广.别开生面的"舌尖外交"[J].时代邮刊，2019，(18)：10-12.

谁，以何种方式宴请（何时、何地、何种规模、何种菜式、何人参加）常常是一种重要的表达和展示。宴请的地点和环境、菜肴的准备、菜单的选择、饮食的安排，不仅传递出礼遇和规格，还会成为外交事务中的一个亮点。有时某道菜肴都会被赋予特别意义，甚至会成为一段历史重要转折点的标志性事物。

（一）超规格接待以表达对国家关系重视

根据主权国家平等，外交活动对等的原则，在国际交往过程中，各国在接待外宾时形成大体相同的规格。出于特定外交需要降低或提高接待规格，是在外交实践中出现的独特状态并具有特定的作用。超规格接待通常被认为是表达对国家关系重视的一种方式。

国宴作为以国家名义举办的宴会，在对外交往中最具有典型意义。国宴是宴请外交的主要舞台，外交自然成为国宴上的"主菜"。国宴不仅是一个饭局，更重要的是国家的实力、文化传统、民族气质及现任国家领导人对现有局势控制及把握的重要体现。不仅如此，国宴在体现主人礼仪的同时，还表达对客人身份及其国家间关系的认可程度。餐桌上可以展现和延伸国家姿态，也能成为推进外交工作的一个重要工具。英国前首相丘吉尔在因对这一工具不屑一顾而招致批评后转变为对国宴青睐有加，其中对座位的安排尤为用心。丘吉尔每次宴请艾森豪威尔都把他安排在自己右侧，作为首席上宾。唯有一次因情况特殊而例外，丘吉尔也事先给艾森豪威尔打电话作出说明。艾森豪威尔因此夸赞丘吉尔："在座位安排方面心细如尘。"

1957年4月17日，中国设宴接待来访的苏联最高苏维埃主席团主席伏罗希洛夫，采用超规格的接待标准以表示对中苏国家关系的重视。当时在苏联共产党第二十次代表大会上，苏联领导人赫鲁晓夫对斯大林进行的全盘否定引发整个社会主义阵营的剧烈震荡。为向外界传达中苏之间是稳固的双边关系的信号，加强社会主义阵营内部的团结，中国给予苏联外交人员以超规格的接待。通常接见外宾的饭店有北京饭店、钓鱼台国宾馆、人民大会堂。此次接待伏罗希洛夫的地点选择了毛泽东主席的居住地中南海，凸现其重要的意义。因为毛泽东主席在中南海内设宴款待的外宾必然是他认定的贵客。周恩来总理对请柬格式、菜单设计等都亲自过问，礼宾标准由他最后核定。1957年4月17日，毛泽东在中南海怀仁堂宴请伏罗希洛夫，包括刘少奇、周恩来、朱德、陈云、林彪、邓小平、彭真等中共最高层级的领导人几乎全部出席。许多部委、党派、团体及各国驻华使节和经济代表团团长也参加了此次宴会，共计270余人。当日下午6时30分，伏罗希洛夫及随行人员在时任中国国家副主席朱德的陪同下从勤政殿步行到怀仁堂，毛泽东主席、刘少奇委员长、周恩来总理在门口迎接。菜单中有红烧鱼翅、炸鸡腿、清汤白燕、松鼠鳜鱼、莲茸香酥鸭、冬瓜盅等主菜和一些点心、水果。晚宴中的六（热）菜一汤，超过了周恩来总理定下的"四菜一汤"的外交宴餐标准。宴会上，毛泽东主席在讲话中热情赞扬了伏罗希洛夫。在毛主席和伏罗希洛夫干杯时，伏罗希洛夫面带微笑地说："你这样夸赞我，将来不是要成为个人崇拜吗？"毛主席回答道："个人崇拜不能没有，也不可多有。"伏罗希洛夫动情地说："我完全同意你的意见。譬如，我就崇敬毛主席，没有什么理由说毛主席不好嘛。"毛主席则说："有时不能不崇拜，比如对马克思、列宁等人，就不能不崇拜。"伏罗希洛夫坚定地挥动了一下手臂，重复道："对呀，不能不崇拜。"两位领导人都大笑了起来，一饮而尽杯中之酒。在访华的三个星期里，除早饭外，伏罗希洛夫每次就餐都有副总理及以上的领导人陪同。曾三次来华访问的赫鲁晓夫也没有受到如此高规格的接待，对此赫鲁晓夫大为不满。赫鲁晓夫曾一度表示中国对伏罗希洛夫的高规格接待是要故意贬低自己。

  毫无疑问，国宴上的接待差异是对来宾态度好恶的反映。1960年，古巴政府经济代表团来华访问。11月18日19时，周恩来总理和李先念、陈毅、李富春三位副总理在人民大会堂上海西厅设国宴宴请古巴代表团团长切·格瓦拉一行。当时切·格瓦拉只是古巴国家银行行长，但中国用接待国家元首的国宴标准接待他，这是中国在表达对古巴这个在美国后院点燃革命火种的社会主义国家的支持和鼓励。切·格瓦拉后来成了很多中国青年的偶像，但他本人却是毛泽东主席的铁杆"粉丝"。他在宴会一开始即提出了求见毛泽东主席的私人请求并得到了满足。切·格瓦拉在与中国进行经济方面谈判时，大力推销产自古巴的糖，不停地向中方表示："古巴一个比索掰成两半来花。"中方此次会见负责人李先念副总理向他保证说："古巴的任何一比索都不会打水漂。就算是古巴想吃亏，中国也不会让古巴吃亏的。"最后，切·格瓦拉除顺利卖出古巴的糖、铜等物产外，还获得中方6 000万美元贷款及其他工业项目的援建。

后来，中国国内经济进入困难时期，周恩来总理渐渐对当时有些到访便要钱要物的兄弟党和国家持保留态度，之前类似接待苏联领导人的超规格国宴再也没有出现过。1965年5月21日，时任阿尔巴尼亚部长会议副主席（相当于副总理）科列加、时任阿尔巴尼亚工矿部长蒂奥多西来华访问时，周总理便选择增加一条参观路线的"额外"方式，请他们去参观大寨，以了解中国经济的发展现状。

对特殊情况作出特殊处理也是必要的。1992年12月17日，俄罗斯总统叶利钦首次对中国进行正式友好访问。国家主席杨尚昆在人民大会堂为叶利钦举行国宴。在提前准备菜单和用什么酒的问题上作出了特殊的改变。经过反复斟酌，拟定了一个适合俄罗斯人口味的菜单，即不用海参（俄罗斯人不爱吃），菜量要足。虽然当时中国刚刚实行了礼宾改革，国宴上规定不用烈酒，但考虑到俄国人喝烈酒的习惯，尤其是叶利钦喜欢饮酒，此次又是他任职总统后第一次访华，于是破例在宴会上用烈酒招待。此次宴会气氛非常好，叶利钦感到特别开心，成为宴请宾客时特殊情况特殊处理的典型案例。

（二）私人宴及其家乡菜用以表达密切关系

外交宴会一般均为显示友好，互增情谊，但也有另一妙用，即缓冲矛盾。1972年5月29日，美国总统尼克松访问苏联时，双方在越南问题上谈得很僵，一时气氛相当紧张。此时苏联最高领导人勃列日涅夫灵机一动在宴会上开展了所谓的"伏特加外交"，双方在觥筹交错中缓和了尴尬的气氛。2010年俄罗斯总统梅德韦杰夫访美，他与奥巴马总统在白宫会晤后已是午餐时间，两人一改总统做派，直接到一个街边小店啃起了汉堡。奥巴马点了夹有生菜、乳酪、西红柿、洋葱及牛肉的汉堡，梅德韦杰夫点了夹有切达干酪、洋葱、墨西哥胡椒和蘑菇的汉堡。奥巴马喝冰茶，梅德韦杰夫喝可乐，两人甚至密友一般共享一份炸薯条。脱去西装、身着白衬衫，奥巴马与梅德韦杰夫边吃边聊，看起来真是不亦乐乎。媒体评论称，"汉堡外交"含义颇深，奥巴马在紧密行程中安排一顿休闲午餐，意在显示美俄关系回暖。在当天的新闻发布会上，奥巴马说，在他和梅德韦杰夫的共同努力下，美俄关系已经"成功重塑"。梅德韦杰夫一语双关地说，他中午吃的汉堡，"也许不太健康，但很美味。"

2014年1月13日，美国国务卿克里访问法国讨论叙利亚问题。在会谈开始前，克里从一个纸盒中拿出两个土豆，送给了俄罗斯外长拉夫罗夫，引来两国代表们的一阵笑声。据说，这让拉夫罗夫联想到了"胡萝卜加大棒"的说法。俄新社报道，拉夫罗夫把土豆看成是叙利亚问题谈判方法的一个象征，他认为可以用土豆代替"胡萝卜加大棒"这一软硬兼施政策中的胡萝卜。但克里则对记者说："他（拉夫罗夫）告诉我，他不会用这个土豆做伏特加，而是吃了它们。"克里强调，"这其中并没有深意和隐喻，也不是任何事物的象征，不过是之前两人谈话的一次'还愿'。"[1]

在饮食的法则里，家的味道更能表达情谊。2012年3月，英国首相卡梅伦访问美国，时任美国国务卿希拉里请出生于英国的名厨布卢姆菲尔德以慢煮三文鱼、香草煮扁豆等英国菜宴请卡梅伦。希拉里的美食外交独到之处在于，她放弃了一贯以高档法国菜宴请贵宾的传统，改用客人的家乡菜来宴请更能拉近主宾间的距离。2012年2月，时任中国国家副主席习近平访美，美国国务院礼宾司司长马歇尔请美籍华裔大厨蔡明昊制作了融入美国饮食文化的八宝饭，并辅以瑞士甜菜来招待习近平副主席，体现了其独到的用心。2014年3月28日，德国总理默克尔夫妇在总理府为中国国

---

[1] 丹诺. 从美国大学开设"美食外交"课说起 [J/OL]. http://epaper.ynet.com/html/2014-04/10/content_51184.htm?div=-1.

家主席习近平夫妇举行私人晚宴，除译员外无任何陪同人员出席，这是默克尔首次在总理府为外国领导人举行私人晚宴，以显示两国关系的独特和亲密。

二、宴请展示国家的实力及文化

毫无疑问，如果一个国家的饮食文化丰富多彩，宾客一定会对这个国家有相对更积极的印象。高规格的礼宾接待、美味的菜品、奢华的宴会布置、穿着高雅的各界精英，可展示这个国家独特的烹制工艺、悠久的历史文化以及积极乐观的生活态度。外交宴请的基本功能包括：通过美味营造良好的外交氛围；展示自身的饮食文化与民族风情，塑造国家软实力；借助特定的环境或宴会的特殊情境推进国家关系。

国宴历来是礼宾工作的一个重点内容，是一个国家的元首或政府首脑为招待来访国元首、政府首脑或专职外交人员，在特定时间举行的正式宴会。在中国的古籍中许多地方能找到国宴的踪迹，《周礼》《仪礼》《礼记》中都有国家王族为招待贵宾而举行国宴的相关记录。汉朝张骞出使西域，加强了与西域各国的沟通。汉朝向西域派往使节的同时，也带动了西域各国使节回访长安。公元前115年张骞自西域回汉。当时群臣就该用什么规格的礼仪（国、臣、邦、属等）对待西域诸国使臣而争论不休。汉武帝给出了"宴之国赐"作为接待外国使臣的规格。"宴之国赐"成为国宴一词有明确国礼定义的开始。国宴和其他外交宴请一样，一般而言以礼相待，除特别有意为之外，非礼相待或招待不周通常会影响外交活动的目标。国宴以菜品为主，能尽显东道主国家饮食文化的特色，再配以精美的餐具，很好地展示了东道主国家的文化底蕴。

中国素来以礼仪之邦著称，在古时就注重"礼"。中国早在西周时期就形成了正规的礼乐制度，成为"周礼"。孔子主张以"礼"作为维持社会秩序的基本方法。西汉时期，各国外交的重要往来就是朝贡活动。东汉时期班固提出"其来慕义，则接以礼让"。唐朝是中国国力空前强大的时期，中国与外国往来密切，其外交机构也相对完善，对外"宴请"活动也非常频繁。

中国古代在其国力强盛的时期，中国与各国交往通常是一种朝贡往来。在这种朝贡关系中，中国处于强势地位，而向中国进行朝供的外国则处于劣势地位。当世界即将进入近代社会的历史时刻，清朝的外交依旧继承了几千年来的封建朝贡传统，依然认为自己是"天朝上国"，而鸦片战争打破了这一延续几千年的传统秩序。1860年英法联军攻入北京后，英法对朝见的这一礼仪更加不以为然而拒绝接受。基于时局的这种变化，国内一些有识之士在反思中国传统外交理念的过程中，开始吸纳西方文化，改革中国外交，特别是礼宾外交的文化和制度。1861年，清政府总理各国事务衙门成立，掌管外交及礼宾事宜，成为中国近代史上首个正式外交机构。1901年，清政府的外务部成立，代替了存在40年之久的总理衙门，推动了中国外交近代外交机构向正规化、国际化的迈进。[1]但由于半封建性质的存在，这并不是成功的转型。

1911辛亥革命后，中央政府逐步改革了传统的封建礼制。北洋政府时期，时任北京政府首届外交总长的陆征祥，借鉴西方的职业外交体制，进行了三次重要改革，制定了《外交部官制》，将外交部设为一厅四司一室[2]，其中交际司是负责外交礼仪事务的部门。中华民国政府时期，外交部设立了专门掌管礼宾事务的礼宾司，使其首次成为国家行政机构。1943年11月，在蒋介石的直接指示下，戴季陶率领内政、外交、教育、礼俗等多个行政部门人员和社会各界专家学者，在重庆北碚召开礼制讨论会，按照五礼，即吉礼、嘉礼、军礼、宾礼、凶礼对相关问题进行讨论，最终通过了中华民国礼制。此举推动了中国外交礼宾制度的现代化发展。

新中国成立后，新的礼宾制度也随之建立。1955年，中国外交部礼宾司正式对外运作，其主要职责为：主管国家对外礼仪事项，负责研究和处理外国驻华外交机构在华的礼遇、外交特权和豁免问题，指导我驻外使领

---

1 金正昆.吕昕.继承、规范与创新：新中国外交礼宾制度的建立[J].社科纵横，2013，（9）：86-90.
2 即总务厅、外政司、通商司、交际司、庶政司、参事室。

馆和地方外办办理涉外工作中的礼宾问题。[1] 由此，中国外交经历了从古代外交（以磕头为礼的夷务外交时代），到近代外交（以鞠躬为礼的洋务外交时代），再到现代外交（以握手为礼的国务外交时代）的转型。[2]

具体到新中国宴请外宾的历史，特别是国宴，经历了从"高规格"的礼宾模式向"简化创新"模式转变的过程，不断充实和发展了中国的礼宾事宜。国宴标准的简化一方面是与国际接轨，另一方面也是中国形象的一种展示。天下之事，成于勤俭而败于奢。因此，节俭的国宴在不失礼于外宾、体现中华民族崇礼好客传统的前提下，也能很好地展现中国政府勤俭节约的优良传统和作风。

三、宴请营造和烘托外交氛围

作为礼宾的重头戏国宴在觥筹交错、欢歌笑语中，让国家间坚硬的政治躯体披上了柔和的外衣。虽然餐桌上的语言和观点或许有时尖利刺耳，但美食、美酒的基调毕竟是平和的，在推杯换盏的氛围中，舒缓彼此心情，促进国家间立场、观点及政策的理解和认同。

以宴会祝酒词为例，宴会的主人通常用具有仪式性的问候或溢美之词来表达对客人的欢迎和称赞，同样，客人也可以利用祝酒词中热情友好的话语对主人的好客表示感谢。就文体而言，祝酒词属于文辞庄重、大方热情的演讲体。宴会祝酒词内容以叙述友谊，表达彼此友好和对未来相互关系的期盼为核心内容。在宴会上，借助祝酒词表达友好的情谊和推进国家关系发展的案例俯拾皆是。第二次世界大战快结束时，美国、英国、苏联在德黑兰会议期间举行的一次宴会值得一提。当时美英苏联盟实际处于一种既联合又斗争的微妙状态，这自然反映在他们举办宴会上的祝酒词中。在 1943 年 11 月 30 日举行的丘吉尔生日宴会上，美国罗斯福总统的祝酒词较为温和，他以"彩虹"为主题，说："彩虹有各不相同的颜色，但是当它

---

1 金正昆.吕昕.继承、规范与创新：新中国外交礼宾制度的建立[J].社科纵横，2013，（9）：86-90.
2 袁南生.弱国也有外交[J].同舟共进，2016，（5）：16.

们混合成在一起便成了一条灿烂夺目的彩链。我们每个不同的国家也是如此。虽然我们有不同的习惯、哲学和生活方式。""当我们离开这次历史性的聚会时，我们能够在天空第一次看见彩虹。"[1]

在中国和美国建立外交关系的过程中，宴会外交发挥了重要作用，其中宴会上主宾双方在语言的使用上有许多出色的表现而被人称道。1971年7月9日，基辛格访问中国。当天晚上，国务院总理周恩来在人民大会堂设宴款待这位美国特使。作为美国国家安全助理的基辛格不仅是一个老练的外交家，也是一个美食家。为了能让这位重量级人物感受到中方的热情与重视，中国传统名菜盐焗鸡被安排到此次宴会的压轴环节。但由于制作中途出现状况，厨师临时改变了菜的做法，创出了新菜。宴会上，基辛格坚持要会见做这道菜的厨师。当基辛格看到厨师王希天，便握着他的手说，"这将是我向东旅行最美好的回忆。"当被问到这道菜的名字时，周恩来总理充分运用了他高超的外交智慧，说道："就叫基辛格鸡好了。"基辛格用满意的微笑回答了周恩来总理对这道菜的命名。仅仅一道菜，一个新菜的命名，就能很好地诠释出宴会外交及善于运用语言的意义所在。

1972年2月，基辛格陪同美国总统尼克松访华，打破了中美外交长达22年的"坚冰"。为欢迎美国总统夫妇到访，在钓鱼台国宾馆准备午宴前，毛泽东主席亲自添选了三道菜，其中最值得一提的是一道叫"烧滑水"的菜。此菜是用青鱼尾做主料，而这个部位是青鱼身上最有力量的一段，即鱼游水时的推进器。通过新添菜品不仅表现了对美国总统的热情，也表达了深层次的政治含义：中美两国需要新的动力以共同推进两国及世界向前发展。除菜品的用心运用之外，一篇出色的祝酒词对烘托宴会氛围、拉近主宾之间的关系尤为重要。尼克松总统讲话原稿中曾有"美国在太空上所见到的唯一建筑物是中国万里长城"一句，用以赞扬中国的长城并达到宣扬美国在外层空间乃至整个美国社会成就的目的。对此，尼克松总统踌躇再三，由于担心此句话可能引起中国人的反感而最终将其删除。尼克松总统在祝

---

[1] 靳言. 外交宴会之秘闻轶事 [J/OL]. http://archive.wenming.cn/sjwm/2010-04/10/content_19483019.htm.

酒时援引了毛泽东主席的《满江红——和郭沫若同志》中"多少事,从来急;天地转,光阴迫,一万年太久,只争朝夕"的诗句,在表达对毛泽东主席诗词欣赏的同时,也传递出希望中美加快联合的政治信息。2月21日晚,这一盛大国宴的画面通过卫星直接传输到了美国百姓的家中。作为宴会的主人,周恩来总理发表了热情洋溢的祝酒词。他说:"美国人民是伟大的人民,中国人民也是伟大的人民,我们两国人民一向是友好的。由于大家都知道的原因,中美两国的来往中断了20多年。现在经过双方的共同努力,友好往来的大门又打开了。"尼克松总统在答谢词中说道:"过去我们有时候曾是敌人。今天我们有巨大的分歧。使我们到一起的,是我们有超越这些分歧的共同利益。"当时宴会用酒是储存30年以上的茅台酒。席间,尼克松总统问周恩来总理:"我在书里曾经读过这样一个故事,说红军长征途中到达茅台镇,把镇上的酒全都喝光了。"周恩来总理此时眨动双眼说道:"解毒,还能治伤风感冒。"尼克松总统爽快地说:"那就让我们用这个'万能的良药'干杯吧。"这段对话首先体现了周恩来总理外交语言的魅力,巧妙地回答了让人尴尬的问题。其次,从尼克松总统的回答中可以看到当时美国政府的态度,以及对中美两国未来关系的展望,即希望饮下"万能良药",治疗中美关系中的各种病症,让中美关系健康发展。为了保证这次访问成功,尼克松总统也花费了许多时间练习使用筷子。作为美国总统,使用筷子这一举动就不单纯是入乡随俗,而意在表达与中国友好,是通过这种行为语言向中国展现中美友好的政治举动。

四、宴请中智慧化解外交难题

国际关系发展事实表明,外交宴会的运用合理、充分与否,对推动外交关系的发展具有多方面的意义,有时更是举足轻重。一个成功的外交宴会可以增进国家间的关系,但如果安排不恰当,不能有效地运用宴会上的外交语言,不仅无法达到组织者最初的目的,甚至可能成为外交灾难。

2008年8月8日,中国政府在人民大会堂二楼宴会厅举行欢迎宴会,招待出席北京奥运会开幕式的170多名外宾,其中包括:国际奥委会主席罗格夫妇、国际奥委会终身名誉主席萨马兰奇及50多位国家元首,十几个国家的政府首脑,多名王室成员,以及美国前总统乔治·赫伯特·沃克·布什、日本前首相森喜朗、德国前总理施罗德、法国前总理拉法兰、新加坡内阁咨政李光耀、澳大利亚前总理霍华德、美国前国务卿基辛格等人。中共中央政治局委员及中央书记处书记、国务院领导成员、民主党派领导人、外交部主要领导成员以及参与北京奥运会工作的相关机构负责人出席了欢迎宴会。国宴共有9张桌子,而桌子上并未设有编号,而是以牡丹、茉莉、兰花、玫瑰、杜鹃、荷花、茶花、桂花和芙蓉等鲜花命名,寓意百花盛开。鲜花传达给世界人民美好的理念,同时也避免了宾客因数字序号先后而可能产生的尴尬,彰显了中国博大精深的外交礼仪。在号称"中国第一宴"的国宴上,按照外交礼仪标准,中方准备了"四菜一汤"以及餐后甜点,包括宫灯拼盘、瓜盅松茸汤、荷香牛排、鸟巢鲜蔬、茄汁鳕鱼等。菜肴中西结合,既突出了中国饮食的传统特色,又照顾到来宾的口味,也完美契合了奥运会的理念。一些外国媒体以"中国搭起最大的外交舞台"来赞赏此次国宴的成功。

第九章 国家领导人外交形象语言

常言道：剑胆琴心，刚柔相济，文武之道，一张一弛。国家领导人在对外形象塑造的过程中，不仅需要向国际社会展示其坚定、顽强、刚毅、果敢的强者形象，也要向国际社会传达出其善良、宽容、柔美、温情的气息。

上图为 2013 年 9 月 5 日，在俄罗斯圣彼得堡举行的 G20 峰会上，在观看喷泉音乐会时，俄罗斯总统普京亲手为德国总理默克尔加衣，尽显其温情一面。

从外交语言的研究角度出发，国家领导人外交形象构成了外交行为语言的一个重要内容。国家领导人外交形象的构建和传播，对于推进主权国家外交具有多方面的意义。

一、国家领导人外交形象的构成

形象是指能引起人的思想或感情活动的具体形态或姿态。国家领导人外交形象是国际社会通过国家领导人的个人身体状况、精神风貌、话语水准及工作能力，对其所形成的基本看法和心理感受。

（一）国家领导人外交形象含义

《周易·系辞》曰："在天成象，在地成形，变化见矣。"在这里，"形""象"两个字均有"形状""状貌"的意思。可以看出古人早就开始了对形象的思考。形象就是通过直观外在的形式而对观者形成的认知。就社会性而言，形象的构建及其影响对形象承载者个人及其所从事的事业非常重要。一个国家领导人形象对其国家的发展影响巨大，在国家对外关系中发挥至关重要的作用。伴随着全球化的发展以及全媒体时代的来临，一个国家领导人形象从未像今天这样极易受到世界各国的广泛关注，国家领导人形象作用的影响也从未像今天这样迅捷和深远。

国家领导人的外交形象，是指国家领导人在外交活动中所产生的影响和所获得的评价。国家领导人外交形象存在和表现方式多种多样，如实体形象、媒介形象和认知形象等。其中，实体形象是来源，媒介形象和认知形象是认知加工后的结果。在现实生活中，大众与国家领导人直接接触的机会并不多，因此也没有直接的经验。而大众媒介"存在于我们和那部分无法为我们直接感知和接触的潜在经验之间。"[1] 国家领导人外交形象是其通过各类媒介所呈现出的有形或无形的形象。这种形象不仅代表个人形象，更多层面上是代表国家形象。国家领导人外交形象主要包括外在形象和内

---

[1] 张国良.20世纪传播学经典文本[M].上海：复旦大学出版社，2002：441.

在形象两方面。外在形象包括国家领导人的面貌、服饰、谈话、举止、风度等特征，能够给公众带来最为直接的感官冲击；内在形象体现在国家领导人的知识结构、文化素质、心理素质、性格素质、思维方式、能力水平和道德素质等方面，可以潜移默化地感染公众。国家领导人外交形象对推动国家对外关系的发展具有多方面的意义。领导人只有树立良好的形象，才能赢得人民的尊重和信赖，缩小与群众的心理距离，才能站在政治舞台上充分彰显自己的魅力和号召力。

作为外交活动的主要参与者，国家领导人是外交形象语言体现和运用的主体。国家领导人外交形象的正确塑造和合理运用，有助于良好的国家形象的建立和传播。同样，国家领导人形象本身作为外交语言的一部分，其形象的塑造和传播过程也体现了外交语言功能的形成过程及发展规律。国家领导人外交形象语言，是指国家领导人通过其形象向国际社会展示和传达的国家的国际地位、政策主张、行动能力及风格特征。作为以形象为核心的表意工具，国家领导人形象的形成过程包括了自我构建和国际社会认知两个阶段。

（二）国家领导人外交形象语言的构成

国家领导人的外交形象语言是通过其形象的构建和运用而形成的一种表达方式，属于一种行为语言。国家领导人的外交形象语言是国家形象的重要载体和传播工具，是国家向外传播软实力的重要组成部分。国家领导人外交形象语言主要由以下几个方面构成。

1. 身体与精神

（1）健康的身体。良好的身体素质是国家领导人履行职责的首要条件，是其以充沛的精力治理国家和履行其职权范围内的国际责任义务，进而提升其国家形象的重要保证。对国家领导人来说，健康的身体、充满活力的形象代表着一个国家稳定发展现状及未来良好的发展前景。

（2）良好的精神状态。国家领导人需要有以健康的身体为基础的良好精神状态：体力充沛，充满活力，积极乐观，奋发有为。良好的精神状态可以激发人的潜能，最大限度发挥人的主观能动性，克服正常情况下无法想象的困难，实现预期目标。就外交而言，国家领导人良好的精神状态是其所代表的国家获得国际威信、发挥其国家国际感召力和影响力的基础条件。

2. 知识与智慧

（1）丰富的知识。才能来源于知识的储备，只有拥有丰富的知识才有可能成为优秀的国家领导人。在当今时代，国际社会瞬息万变，丰富的知识对国家领导人顺利履行其职责尤为重要。国家领导人合理的知识结构必然涵盖政治、经济、文化、管理等多个方面，且随着时间推移必须跟上知识更新的步伐，以获得更适合时代要求的新知识。

（2）富于智慧。富于智慧是知识丰富的体现，也是管理国家的基本要求。国家领导人需要富于智慧，具有处理多方面问题的能力和技巧，如拥有良好的口才、善于交际、能够洞察人的心理，并且建立一个广泛的交际圈。只有这样才能在对外交往中更恰当、更合理地向外部世界传播本国的思想理念，能及时妥善地处理各种问题，提升本国在世界的形象，推进国家对外战略目标的实现。

3. 视野与能力

（1）国际视野。国际视野也被称为国际眼光或国际视角，即能够站在国际、全球的角度，观察国际社会的发展并确立自身国家的立场、政策。国际视野是一国领导人对有关国际社会的历史知识、现实状况及未来发展的准确把握，也是处理复杂国际关系的经验及能力的直接体现。国际视野是国家领导人科学决策的基本条件，缺少国际视野的领导人是无法进行科学决策的，也无法获得国际社会的认可和信任。

（2）处理问题的能力。国家领导人的能力就是治国理政的能力：对内管理好国家内部事务，对外维护国家利益。决策及时、处事果断是国家领导人治国理政能力最基本的体现。毫无疑问，一个优秀的国家领导人，无论在国内还是国际，在维护国家利益和国家形象上决不能优柔寡断，做事不能心慈手软，也不能感情用事，而要以大局为重并勇于担当。同样不容置疑的是，一个优秀的国家领导人，在进行国际交往时要善于运用外交语言。外交语言既要做到语言清晰、准确、掷地有声，也需要温文尔雅、谦虚有礼，知道什么话该说，什么话不该说，并懂得语用策略和技巧。

二、国家领导人外交形象语言的功能

国家领导人是国家的象征，领导人的外交形象直接关系着其所代表的国家未来的发展。良好的国家领导人形象可以具有强大的吸引力、号召力，利于拓展对外关系渠道、推进国家间合作与交流。良好的领导人形象还应当在外交关系中具有强大的沟通能力，在某些特殊的时期具有化风险为保险，化阻力为动力，化干戈为玉帛的能力。具体而言，国家领导人外交形象语言具有以下功能。

（一）代表国家的发展潜质及发展活力

一个国家的领导人是国际媒体曝光的对象，是一个国家传递给国际社会的"名片"。国家领导人的视野、形象和处事方式对提高国家的影响力有着重要的作用。一个民主、开放、优雅、自信的领导人，能够向国际舞台传达出更有影响力的信息，展示出其所代表国家的发展潜力和成长力量。

（二）表明管理国家的能力

国家领导人作为国家的管理者必须具有优秀的素质和能力，才能更好地管理国家，提升本国的形象，进而获得他国的尊重，构建起强大的国际影响力。形象语言的感染力常常是非形象语言不能比拟的。在通常的情况下，国家领导人是一个国家的核心，在一定程度上是一个国家和政府的"形象大使"。在媒体外交时代，强大的传媒深刻影响着国家领袖群体的行为方式。这是今天"领袖行为艺术"和领袖外交形象建构必须面对和解决的问题。国家领导人形象传播代表了一个国家政府的形象传播，从传媒外交的角度来看，国家领导人就是国家对外形象的代言人，在国家对外形象的塑造上发挥着重要作用。

三、国家领导人外交形象语言的运用

国家领导人外交形象语言的运用涉及如何塑造及传播国家领导人形象，涵盖了国家领导人自身追求目标的创设、日常政治活动，尤其是对外交往过程中领导能力的呈现、形象的传播方式、国际社会最终认知的形成等多个方面。

（一）提高国家领导人外交形象意识

提高国家领导人外交形象意识，充分认识国家领导人外交形象意义，对增强其所代表国家的国际地位、外交政策推行、国家影响力的提升具有重要作用。

中华人民共和国成立初期，由于受历史传统、文化因素及国内外政治现实等多方面的影响，中国国家领导人在公开场合不穿西装。1971年10月25日，中国恢复在联合国的合法席位。在中国外交部长乔冠华将率代表团出席第26届联合国大会前夕，国务院总理周恩来就对代表团的着装提出特别要求：出席正式会议时，中国代表要穿中山装，不要穿西服。此后，随着改革开放的深入，中国国家领导人着装开始发生了变化，中国需要在着装方面作出改变重新塑造国家领导人的外交形象。胡耀邦是改革开放后中国最高领导人中较早倡导在重大外交场合穿西装的人。他以身作则地鼓励人们穿西装，并把着西装视为培养开放意识并向世界展示中国开放形象的一种手段。这一倡议及实施在传达中国改革开放理念、决心及推动中国改革开放进程发挥了很好的作用。

在当今世界，许多国家领导人都有自己的设计师，专门为其设计服装，以展示自己及国家良好形象。以美国前国务卿赖斯为例，她在形象塑造方面可谓一丝不苟、精益求精。赖斯热爱运动，坚持健身锻炼，年过50依然能保有苗条的身材，充沛的精力。在公众场合时，赖斯总是力图使自己看起来完美优雅、风采照人。人们通过各类媒体的报道经常看到的是一个精力充沛、品位高雅、生活方式健康、毫不刻板的女政治家。[1]

（二）注重媒体的塑造和传播

在人类历史上，第一个从理论入手研究传播行为的学者是亚里士多德。他在《修辞学》一书中提出口头传播具有三要素，即谈话者、主题和听话者。此后，许多学者对传播的研究逐渐深入。美国传播学者詹姆斯·凯瑞把传播定义为"现实被生产、保留、纠正和转移的抽象过程"[2]。传播是传播者运用传播媒介向受传者传递信息的社会行为。在当今世界，伴随着传媒的发展，特别是以新媒体为先导的数字技术革命已渗透人类社会生活的方方面面。这场革命不可避免地席卷了外交领域。美国计算机科学家尼葛洛庞帝很早就敏锐预言一个数字化生存时代将会来临。他在《数字化生存》一书中把数字革命总结为原子和比特之间的差异，认为原子必将让位于比特。"我们无法否定数字化时代的存在，也无法阻止数字化时代的前进，就像我们无法对抗大自然的力量一样。"[3]

长期以来，由于中国在国际社会上其文化软实力和传媒影响力相对较弱，缺乏话语权，中国领导人的形象通常被认为是传统的，古板的。数字化时代的到来给中国国家领导人形象传播带来了新的发展契机。数字化传播的交互性有助于国家领导人形象的多维、立体塑造。数字化传播的即时

---

1 李紫薇. 赖斯媒介形象战略浅析 [J]. 今传媒，2006，（3）：56.
2 Carey, J. Communication as Culture. Boston, M A: Unwin Hyman. 1988: 23.
3 [美] 尼葛洛庞帝. 数字化生存 [M]. 胡泳，范海燕译. 海口：海南出版社，1997：258.

性和超文本性拉近了普通民众与国家领导人交流的心理距离，使其形象更加深入人心。因此，借助数字化传播，进一步向国际社会塑造和传播中国国家领导人应有的外交形象。

（三）打造实力派国家领导人形象

实力派国家领导人，即国家领导人在其国家特别是领导集团内部具备较强的领导能力，具有广泛的影响力和崇高的地位，并得到国际社会的认同。实力派国家领导人无论何时出现在公众面前总是显得容光焕发，精力充沛，积极向上，魅力十足。俄罗斯总统普京所展示的身体强健，精力充沛，不仅使其本人魅力倍增，也打造出俄罗斯国家乃至民族的对外形象。普京出访外国，也不忘"以武会友"，通过各种健身运动展示俄罗斯领导人的魅力。普京的这些行为使国际社会对其本人所塑造的实力派国家领导人的形象的认知起到潜移默化的作用。

（四）注重独特性

国家领导人在打造外交形象的过程中必须展示出自己的独特性，包括过程的独特性、方法的独特性及目标的独特性。当今世界，独特性就需要有自己的话语权，而拥有话语权也是国家领导人获得良好国际形象的重要条件。有话语权的国家领导人就能引导国际舆论。纵观当今世界，广大的发展中国家在掌握话语权、影响国际舆论的能力方面常常处于弱势地位，在对外传播方面也存在着"软肋"。许多发展中国家在重大新闻议题上被西方媒体牵着鼻子走，无力影响和主导国际舆论，以致蒙受了许多"不白之冤"。

构建国家领导人的形象，既要有宏观的谋划，也需要从细微点滴来展示国家领导人的思想、情怀和个人独特魅力。2012年8月21日，在北京国家会议中心举行的国际天文学联合会第28届大会开幕式上，时任中国国家副主席习近平出席开幕式，并发表了热情洋溢的致辞。致辞结束后，国际天文学联合会主席罗伯特·威廉姆斯准备上前与习近平握手祝贺时，不慎将眼镜掉在地上。习近平副主席主动俯身捡起眼镜送还威廉姆斯，然后两人亲切握手面向镜头微笑，使在场的人倍感意外，也倍感亲切。习近平副主席为外宾捡眼镜的举动展现着中华民族友好、仁爱、和善的优良传统。此事经过媒体传播，得到了国际社会赞誉。

第十章　外交言辞与真实含义之间的转换

经过6年多艰难谈判，美苏终于签署了《美利坚合众国与苏维埃社会主义共和国联盟关于销毁中程和中短程导弹的条约》，简称《中导条约》。根据该条约，美苏两国将在1991年之前，共销毁2400枚以上的核弹头，这是美苏裁军谈判史上第一个真正减少核武器数量的条约。但这些准备销毁的弹头数量仅相当于美苏两家核武库存的4%左右。里根在签署条约时说："我们相互信任，但信任仍需核查。"戈尔巴乔夫说："您已多次重复这句话了。"

上图为1987年12月8日下午2点2分（美国东部时间）时任美国总统里根和苏联领导人戈尔巴乔夫在白宫东厅签署该条约。

语言是表达情感、进行交流的工具。外交语言是外交人员在运用语言开展外交活动的过程中形成的独特语体。这种语体与其他领域的语体存在着较大的差异。这种差异集中表现在，外交言辞并非是其表面含义的直观表达。为此，探求外交言辞与真实含义之间的转换就成为我们读懂外交语言必须解决的问题。

一、外交言辞的真实含义

外交言辞代表的是国家立场，向外界传达出的是一个国家对某一国际事件、某一国家的外交行为或对外政策的支持、中立或反对态度。外交语言的分寸感、含蓄性、模糊性等特点使得在外交活动所使用的言辞不像其他语体的言辞那样明了，含义清晰，往往需要人们认真揣摩言辞背后的真实含义才能对相关问题有一个正确的理解和判断。

（一）表达赞同意义的外交言辞

就赞同而言，使用不同的外交言辞传递出的赞同程度是不一样的。描述赞同的外交言辞可以是"亲切友好的……""理解""注意到""欢迎""支持""赞赏""高度赞赏""站在……一边"等。上述言辞虽都具有赞成的含义，但表达的程度不同。从前到后，我们可以很明显地看出赞同的程度在不断加强。

在外交部发言人或者新闻报道的表述中，我们经常可以听到用"亲切友好"来形容一场会谈，这说明会谈双方具有契合点。以中韩高层外交互动为例可以说明这一问题。2013年6月28日，习近平主席与时任韩国总统朴槿惠进行会面，中国外交部发文称双方进行了"亲切友好的交谈"，并围绕中韩关系、朝鲜半岛局势和东北亚地区局势等问题进行了探讨。这样的外交言辞表述是闻不到火药味的。中韩两国地理位置临近，文化渊源相通，经济交融日趋旺盛，因此在很多领域持有共同利益。双方坐下来平静阐述自己的立场和诉求，即使没有达成实质性的协议但也是对中韩战略合作伙伴关系的重申。如果会谈相关方"充分交换了意见",那么事情就具有了严重性。中国新闻网关于中韩两国领导人举行会谈的报道所使用的言辞可为我们提供一个典型的案例:2010年5月28日,时任国务院总理温家宝和韩国总统李明博就朝鲜半岛局势深入、充分地交换了看法。中方称重视韩国和其他国家开展的联合调查,中国将根据事情的是非曲直作出判断,决定自己的立场,目的是坚决维护朝鲜半岛和平稳定。言外之意即韩国何种程度破坏和平局势的举动都将遭到中国的反对和抵制,但是韩国方面如果有意愿以和平姿态解决问题,中国也会表示赞同和欢迎。

评论一场外交会谈是"建设性的",意思是双方取得了某些进展,但是问题没有得到解决。俄罗斯总统新闻秘书佩斯科夫曾经在第十届亚欧首脑会议上表示,乌克兰问题米兰会谈具有"建设性","会谈的确非常困难,有关国家领导人在乌克兰问题上分歧很多。但不管怎样,会谈还是举行了,这为各方提供了一个相互交流的平台。"这种"建设性的"表述意思是不言而喻的。乌克兰冲突并非一日酿成,是历史与现实交织的复杂问题,危机的解决也不可能单靠某个国家,但是只要选择了坐下来协商,总会在解决问题的道路上前进一步。因此"建设性"的表述常用来阐明双方就某一问题的解决通常比以前更进一步,具有一定的积极意义。

说一场会谈是"有益的",意思是双方虽然并未取得能够落实的成果,但谈总比不谈的效果要好。时任法国总统奥朗德和伊朗总统鲁哈尼在2013年9月联合国大会期间进行了会谈。法国政府发言人贝尔卡塞姆对媒体表示,奥朗德在会谈中要求鲁哈尼在叙利亚问题、黎巴嫩问题和伊朗核问题上"正视"其应负的责任,鲁哈尼则表示希望叙利亚能够结束战争。对此奥朗德认为该会谈"非常有益"。这种"有益"的会谈表述乍看上去似乎是赘述之言,实则可理解为事件向好发展的信号。

"尊重":即不完全赞同,对其中的一些观点或方案持保留态度,是一个使用频率较高的外交词汇。2015年是中国抗日战争胜利暨世界反法西斯战争胜利70周年,为了向逝者寄托哀思、向世界传达和平理念,中国政府决定举行隆重的纪念仪式。在特殊的历史时期,韩国是否出席纪念仪式备受关注。美国国务院表示"是否出席活动是各国自主决定的事项,我们尊重韩国的决定。"这里的"尊重"一词颇值得玩味。当时中国和韩国的经济、文化交流发展较深入,美国担心中国的快速崛起会对自身的霸主地位构成威胁,因此作为韩国传统盟友的美国对中韩以任何程度的接触都流露出敏感的情绪。时任韩国总统朴槿惠最终出席了纪念仪式,成为其重视中国与韩关系的具体体现。"尊重"一词的使用,是美国在中美韩三角关系中寻求契合点恰当的语言表述,显示了外交语言艺术的独特韵味。

"赞赏":赞赏的字面意思多为对一国的对外政策或行为表示支持。然而这种支持是有限度的,如果该国的承诺与行动不具统一性,那么就需要对该国的支持进行重新思考和定位。2017年8月13日,日本NHK电视台在日本侵华战争战败72周年前夕,播放了一期名为《731部队的真相》的特别节目。日本"731部队"20多个小时的认罪录音被还原,这支部队在侵华战争中犯下的滔天罪行也被完整披露。中国外交部发言人华春莹在回答记者提问时,对日本国内有识之士揭露历史真相的勇气表示赞赏,并认为历史应该被尊重,希望日本端正姿态,正视历史,真诚聆听国内外的正义呼声,及时弥补历史的错误。这里的"赞赏"是一种外交姿态,是对日本有识之士的赞同,是对历史事实的尊重。

"高度赞赏":高度赞赏所表达的赞同程度比"赞赏"更进一步。对中国而言,通常意味着对别国有关国际事务的表态和行动的高度赞同和支持。随着国际交往的日益频繁和互联网的快速发展,网络诈骗呈现出跨境特点,合作开展跨境打击网络诈骗越来越成为世界各国的共识。2017年10月31日,中国外交部发言人华春莹在新闻发布会上表示"高度赞赏"和感谢柬埔寨政府,为打击电信网络诈骗等跨境犯罪活动同中国政府合作而采取的行动和努力。这次涉嫌电信网络诈骗的61名中国人中19名来自台湾。柬埔寨方面赞同并支持一个中国政策,同中国有关方面展开打击电信网络诈骗的合作,显示了对中国的尊重和支持,也为打击跨国犯罪起到了示范作用,理应得到中国及国际社会的高度赞赏。

（二）表达反对意义的外交言辞

中国有句俗语：良言一句三冬暖，恶语伤人六月寒。外交场合更好地诠释了这句话。在外交场合很难看到外交人员情绪激昂、措辞激烈地就某件事表达自己的观点，而是顾左右而言他，含蓄委婉地表达自己的反对立场。常见的表达反对意义的外交言辞有以下几种。

"持保留态度"：则意味着较为委婉的拒绝。一直以来，西方国家始终不愿正视中国的崛起，对中国的崛起持"保留态度"。2013年时任新加坡总理内阁咨政的李光耀在接受美国《时代》杂志采访时表示，新加坡、东南亚对中国崛起的作用持保留态度，认为中国最终希望能够成为世界霸主，但在未来的四五十年内仍会保持低调，先培养实力。言外之意即拒绝同意中国的崛起是"青云直上"和"众星拱月"的。但是"持保留态度"的言辞表述所带来的可接受性远高于"拒绝同意"。新加坡"持保留态度"的意思是，他们不否认中国飞黄腾达的可能但要允许他们发出质疑的声音。

"会谈是坦率的"：暗示谈话双方仍然存在严重分歧，但是通过会谈进一步了解了对方。美国总统尼克松在1972年2月21日在中方为其举行的欢迎宴会上谈到中美关系时说："我希望我们这个星期的会谈是坦率的。本着这种坦率的精神，让我们在一开始就认识到这样几点：过去一些时候我们曾是敌人，今天我们有巨大的分歧，使我们走到一起的是我们有超越这些分歧的共同利益。在讨论分歧时，我们哪一方都不会在自己的原则上妥协。虽然我们不能弥合双方之间的鸿沟，却能够设法搭一座桥，以便我们能够越过它进行会谈。"[1]中美关系发展到今天，虽仍然存在意识形态的对立、思想文化的差异等，但是谁能否认是当初"坦率的"会谈使两个大国交往的大门缓缓打开？

"遗憾"：遗憾的本意是失望、不满意。但作为外交言辞，它所显示的意义是不确定的。可能是对别人的行为表示遗憾，背后的真实含义则是对

---

[1] 英帆. 外国领导人访华讲话选编[M]. 北京：中国对外翻译出版公司，1988：3.5.

该举动表达不满，还有责怪的意思在里面。"十分遗憾""非常遗憾"等表述也有类似的含义；此外，也可用"遗憾"一词来传达自己对别人的不周。2014 年，英国下议院外交事务委员会原计划前往香港，调查英国政府在有关香港特首普选问题上是否存在缺失情况。2014 年 11 月 30 日，英国下议院外交事务委员会主席理查德·奥塔维称中国政府拒绝他们入境香港。英国外交部回应称中国的这一举动"令人遗憾"。香港回归祖国之后，英国仍然期待借助香港问题施展身法，但是中国内政不许外来力量干涉的严正立场不容撼动。英国的"遗憾"表述实则是在释放对中国政府的不满。

"严重关切"：意即对所指事件的关注度很高，且通常包含有反对的意思。2017 年 3 月 3 日，中国外交部发言人耿爽在其主持的例行记者会上，曾就印度官员会见即将访问中国藏南地区——所谓"阿鲁纳恰尔邦"的达赖发表讲话，并称"中国对有关消息表示严重关切"。中方希望印方严格遵守在涉藏问题上所作的承诺，不给达赖集团的反华分裂活动提供舞台，以维持和推动中印关系的健康发展。"严重关切"是一种措辞相对严厉的表述，在这个案例中，如果印方罔顾中国感受而做出过激举动，中国将会坚决干预。

"表示极大的愤慨"：意指对所指事件存在很大的不满和愤怒。《人民日报》曾发表文章称"欧洲议会某些负责人不顾中方的一再交涉和强烈反对，坚持邀请达赖访问欧洲议会并为其提供反华讲坛，任其在欧洲议会全体会议上发表恶意中伤、攻击中国政府、肆无忌惮地煽动分裂祖国的长篇演讲。对此，我们表示极大的愤慨。"[1] 达赖问题远非宗教问题，而是涉及国家主权的政治问题，欧洲议会少数人竟允许达赖登上讲坛肆意蒙骗国际舆论，中国对此表示极大愤慨，这并不是无计可施的拖沓之词。中国希望欧洲议员们能够立足中欧友好合作关系的长远发展，远离偏见，客观、公正地看待西藏问题及其在中欧关系中的地位。

"强烈谴责"：该言辞表达出的反对意味是非常明显的，常用于对情节严重、性质恶劣的事件的表态。2015 年 11 月 19 日，国家主席习近平在出

---

1 对欧洲议会邀请达赖访问并演讲中方表示极大愤慨 [N]. 人民日报（海外版），2001-10-29（4）.

席亚太经济合作组织第 23 次领导人非正式会议时，就中国公民被恐怖组织杀害事件发表讲话并表示，中国强烈谴责"伊斯兰国"极端组织残忍杀害中国公民这一暴行。对公民生命权的忽视和践踏就是对人权的忽视和践踏，国家有捍卫公民生命权的责任和义务。

"悬崖勒马"：比喻在紧要关头及时采取措施防止事情进一步恶化。这是一种明言禁止的外交言辞。2012 年是中日邦交正常化 40 周年，但是日本却罔顾历史，上演了一出"购岛"闹剧。中国外交部发言人洪磊在例行记者会上就日方的"购岛"闹剧发表讲话：日本单方面的购岛行动没有法律依据，是无效的。希望日方不要错上加错，及时悬崖勒马，立即停止一切损害中国领土主权的行为，回到双方达成的共识和谅解上来，回到双边谈判解决争议的正确轨道上来。[1]"悬崖勒马"的表述，阐明了中国对日本"购岛"行为坚决反对，及中国不惜使用武力誓死捍卫领土完整的决心。

"勿谓言之不预也"：该句较早出现在清李伯元所著小说《官场现形记》第十九回和太平天国时期李秀成的《再致上海各领事书》，意思是说不要事情发生后再后悔事前没有接到警告。在新中国对外关系的历史上，中国较早使用"勿谓言之不预也"表达出其严正的立场是在 1962 年 9 月 22 日《人民日报》社论《是可忍，孰不可忍》和 1978 年 12 月 25 日《人民日报》社论《我们的忍耐是有限度的》中。前者指的是中国驻中印边界东段的边防哨兵遭印军连续攻击致一死一伤后，面对印度当局的无理挑衅，中国方面表示当前的局势极其严峻，如果印方一意孤行，造成的后果由印方承担，勿谓言之不预也。后者指的是越南武装力量不断侵犯中国领土，任意枪伤和枪杀我国边境居民。中国官方对此表示：越南当局在反华的道路上已经越走越远，中国是讲道理，有原则，爱好和平的国家，是说话算话的国家。如果越南罔顾中国感受，倚仗苏联力量损害中国利益，中国必将以牙还牙，希望越方勿谓言之不预也。"勿谓言之不预也"是中国历史上最掷地有声的外交语言，它明确地传达了中国政府对严重威胁中国国家利益和安全事项

---

1 张百新. 钓鱼岛是中国的 [M]. 北京：新华出版社，2012：17.19.

的忍耐限度，如果对方罔顾劝告，仍旧为所欲为，那么接下来双方可能就处于战争状态了。

通过上面的例子可以看出，一些与人的心理活动及感知有关的言辞被用于外交语言中，尽管它们本身的词义是清晰的，但是只显示了心理活动及感知的形式，并未透露心理活动的目标和结果，常给人不置可否的感觉。

二、外交言辞与真实含义的转换

外交言辞与真实含义之间存在着一定距离。准确理解外交言辞其真实含义是一个复杂的过程。在解读外交言辞的过程中，除了对言辞本身字面的含义要有一个基本认知外，还要结合外交语境、外交行为人的话语实践及其所代表国家的历史传统、现实目标及行为方式等。只有如此，才能对外交言辞和其真实含义是如何转换的有一个准确的把握。

（一）遵循恰当的语用原则能够推动外交目标的实现

语用原则是交际双方进行言语交际时遵循的基本原则，是交际双方进行话语组织和言语理解的重要工具。依据语言学家的观点，在言语交际中，为了保证交际的顺利进行，交际双方必须遵循一定的语用原则，这主要涉及相关语言学家如钱冠连的"目的－意图原则"、格莱斯的"会话合作原则"、利奇的"礼貌原则"以及布朗和列文森的"面子理论"。钱冠连认为，交际行为的发生受到特定目的和意图的驱使。格莱斯认为，交际的成功进行得益于双方遵循了合作原则。利奇则认为，最佳交际效果的形成是出于对礼貌原则的遵守，这种对礼貌原则的遵守往往是通过违反合作原则而实现的。"面子理论"强调双方面子的重要性。这些原则的共同功能都是为了使言语交际顺利进行并获得预期的话语效果。

外交语言是一门艺术。在言语交际过程中，发话人和受话人之间的互动遵循着特定的规律。发话人根据特定的语境表露出交流意图，受话人在正确理解的基础上进行有效交流。遵循恰当的语用原则能够赋予外交言辞以真实含义，有助于推动外交目标的实现。一个国家在外交场合中真实的态度立场，需要借助有分寸的外交话语传达给指涉对象。因此，外交部发言人或者国家领导人不可信口开河，需要注意自己话语中字里行间要留有的弦外之音，这关乎语用原则的选择。前文列举的表达赞同意义或者反对意义的外交言辞，没有采取直白式一问一答的语用策略，而是结合交际语境、外交事件的轻重缓急及外交目标，遵循了恰当的语用原则，才使得外交言语行为更好地服务于外交目标，从而捍卫国家利益。以1972年尼克松总统访华为例，该事件是中美关系由冷转热的转折点，如果双方仍旧秉持"冷战"思维，违背交际行为中的合作原则，那么就不会有现在的中美关系，中国融入世界的势头也不会如此迅速。因此，赞同、中立或反对的立场态度借助于合理的外交言辞表述出来，以另一种语言实现言辞与真实含义的转换具有重大意义。

（二）外交言辞对真实含义的准确传递有助于提升外交话语权

语言及其产生的意义经过一定的社会化过程能够产生主导话语，话语反过来又影响社会意义的形成与传播。[1]法国社会学家福柯1970年提出了"话语即权力"的命题，并指出话语因被认同而产生权力。在当今世界，话语权已经成为国际关系中权力的一种表现方式。

国际话语权是指以国家利益为核心，就国家事务和相关国际事务发表意见的权利，体现了知情权、表达权和参与权的综合运用。[2]试想，如果一个国家的外交语言不成体系，不能对国际事务有效发表意见，那么国际话语权就无从谈起，国家利益也无法得到保障。在阐明国家对某个事件的看法时，除原则问题不可妥协以外，需要灵活利用外交言辞的延展性给对方留下揣摩和交涉的余地，对利益攸关方接下来的外交举动起到警醒或者期待作用。能够说下去的事情都是可以商量的事情，可以商量的事情都是能

---

1 孙吉胜等.中国崛起话语对比研究[M].北京：世界知识出版社，2015：3.
2 马旭红，郝建.国家间社会资本增强与国际话语权提升[J].人民论坛，2014，（34）：224.

够解决的事。凡事如此，在外交场合也不例外。外交言辞的恰当运用充当了提升国际话语权和构筑文化自信的催化剂。就中国而言，国际利益原则是"我国涉外活动必须遵守的基本原则，任何组织和个人在涉外交往活动中都必须贯彻执行。该原则强调在尊重他国利益和尊严的基础上，更要维护本国的利益和尊严。"[1] 在外交实践中，外交人员代表国家在国际舞台上发声，外交语言承载的故事和价值才会被国际社会所知晓并走进人们的内心世界。40多年来，中国立足于改革开放，积极在外交场合发声，捍卫国家利益。从钓鱼岛争端、南海仲裁案、朝鲜核问题到叙利亚撤侨，不难听到中国外交人员发出的铿锵有力的声音。

法国路易十四时期的外交家卡利埃对外交人员及其所处的国际环境有一个很生动的比喻，他认为外交人员处于一个"不存在完美规则"的环境之中，就像是一名在"永远充满惊涛骇浪的大海"中航行的水手。因此，在无法驾驭的大海中，"人们只能见风使舵"。[2] 由此可见，外交言辞是外交人员在国际舞台上博弈的手段，其背后表达的真实含义始终立足并服务于本国的国家利益。对中国而言，综合国力的上升给我们提供了越来越多在外交舞台上崭露头角的机会，但国际政治的复杂性需要每一位对外工作者认清时局，特别是直接对外接触的外交人员。只有读懂外交言辞的真实含义，才能洞悉对方的真实意图，才能在最大程度上确保国家利益最大化。

---

1 王华，邓自新. 现代社交礼仪 [M]. 广州：华南理工大学出版社，2009：153.
2 杰夫·贝里奇，莫里斯·吉恩斯-索珀，奥特等. 外交理论——从马基雅弗利到基辛格 [M]. 陆悦璘，高飞译. 北京：北京大学出版社，2006：124.

第十一章 外交演讲语言的特点

引用对方典故、谚语、俗语、流行语及使用对方语言的演讲，常常会因拉近与受众的距离而受到赞赏，进而收到独特的演讲效果。"众所周知，中国有个传统说法：天不怕，地不怕，只怕老外说中国话。"时任澳大利亚总理陆克文在访问北京大学时，用流利的汉语以当时国内流行的"顺口溜"作为开场白，拉近了他与听众的距离。他以"中国知识界忧国忧民传统的继承者"来评价北大学子,展示其赞赏和同样具有"忧国忧民"情怀。这番演讲因相关技巧的充分运用收到独特的效果而受到多方面的赞赏。

上图为2008年4月9日，时任澳大利亚总理陆克文访问北京大学并演讲。

外交演讲是国家间开展外交的重要形式。外交人员在维护国家利益、推进彼此关系发展的过程中，如何通过演讲阐述自身立场、观点、政策，化解外交危机，具有非常重要的意义。通过古今中外著名的外交演讲，可以让我们了解外交演讲语言特点及不同演讲者的语言风格，探寻决定外交演讲成败的要素，分析成功的外交演讲独特所在，并通过相关分析提升对外交演讲语言的认识。

一、外交演讲的概念及类型

（一）外交演讲的定义

演讲又叫讲演或演说。在当今的外交活动中，外交演讲通常是指由国家所赋予的具有对外表达本国立场权利的特定人员，针对特定的对象，在国际活动或公开场合中，发表的代表本国意愿的讲话。通常情况下，外交演讲的主要形式是有声语言，在演讲的过程中也可以伴随着相应的肢体语言来加强语言表达的力度。

（二）外交演讲的类型

外交演讲是外交人员为实现外交目标而进行的语言交际活动。外交演讲种类繁多，主要包括两种类型：一是根据场合进行的演讲，如正式会议中的演讲，宴会上的演讲；二是根据内容进行的演讲，如一般性推进国家关系的演讲，针对特定外交事件的演讲等。

二、外交演讲的功用及特点

（一）外交演讲的功用

外交演讲属政治演讲范畴，是指外交人员代表国家利益处理外交事务时以口头发表讲话的一种言语形式，或指外交人员在国际会议上所作的发言、讲话、解释和答辩等。外交演讲的基本要求是,通过缜密的逻辑、明确的立场、规范的仪态、有力的说理来表明自己的观点,并且让听众认同自己的主张并根据自己的意愿采取行动。外交演讲的实际意义和鼓动力量取决于政治观点、主张的正确程度、演讲的策略及技巧的运用。在当今世界上,外交演讲作为外交斗争中的一种重要武器,已成为各种演讲类型中范围最广、内容最多、作用最大的一种言语形式。

外交演讲是国家领导人或外交人员在对外活动中所作的口头讲话,但也是一种非常重要的外交文件。因为事实上大部分重要外交演讲是由讲话人宣读事先准备好的书面文件。即使是真正的即席演讲,如果需要,也将被记录下来,从而也成为外交文件。除纯属礼仪性质的以外,外交演讲是外交人员阐述其所代表的国家关于各种涉及双边或国际关系问题的观点、立场和政策的重要手段。在当代外交实践中,各类国际组织、各种国际会议、各种外交场合都是发表外交演讲的讲坛。一些外交演讲已成为具有重大政治和历史意义的国际文件,其中许多外交概念就是在外交演讲中创造出来并流传广泛,影响深远。如"冷战"这个概念就是丘吉尔在1946年3月5日发表"富尔顿演说"中使用以后被广泛传播;"马歇尔计划"这一概念是美国务卿马歇尔于1947年6月5日在哈佛大学演讲中,提出欧洲经济复兴计划以后不胫而走;"求同存异"这一重要原则,是周恩来总理在1955年4月19日举行的亚非会议全体会议上的补充发言中提出而流行于世。

(二)外交演讲语言特点

外交演讲是一种特殊的语言表达方式,具有口语化、鼓动性强、针对性强等特点。

1.口语化

外交演讲是借助口头语言来实现的。一般而言,演讲应力求口语化,自然、流畅和简洁。外交史上许多演讲,如周恩来总理在万隆会议上的发言以及尼克松总统在访华时的祝酒词都极其口语化。"中国代表团是来求团结而不是来吵架的，是来求同而不是来立异的""世界在看着，世界在听着，世界在等着看我们将做些什么"，这些演讲口语化的特点非常明显。尽管许多外交演讲事先有书面讲稿，但口语化依然是这种话语活动的主要特点。同样，尽管演讲风格因人因事而异，或华丽，或严峻，或犀利，或幽默，或富有情感，但总的说来，口语化、自然、流畅、简洁应成为外交演讲的主导风格。

2. 鼓动性强

外交演讲是以实现外交目标为主题的语言实践活动。在外交演讲中，论证要清晰；阐述主张，剖析问题要严格遵守逻辑法则，从而为所论问题奠定内在的逻辑力量；表情、姿态、声调、手势的辅助运用，能形成巨大的感染力，引起共鸣，从而产生较大的鼓动作用。在外交史上富有鼓动性的演讲能传扬四宇，深入人心。富于鼓动性的演讲不管是在用词，还是在感情的运用上极具说服力和感染力，使得听众在不知不觉中受其影响，致其思想和感情发生转变。

3. 针对性强

所谓针对性，就是指每一次外交演讲都是以具体的时代背景为依托，具有时代色彩，并针对解决具体问题而进行的。针对性强的演讲既要符合时代的要求，反映当时国际环境以及所面临的问题，也要在一定程度上使听众看到问题发展的未来。1922年4月10日，在意大利热那亚圣乔治宫举行的国际经济会议，是苏俄和资本主义世界的初期接触，外交人民委员契切林的演讲成功地为苏俄打开了国际交往的大门。1946年3月5日，丘吉尔在美国富尔顿威斯敏斯特学院发表的演讲，是以联合美国、共同孤立和遏制苏联为主要目的的，也被看作"冷战"的信号弹。1955年4月19日，周恩来总理在亚非会议全体会议上的演讲，则是立足于推动亚非各国民族独立、联合亚非各国人民共同反对殖民主义和帝国主义。2005年6月1日，美国副总统沃尔特·弗·蒙代尔在北京大学发表的有关国际货币改革演讲，则是美国对华关系缓和后，旨在进一步拉近同中国关系的举动。

4. 语言艺术性强

外交演讲是艺术化的口语表达方式，具有强烈的感情色彩和艺术色彩。在使用语言方面，如何字斟句酌使演讲效果最大化是非常值得研究的。如何做到因地制宜、善用语境，突出主旨，获得听众的共鸣等是外交演讲需要重点考虑的问题。在赞扬对方时怎样做到恰如其分，在介绍本国成就时如何不显得浮夸，在阐述本国立场时如何做到严谨但又不强人所难等，这需要运用具体的语言策略和技巧，需要对语言艺术有很好地掌握和运用。

总之，外交演讲作为外交语言中的一种言语形式有其自身特点。外交演讲的目的和宗旨，就是通过外交演讲阐明立场，阐发主张，获得听众思想和感情的共鸣，进而影响对方的态度或者对某事的观点和看法。这其中如何掌控语言，如何把话说好不仅是一门艺术，更是通过演讲实现外交目标的必备能力。

三、外交演讲语言的运用

外交演讲是一种专门以外交事务为主要内容的演讲，政策性、原则性及艺术性很强。在演讲中如何恰当地称呼听众，如何恰当地布局谋篇，如何引用成语、名言和典故，如何运用语境等都非常重要。古今中外外交家的演讲实践为我们提供了许多具体生动的例证。

（一）布局与谋篇

布局与谋篇在演讲中属于语用策略的重要内容。苏联著名的国务活动家、杰出的外交家契切林的演讲就非常典型。在领导外交人民委员会期间，他认真执行列宁的指示，在苏俄外交领域取得一系列的成就。契切林在对外演讲中摒弃死板教条，因时制宜、灵活多变运用语言策略，使得苏俄在热那亚会议上取得了巨大的外交成果。契切林具备了优秀外交家的品质，在处理外交事务时既能坚持原则，又能根据具体的情况进行灵活行事。契切林在处理外交事务时，一贯遵循苏俄国家制定的对外政策原则。1920年6月17日，契切林在全俄中央执行委员会上明确指出，苏俄的政策无论是过去还是现在始终如一：同别国政府和平共处，不管他们是怎样的政府。毫无疑问，这个共处原则是建立在有利于苏维埃政权生存和巩固的基础上的，对有悖于这一前提的行为必须给予揭露和斗争。这一原则在热那亚会议上表现得尤为明显。1922年4月10日至5月19日，国际经济会议在意大利热那亚召开。参加会议的有苏俄、英、法、意、比、日等29个国家。苏俄代表团由列宁任团长，外交人民委员契切林任副团长。列宁未出席会议，由副团长契切林代行列宁的权力。热那亚会议是苏俄和资本主义世界外交代表的首次接触，俄共（布）中央和列宁对这次会议十分重视。

在热那亚会议上，苏俄代表团提出了取消俄国以前各届政府的一切债务、普遍裁军和在平等互利基础上与各国建立经济合作的建议。但是，由于英法等帝国主义列强采取了敌视苏俄的立场，苏俄代表在会议召开期间遇到了多方面的挑战。如何借助会上的演讲扭转敌对国的态度及立场就成了其演讲活动的重要目标。契切林在第一次全体会议上的讲话，是在列宁直接指导下完成的，充分体现了俄共（布）中央和列宁的外交路线，反映了苏俄政府为了迅速恢复国民经济所采取的一些措施。这个讲话对研究苏俄建国初期内外政策和当时的国际关系具有一定的参考价值。为了击败协约国孤立苏俄的阴谋，争取苏俄在国际上的地位，根据列宁的指示，契切林在热那亚国际经济会议上开幕式上做了精彩的发言。契切林用法语的演讲引起了与会全体代表极大的兴趣。会议大厅里鸦雀无声，英国首相劳合·乔治双手扶耳，以便更清楚地听到契切林发言。尽管当时受意识形态及国际关系的影响，当契切林演讲结束时并没有听到会场爆发出热烈的掌声，因为有人认为给社会主义国家"鼓掌"不妥当，进而抑制了这种赞美的举动。为了使与会者更容易明白苏俄的立场和主张，契切林撇开译员，又用流利的英语重复全篇发言，并用德文回答讲德语的代表提出的问题。此时，任何人也无法抑制全场的欢呼声了。人们不仅赞赏演说的实际内容，也佩服契切林的语言才能。他的发言震动了整个会议。当时许多国家的参会代表在会议大厅里与苏俄的代表会面，连主教们都和苏维埃代表碰杯，希望与苏俄合作，大家都称赞契切林的辩才。英国《泰晤士报》主笔斯蒂德认为苏维埃代表是"会议的仲裁者"。[1]

（1）开篇。1922年4月10日，会议在意大利热那亚圣乔治宫隆重开幕，各国代表团团长相继在会上发言。下午5时30分，大会主席宣布下一个发言的是苏俄中央执行委员会委员、外交人民委员、苏俄代表团副团长契切林。这是苏俄代表第一次在这样的大型国际会议上亮相，面对这一场面，许多外交人员和新闻记者充满好奇和期待。契切林在一片沉寂之中开始发表他那篇著名的讲话。他在一开始就说："俄国代表团到这里来的目的是为了和平，是为了普遍恢复被长期的战争和战后的政治破坏了的欧洲经济。"[2] 开篇就交代了此行的目的，意在开门见山，先入为主地告诉与会者苏俄此行的目的是寻求和平与发展，而非来吵架和树敌的，进而在交代了本国意图的同时消除他国的顾虑。为突出和加深这一问题，契切林进一步指出："俄国代表团到这里，不是为了宣传自己的理论观点，而是为了在互惠、平等和充分的、无条件的相互承认的基础上，与所有国家的政府以及贸易界、工业界建立务实的关系。"[3]

（2）论证。契切林的演讲在论证上可谓是独具匠心，逻辑运用巧妙。开篇之后，他开始分析世界经济问题以及俄国的观点和将要履行的措施。他说："在目前条件下，世界经济的恢复问题是如此重大和广泛，只有各个欧洲国家和非欧洲国家都具有协调自己行动的真诚愿望，并且准备在必要时作出一些暂时的牺牲才可能得到解决。作为拥有不可计量的自然资源的欧洲最大的一个国家，俄国经济的复兴是普遍恢复经济必不可少的条件。就本身来说，俄国充分准备运用其所能支配的一切手段，促进会议各项任

---

[1] 车吉心. 世界著名外交家传[M]. 济南：山东友谊出版社，2000：715.
[2] 张秉衡. 契切林在热那亚会议第一次全体会议上的讲话[J]. 世界历史，1978：92.
[3] 张秉衡. 契切林在热那亚会议第一次全体会议上的讲话[J]. 世界历史，1978：92.

务的完成，而这样的手段是不少的。"[1] 之后，契切林又具体介绍了俄国在租让土地以及工农业合作等方面将要采取的措施。这一系列陈词逻辑清晰，论证合理，具有令人无可辩驳说服力。这些演讲的深层次目的，则是为了给俄国的经济发展争取国际支援。紧接着，为了给俄国的发展尤其是经济发展争取良好的国际环境，契切林指出，只要欧洲和全世界还处于新的战争威胁之下，而这种战争又很可能比我们近几年经受过的有更大的破坏性和毁灭性，任何旨在恢复世界经济的努力都是徒然的。在这方面，俄国也准备促进和平事业的巩固，因为这在多数国家现行政治、社会制度的范围内是有可能的。俄国代表团拟在会议的下一步工作过程中提出普遍裁军的建议。演讲提出了和平是恢复经济的前提，只有在和平安全的国际环境下才能发展世界经济，否则都是徒劳的。然后代表俄国首先表态，提出了普遍裁军的计划以及不希望任何方面攻击干涉俄国内政。这样一来，层层递进，效果逐渐增强。这个演讲有力地戳穿了那些有意孤立苏俄的阴谋，充分体现了俄共的外交路线，并为苏俄发展经济争取了机会。

（3）结尾。最后，契切林对于会议本身提出了看法及设想："就我们的意见来说，全面和平的确立，要在各民族完全平等并承认它们有权决定自己命运的基础上召开世界大会才能实现。我们认为，这种会议的代表制度应当改变……俄国政府甚至准备以接受过去列强为调整国际关系达成的协议作为出发点，对它们进行必要的修改，同时准备参加国际联盟章程的重新审订，以使它成为世界各国人民真正的联合组织。在这个组织中既没有一些民族对另一些民族的统治，也没有目前还存在的战胜者与战败者的区分。"[2] 之后，契切林又具体指出俄国应对经济发展所认为应该采取的措施。在总结部分中，契切林指出，他所提到的，只是俄国代表团在可能的情况下会提出的建议的基本点。他认为需要再一次强调指出，作为共产主义者，俄国对于在目前总的现实情况下是否能真正消除发生战争和经济危机的原

---

1 张秉衡. 契切林在热那亚会议第一次全体会议上的讲话[J]. 世界历史，1978：92.
2 张秉衡. 契切林在热那亚会议第一次全体会议上的讲话[J]. 世界历史，1978：92.

因，自然不会抱有特殊的幻想。但是为了俄国和整个欧洲的利益，为了遭受经济失调所带来的贫困与痛苦的千百万人民的利益，俄国从自己这方面准备参加这项总的工作，并支持一切旨在改善世界经济和消除新战争威胁的尝试。俄国准备支持其他国家在这方面的一切有进步意义的提案。这样一来，不仅有效表明了俄方的观点，而且把俄国和整个欧洲联系在了一起，直接或间接地凸显了俄国的发展和所求符合全欧洲人民的利益，而且是为和平和发展所作出的努力，因此是应该得到支持和提倡的。

从开篇表明态度，到中间立论说理，再到结尾的升华，契切林的这篇演讲布局谋篇得法，逻辑性强，结构合理，说理透彻，在把苏俄同欧洲乃至整个国际社会命运联系的过程中，阐述了苏俄的发展对整个欧洲乃至世界的意义。立意深刻，语义表达充沛，感情饱满，具有很强的表现力和感染力。

（二）烘托和造势

1945年7月，英国举行大选，保守党在选举中遭到惨败，丘吉尔被迫辞去首相职务。1946年1月16日，应美国总统杜鲁门之邀，已经下野半年多的丘吉尔以个人身份前往美国进行访问。3月5日，丘吉尔在美国总统杜鲁门的陪同下，在美国密苏里州富尔顿威斯敏斯特学院（杜鲁门的母校）发表演说。这一被杜鲁门称为"和平砥柱"的演说在一开始就对美国的民主、经济和军事力量大加赞扬，称美国此时此刻正"高踞世界权力的巅峰"，并负有"令人敬畏的责任"。这种责任的出现是因为"盟国的胜利所照亮的大地，已经罩上了阴影。""从波罗的海的什切青到亚得里亚海边的里雅斯特，一幅横贯欧洲大陆的铁幕已经降落下来。""华沙、柏林、布拉格、维也纳、布达佩斯、贝尔格莱德、布加勒斯特和索菲亚，所有这些名城及其居民无一不处在苏联的势力范围之内，不仅以各种形式受到苏联的势力影响，而且还受到莫斯科日益增强的高压控制。"丘吉尔攻击苏联所追求的目标是"权力和主义的无限扩张"，他指责共产党在世界各地的活动构成对基督教文明日益严重的挑衅和危险。

丘吉尔的富尔顿演说如重石激水，使本来就不安静的水面更起波澜，"铁幕"后来被作为社会主义国家的代名词。这一说法被认为是第二次世界大战后西方领导人第一次公开发出的"冷战"信号。美国政府利用丘吉尔的演说,吹响了"冷战"的号角。英国《泰晤士报》称:这次讲话是"一个极其重要的事情",为美国提供了"一次机会"。英国广播公司的法语广播说,丘吉尔战前谴责的是纳粹危险,而现在谴责的是俄国危险。费边社的创始人之一萧伯纳甚至认为,丘吉尔富尔顿演说无疑是一份非正式的对俄宣战书。当然,反应最强烈的还是受攻击者苏联。斯大林在同《真理报》记者谈话时认为,丘吉尔的演说是危险的行动,其目的是要在盟国中间散播纠纷的种子,使它们难于合作……实际上,丘吉尔先生现在是站在战争挑拨者的立场上,而且丘吉尔先生在这里并不是孤独的,他不仅在英国有朋友,而且在美国也有朋友。与此同时,斯大林也清楚地告诉西方,如果丘吉尔及其西方盟友要发动一场反对苏联和东欧的新战争的话,"可以肯定地说,他们将像26年前一样被击败。"[1] 从各国对此事的反应可见,丘吉尔富尔顿讲话成为西方国家对苏联实行"冷战"的信号。

(三)突出双方的共同点

周恩来总理作为20世纪杰出外交家,具有举世公认的运用外交语言才能。周恩来总理的许多外交演讲堪称外交演讲的典范,其中在亚非会议全体会议上的发言就是一篇外交演讲史的经典之作。1955年,亚非29个新兴独立国家首脑聚集在印尼万隆召开会议,周恩来总理率领中国代表团出席大会。4月19日,在万隆会议上,针对西方国家对新中国的造谣中伤,周恩来总理在原来书面发言的基础上,做了一个补充发言,这就是非常著名的"万隆演讲"。针对会议出现不利局面和个别国家对中国的发难,周恩来总理在他的演说一开始就开门见山地指出,"中国代表团是来求团结而不是来吵架的",紧接着又指出:"中国代表团是来求同而不是来立异的。在我们中间有无求同的基础呢?有的。那就是亚非绝大多数国家和人民,自

---

[1] 斯大林文选(1934—1952)[M]. 北京:人民出版社,1962:468.

近代以来都曾经受过并且现在仍在受着殖民主义所造成的灾难和痛苦。这是我们大家都承认的。从解除殖民主义痛苦和灾难中找共同基础，我们就很容易互相了解和尊重、互相同情和支持，而不是互相疑虑和恐惧、互相排斥和对立。"[1]这样一来，以"求同存异"的理想，准确地突出了双方的共同点。

通过突出亚非国家的共同遭遇，周恩来总理号召大家应该团结起来，互相支持，并借此希望寻求新的友谊。之后，周恩来也诚恳地谈到亚非国家中存在的不同之处，如思想意识和社会制度的不同、宗教信仰的不同等。周恩来说："我们应该承认，在亚非国家中是存在有不同的思想意识和社会制度的，但这并不妨碍我们求同和团结。"[2]周恩来的演讲不回避矛盾和差异，而强调共同点，突出共同点，更显真诚、大气，具有高瞻远瞩的精神，因而也就更有说服力和感染力。

（四）对受众（合作方）的赞誉不可缺少

对受众的赞誉是对受众积极正面的肯定，也是拉近彼此距离的手段。丘吉尔的"铁幕演说"对美国在当时国际地位的赞誉可谓非同一般：美国"此时正高踞于世界权力顶峰"，美国需要考虑"永久制止战争和尽速在一切国家为自由和民主创造条件的问题""现在需要的是作出解决问题的安排"。丘吉尔建议西方国家，尤其是讲英语的国家团结在一起，利用美国的军事实力，抑制苏联和共产主义。他主张成立美英军事同盟，配备一支国际武装力量，反对所谓铁幕后的国家。丘吉尔主张"各英语民族同胞手足一样的联合""这种联合就是以英联邦与帝国为一方，和以美利坚合众国为另一方建立特殊的关系"。联合的目的乃是反对苏联和受其影响下的日益增长的社会主义革命。

---

1 中华人民共和国外交部，中共中央文献研究室.周恩来外交文选[M].北京：中央文献出版社，1990：121.
2 中华人民共和国外交部，中共中央文献研究室.周恩来外交文选[M].北京：中央文献出版社，1990：122.

1979年8月27日,时任美国副总统沃尔特·弗·蒙代尔在北京大学演讲。他说:"北京大学曾经几次成为历史的新起点,因此在这里作演讲是象征我们两国关系最好的地方。北京大学以及你们所代表的其他著名院校的历史集中体现了现代中国的历史。中国在20世纪的几乎每一个转折点,都是以北大为中心的。"[1]蒙代尔的演讲突出了他对北大进而对中国历史的了解,拉近了与受众之间的距离,同时凸显了北京大学的重要性。在接下来的演讲中,他列举了"五四运动""一二·九运动"以及"四个现代化",并且有效地把这些与北京大学有关的历史都同中美关系联系起来。"60年前'五四运动'就是在北京大学开始的,这个运动开创了一个史无前例的思想活跃的时代。从那时起,人们致力于发展中国文化和社会现代化。它建立了东西方文化交流的新场所。那种互相尊重的精神是我们今天文化合作的基础。44年前,'一二·九运动'在北京大学激发了一代的青年学生起来反抗外来侵略。那次运动关于争取国家主权和反对侵略的主张也是我们今天政治合作的基础。今天,当中国面向未来的时候,又是北京大学和贵国其他研究中心正在带头搞'四个现代化'。你们进行建设的目标同美国的利益密切相关,这就为我们进行持续的经济合作提供了基础。"[2]

这些本来是中国的一些重大的历史事件和转折点,但是蒙代尔在演讲中把这些中国人民熟知的事件重新推上了一个又一个高度,从历史的角度昭示中美之间合作具有深厚的政治、历史、经济、文化合作基础,并对中美双方尤其是中国具有重大的影响。蒙代尔的这段话,高度赞扬了北京大学在中国的地位,凸显了中美合作重大意义。之后,他对于中美建交后关系的迅速发展,以及两国所取得的成就做出了肯定:"你们在各方面力量的增长是符合我们双方政治利益的。因为这会有助于遏制那些想要把自己的意志强加在你们身上的人的行动。20年代和30年代有人想使中国保持软弱,这种做法使整个世界变得不稳定。许多年间,中国成了列强角逐的焦

---

[1] 唐燕,马欣,曹建斌.外国政要在华演讲纪实[M].长沙:湖南人民出版社,2001:84.
[2] 唐燕,马欣,曹建斌.外国政要在华演讲纪实[M].长沙:湖南人民出版社,2001:84.

点。但是，一个充满信心的中国能够有助于维护这个地区的和平……因此，加强我们之间的经济、文化和政治关系不仅对贵国的安全，而且对全世界的和平，都有重大的战略意义。"[1]上述内容一再强调中国是一个有发展潜力的国家，中国的发展是美国所希望看到的，是符合双方利益的，是双赢的。对中国受众而言，在获得一次又一次的激励之后，自然增加了对演讲者的好感及对其所倡导观念的认可程度。

（五）准确阐明自己的立场

准确阐明自己的立场是外交演讲最基本要求之一，也是开展外交活动的重要原则。1955年4月19日，周恩来总理在亚非会议全体会议上的演讲中，十分明确地阐述了中国"求同存异"的外交方针。这一方针对促进亚非国家的团结，特别是使会议朝着正确方向的发展并最终取得圆满成功起了巨大作用，受到与会者一致好评。关于如何求同，如何解决相关的问题，周恩来同样给予明确的回答："五项原则完全可以成为在我们中间建立友好合作和亲善睦邻关系的基础""宗教信仰自由是近代国家所共同承认的原则……中国是有宗教信仰自由的国家""中国境内有几十种少数民族共4000多万人……在中国境内各个少数民族都有他们的自治区……中国少数民族在中国境内实行自治权利。"[2]同时，在陈述中国各项政策的部分，周恩来总理用了三个反问句来加强讲演效果。"为什么在亚非国家的大家庭中就不能将有宗教信仰的和没有宗教信仰的人团结在一起呢？……我们反对外来干涉，为什么我们会去干涉别人的内政呢？……中国少数民族在中国境内实行自治权利，如何能说威胁邻邦呢？"[3]而反问句的作用就在于表面看来是疑问的形式，实际上表达的是肯定的意思，使得语气加强。一连串的反问，

---

1 唐燕，马欣，曹建斌.外国政要在华演讲纪实[M].长沙：湖南人民出版社，2001：87-88.
2 中华人民共和国外交部，中共中央文献研究室.周恩来外交文选[M].北京：中央文献出版社，1990：122.
3 中华人民共和国外交部，中共中央文献研究室.周恩来外交文选[M].北京：中央文献出版社，1990：123.

能够表达出演讲者强烈的感情色彩，使语气更加有力，掷地有声。在反问句的推压下，对所阐述的观点更能给人以鲜明的印象，从而使中国的外交立场、原则和政策更加凸显出来。周恩来在结语部分说："我们没有竹幕，倒是有人在我们之间施放烟幕。"[1] 语言生动，幽默风趣，但却含意颇深，尽展周恩来总理卓越的语言魅力。

1979年8月，美国副总统蒙代尔访华时告诉中国领导人，美国将放弃在诸多经济问题上与中苏之间寻求"平衡的政策"。8月27日，他在北京大学的演讲中指出，美国正在采取重要步骤来推进两国之间的经济关系。他列举了四项计划：第一，卡特总统决定向中国提供最惠国待遇，并于1979年底前将《中美贸易协定》提交给国会审议。第二，两国将签订一项发展中国水电事业的协定，美国将以补偿贸易的方式帮助中国发展水电事业。第三，美国准备以个案处理的方式让进出口银行向中国提供总额20亿美元的贷款。第四，卡特政府将通过提供私人海外投资公司担保的办法，鼓励美国企业界向中国投资，并且寻求国会授权。蒙代尔详细地列举美方为推进双方经济关系正在采取的重要步骤，旨在说明美方对于合作的诚意以及努力，明确了美方的政策取向。"就中美关系而言，这意味着我们尊重伟大的中国人民对两国关系所作的特殊贡献。尽管我们两国的制度有时产生深刻的分歧，我们决心同你们一道发展我们在战略和双边关系方面的许多平行利益。因此，任何国家如果想要在世界事务中削弱或孤立你们，它的立场就同美国的利益相对立。唯其如此，美国实现了与贵国关系的正常化；唯其如此，我们必须努力扩大和加强我们新的友好关系。"[2] 这样，蒙代尔就等于向全世界宣告，中国是美国的友好国家，中美两国将发展战略关系，反对中国就是反对美国。在此以前，从来没有一位美国领导人做过这样明确无误的宣示。蒙代尔访华是继邓小平访美之后中美关系发展史上具有重要影响的外交活动，它为中美关系的进一步发展注入了新的强大推动力。

---

1 中华人民共和国外交部，中共中央文献研究室. 周恩来外交文选 [M]. 北京：中央文献出版社，1990：125.
2 唐燕，马欣，曹建斌. 外国政要在华演讲纪实 [M]. 长沙：湖南人民出版社，2001：86.

（六）经典名句的引用及创造

经典名句简单明了，富于哲理，概括性强。在人类发展的历史长河中，经过几千年的运用，经典名句语义成熟、稳定，其所表达的哲理认可度高，具有说服力，有一句胜百句的功力。在演讲中有意识地引用对方的成语、名言、典故、诗词和神话故事等来阐述某种观点或政策，在表达尊重和了解对方同时，使得演讲更加生动、深刻，增强演讲的感染力和说服力。

周恩来总理在其演讲中运用经典名句的地方很多，如在亚非会议全体会议上发表的补充发言中，针对一些国家提出的所谓中国"颠覆活动"的问题就运用了经典名句。周恩来指出："中国人民为反对殖民主义所进行的斗争超过 100 年……中国人民在帝国主义、封建主义和蒋介石统治下所受的苦难是数也数不尽的，最后才选择了这个国家制度和现在的政府。中国革命是依靠中国人民的努力取得胜利的，绝不是从外输入的，这一点连不喜欢中国革命胜利的人也不能否认。"接着周恩来引用中国古话"己所不欲、勿施于人"来说明深受侵略颠覆之害的中国是决不会侵略颠覆别国的。他说："中国正在受着美国政府公然不讳地进行颠覆活动的害处。大家如果不信，可亲自或派人到中国去看。我们是容许不知真相的人怀疑的，中国俗语说：'百闻不如一见'，我们欢迎所有到会的各国代表到中国去参观，你们什么时候去都可以。"[1] 在此引用"百闻不如一见"这个经典名句，来表示欢迎不了解或怀疑中国的与会国人士到中国去访问，概括性强，说服力强。

1979 年 1 月 1 日，中美两国正式建立外交关系，从而结束了长达 30 年之久的不正常状态。这是在美国政府接受中方提出的，要求美国与台湾"断交、废约和撤军"建交三原则情况下取得的成果，是两国关系史上具有里程碑意义的大事，并由此开启了两国关系的新篇章，对国际形势和世界格局产生了重大而深远的影响。1979 年 8 月 27 日，美国副总统蒙代尔在北大演讲中，一开始就说："我们两国分隔了近 30 年，但是自古以来互相交往

---

[1] 中华人民共和国外交部，中共中央文献研究室. 周恩来外交文选 [M]. 北京：中央文献出版社，1990：124.

的渴望把人类团结起来。它促使我们再一次寻找我们之间的共同点。1000多年以前贵国的一位诗人写道,'欲穷千里目,更上一层楼',我们现在正在一起更上一层楼。"[1]在这段话里面,蒙代尔引用了"欲穷千里目,更上一层楼"的诗句,来表示中美两国应站得高,才能望得远。在演讲结束部分,蒙代尔说道:"西奥多·罗斯福总统曾经说过:'当任何一个国家变得稳定和繁荣,能够在自己境内保持和平,强大得使别人不敢侵犯时,这对于其他国家来说只有好处,没有坏处。我们衷心地希望中国进步。只要我们能用和平的和合法的方法促进这种进步,我们将尽我们的努力去做。"[2]通过引用罗斯福总统的话,借以表达自己的观点,凸显美国合作的诚意以及希望中国进步并全力帮助中国的意愿。

---

1 唐燕,马欣,曹建斌. 外国政要在华演讲纪实[M]. 长沙:湖南人民出版社,2001:83.
2 唐燕,马欣,曹建斌. 外国政要在华演讲纪实[M]. 长沙:湖南人民出版社,2001:92.

第十二章　外交诗赋语言

不学诗无以言。诗是一种用高度凝练的语言、充沛的情感以及丰富的意象表现人类社会生活和精神世界的文学体裁。在外交领域,借助诗赋语言可以表达外交政策的目标取向、悲喜好恶的情感、态度及不便表达的立场。

"毛主席写过:'多少事,从来急;天地转,光阴迫。一万年太久,只争朝夕。'现在就是只争朝夕的时候了,是我们两国人民攀登那种可以缔造一个新的、更美好的世界伟大境界的高峰的时候了。"尼克松总统在祝酒词对毛泽东主席诗句的运用恰当、准确,契合了中美关系改善的语境,被誉为外交诗赋语言的经典之作。

上图为 1972 年 2 月 21 日,在周恩来总理举行的欢迎美国总统尼克松访华的宴会上,尼克松在发表祝酒词。

外交语言作为应用于外交领域的特殊语体，具有其独特性。为了优先保证国家利益和目标在波谲云诡的外交环境中得以维护与达成，就需要使用富有技巧的外交语言。外交语言中的诗赋语言明显带有有意选择的痕迹，这些语言可以用顺应论来解释。因此，本文试图从顺应论来探究诗赋语言对于外交语言的影响。

一、外交诗赋语言的概念

尼克尔森在《外交》一书中赋予外交语言三种含义：第一种，外交语言是指外交官在彼此交谈与互致信函中所使用的具体语言——拉丁语、法语、英语；第二种，外交语言指外交领域所特有的专门词汇，如 detente（缓和）、communique（公报）、note（照会）等；第三种，外交语言最普遍的含义是通常所说的那种能够使外交官措辞犀利而不失谨慎和文雅的外交辞令。[1] 从一般意义上来讲，只要出现在国家对外交流活动中的语言都可以被认为是外交语言。

诗词歌赋是人们对于中国文学各类体裁的一个统称，它包含了中国传统文学的主要体裁和形式。诗赋，是中国传统格律诗、词曲、歌曲、骈赋甚至古文的一个概称。外交诗赋语言是指在一切涉外场合，借由外交对象国或本国的文学作品，常以诗词歌赋，有时亦用名言警句作为媒介，表达自身立场态度、传递信息的言语方式。

二、外交诗赋语言中的顺应体现

诗赋作为一种语言，需要遵循格律、平仄和字数等体裁上的要求，但它本质上依旧是人与人之间交流的工具。同其他语言一样，外交诗赋语言也具有一般语言在语用学范围内规定的变异性、商讨性、顺应性。

---

[1] H Nicholson.Diplomacy[M].Oxford University Press，1963：21.

（一）变异性

变异性泛指发话人在向受话人传达信息的过程中，有意识地选择和使用所有可能被选择的表达方式或话语形式，从而导致语言形式的变化。语言的变异基本上包括三种，即地域变异、社会变异和功能变异。语言变异的类型可分为代码转换和借用。众所周知，在英语或汉语中，人们对于同样一件事都不仅仅只有一种表达方式。例如，关于禁止吸烟一事，汉语可以表述为书面化标识语类的"禁止吸烟"，或者较为口语化的"别抽烟了"等；英语可以表述为"No Smoking"（禁止吸烟）、"Non-smoking Area"（无烟区）等。语言的变异性说明，任何语言在实际运用活动中可以因时而变，因事而变，从而获得不同的表达效果。一些司空见惯的禁止用语因缺乏新鲜感而被冷落，故换之以充满中华文化人情味的新的表达方式。[1]语言本身的变异性是引起信息接收者注意的主要原因。

上述语言的变更在外交场合中也经常发生。外交语言作为专业性语言和独特的语码系统，在开展外交活动过程中往往有着自成一派、被国际社会所认可的表达方式。例如，法国当地时间2017年3月26日，巴黎警察入室射杀中国公民刘某，引起在法华人的愤怒和对自身安全的担忧。外交部发言人华春莹在新闻发布会上表示，中国对此高度重视，已经采取了多项相关措施。此处的"高度重视"，同"对某某事表示遗憾痛心"与"对某某事强烈谴责"一样，是典型的外交表达方式。由于实际情况的限制，发言人必须在语言使用上保持克制和礼貌，在为国民维护权益的同时也需要考虑国际影响，所以"高度重视"的表述已经体现了中国政府对此事关切之强烈。

从另一个方面来说，对于高度雷同的外交辞令，不谙此间真谛的普通观众，甚至是外交人员往往觉得十分乏味，继而忽略和无视发话人的表达。

---

[1] 谢朝群，陈新仁. 语用三论：关联论·顺应论·模因论 [M]. 上海：上海教育出版社，2007：70-71.

因此，长时间使用外交辞令，不利于国家和政府对于自身正当意愿的有效传达。这时，依据当时语境选择"适切方向"，顺应语言的变异性，进行有特色的表达，对于唤起受众注意有特殊的效果。譬如，2015年10月20日，中国国家主席习近平在英国议会大厦发表演讲，在谈到涉及中英关系话题的时候，引用了莎士比亚的诗句"凡是过去，皆为序章"，有意将对中英关系的展望和期许，从外交辞令变异为一个意味深长的英国诗句。这更加唤起了英国人的兴趣，使台下的英国听众倍感亲切，获得了人们的赞许。习近平主席此次语言的应用，就是顺应语言变异性的良好体现，即有意地选择并使用在当时语境下能够被选择的、最合适的表达方式和话语形式（莎士比亚的诗句），让话语因时而变，因事而变，最终获得良好的表达效果。同时，这种语言的变异在形式被选择的瞬间就排除了其他的语言选项，变成唯一和特殊的语言表达。所以，语言的变异性既是语言本身的结构属性，又是语用策略层面的理论体现。

由于变异性的作用，发话人在说话时就已经对语言进行了选择，同时也摒除了其他的说话内容（因为人类所用的语言是单一表述的，不可能同时说多句话）。但这并不意味着话语表达之后无法变异与更改。这种随时变化的选择在共时和历时的维度上都是多样且灵活的，但这并不代表当满足语言变异性以后，就一定会获得最好的表达效果。

(二) 商讨性

语言的商讨性是由语言的变异性演化而来的。因为"语言交际过程中任何一个层面上的选择都不是'按某种机械的方式或按严格的规则或形式——功能间的固定关系作出的，而是根据具有高度灵活性的原则和策略作出的'"[1]。语言有了变异性，才有商讨性。变异性呈现出语言在使用过程中的"可选择状态"。这种"可选择状态"是不稳定的，话轮完成后的表达效果也不一定最佳。而商讨性强调了当发话人和受话人在作出选择完成一

---

[1] 李捷，何自然，霍永寿. 语用学十二讲 [M]. 上海：华东师范大学出版社，2011：134.

个话轮之后，并不是无法改变既有的选择，而是可以不断协商的。这就意味着交际的参与双方可以随时引导交流活动向着某个方向进行具有能动性的变化。换言之，商讨性也意味着如果受话人没有确定理解发话人的意图，是可以进行询问从而确定语言表意的。商讨性也可以理解为语言在"可选择状态下的动态稳定"，即为了弥补变异性引发的现实交流的不确定性，就需要协商来解决这种不利于表意和理解的情况，从而在动态的环境里完成交际活动，同时也保证话轮的完成度和稳定性以及交际活动中信息的准确性。

商讨性的存在也为外交活动中的斡旋折冲提供了理论支持和归依。外交事件产生的原因都不是单一的。一个外交事件的产生、发展直至终结，在一定程度上来说仿佛是一只"薛定谔的猫"。外交人员无法立即确定事态走向，就需要通过外交语言这种"折冲斡旋之辞"为国家争得时间，通过商讨性改变话语的使用，引导交际的路径，以保证能获得有利于自己国家利益的外交理解。

根据外交活动的实际需要和一些具体的语料例证，我们可以将外交语言的模糊现象理解为外交语言商讨性的有机体现。例如，基辛格在中美建交前曾作为美国总统的代表先期和周恩来总理进行会晤，在谈到台湾问题时，基辛格提出，"美国承认，在台湾海峡两边的所有中国人都认为只有一个中国，台湾是中国的一部分。"基辛格借助这种模糊的表达隐晦地否认了"台湾是中华人民共和国的一部分"，保留了美国在台湾问题上的回旋余地，实际上维护了美国在台海的不正当利益。而周恩来总理出于当时的实际国情和国际局势，将美方这种观点模糊地看成了一种"发明"，为中国今天在台湾问题上的后发制人创造先机，不失为一种韬光养晦的好策略。基辛格与周恩来总理的"一来一回"，完美解释了商讨性的定义。换言之，商讨性即是一种为了交际顺利进行而存在的方式，它保证了交际的稳定和顺利。变异性更加强调瞬间的选择和单位数量语句的变化情况，而商讨性更加强调交流的过程。

（三）顺应性

顺应性是顺应论的核心观点之一。顺应论由比利时著名语言学家维索尔伦提出，是大陆学派的代表理论之一，属于宏观语言学的范畴。顺应论常常将语言学理论放在社会和政治的大环境下整体观照与考量。维索尔伦认为，人类的语言受到内外部因素和自身意识的共同影响，呈现出不同的状态和形式，即语言使用者在不同的语境下，必须自觉地选择适合语境的语言手段以实现发话人的交际目的。顺应论可以从两个层面理解：一是将其看作语用学学科性质的理论，认为语用学实际是对于语言顺应性的研究；二是顺应论认为语言的顺应是一个过程。为了完成交际目的，需要对语境和交际的对象进行"顺应"，即顺应论是一种人类对于语言使用过程中对具体的需要进行满足的理论。

以维索尔伦的观点来看，顺应性的等级更高，影响也更深刻，是一种双向语言属性。但是，我们不能简单地将顺应性定义为一种"性质"。维索尔伦认为，顺应性使人们得以从一系列范围不定的可能性中选择可协商的语言和策略，以便逼近交际所需要达到的满意位点。[1] 维索尔伦定义的"范围不定的可能性"，即指变异性；"可协商的语言和策略"，即指商讨性。从维索尔伦对于顺应性的定义来看，变异性和商讨性的存在是为了最后的"顺应"。顺应性与变异性和商讨性起效的时间是同时的，而非先完成变异性和商讨性，再完成顺应性。相对于在交际过程中必须考虑的，类似于"步骤"的变异性和商讨性，顺应性是贯穿在交际活动始终的，类似于"结果和目的"的一个理论概念。它服从于实现最终的交际意图和准确地传达信息。于是，我们才说顺应性的等级更高，影响也更深刻。顺应性的双向表现在以下两方面：①语言需要顺应语境，即中国的俗语所讲的"到什么山上唱什么歌"，不同的语境下需要使用和该语境相适应的一套语体和语码系统。②语境也需要顺应语言的选择，换句话说，语言也决定了语境的呈现效果，在不同程度上对语境产生影响。

---

[1] 维索尔伦. 语用学诠释[M]. 钱冠连，霍永寿译. 北京：清华大学出版社，2003：124.

三、外交诗赋语言的实践运用

吟诗、引诗、赋诗、和诗，这些都是中国古代文人阶层生活中必不可少的组成部分。春秋时期的中国人往往将寒暄酬答等外交目的寄寓于诗中，使外交语言有礼有利有节，又富有深意。自古以来，诗歌作为外交语言中不可缺少的部分广泛存在于国家的外事活动中。

从 1949 年开始，新中国的成立开辟了中国现代自主外交的阶段，中国对外交往的语言使用有了新的变化。根植于中国深厚博大的诗词文化伴随新中国外交的开展逐渐走向外交舞台。从毛泽东主席到习近平主席的中国各代领导人都善于用诗赋表达外交目的，以维护国家利益。温家宝总理是中国领导人中较为喜欢使用诗词名句表达外交意图的人之一。他的诗词引用言简意赅、准确精巧，被英国媒体认为是继毛泽东之后能在对外场合中展示自己诗词造诣的领导人。作为一次重要的外事活动，每年全国人民代表大会的政府总理答记者问环节，是总理作为政府代表面对中外媒体和记者统一回答关于中国政策问题的官方渠道，也是中国政府和领导人形象在世界面前的展示。

语境是研究语言重要的分析维度之一，是研究外交语言和顺应论关系的有力武器。所谓语境，是指人们交流过程中面临的各种环境，也可以理解为影响语言选择使用的一切因子，包括交际语境（communicative context）和语言语境（linguistic context），前者属于非语言的，后者属于语言的。作为语境的焦点和中心，发话人和受话人由于多种角色的存在，决定了其语言的选择和顺应也是多方面。

有时，我们常在交流中引用他人的话。此时听到的信息并不是来自发话人本身。发话人实际只相当于一个信息的"转述者"。2008 年 3 月 18 日，在十一届全国人大一次会议记者招待会上，在回答《人民日报》记者关于控制物价增幅问题时，温家宝总理（发话人）引用了文言语句"事不避难"[1]。

---

1 伍立杨，董纯进. 总理发言详解：温总理引用古诗词出自何处 [J/OL]. http://www.china.com.cn/book/txt/2008-03/20/content_13167134.htm.

这个语句是由孟子的原文转化修饰而来,非发话人本人独立创造。这种转述行为(reporting)将发话人的话语行为变成了古人的民本思想和今日人民的需求之间的媒介,从而机智且文雅地回答了记者的问题。

和发话人在同一交际语境中承担多重角色一样,受话人在同一交际语境中也承担着多种角色。温家宝总理的引用在当时的语境下指向受话人包含着三部分:提问的记者(实际受话人)、其他国内外记者(近旁参加者)和电视观众(旁听者)。对于提问的中国记者来说,温家宝总理用文言文话语婉转地回答了问题,由于记者和温家宝总理都具备中国古典文学的知识,因此容易实现其话语准确含义的表达和理解;对于其他参会的外国记者来说,通过诗赋语言的引用既体现了中国领导人博学强识、温和儒雅的个人形象和礼仪之邦的国家形象,也符合外交语言模糊委婉的要求和构建中国话语的考虑。同时在翻译的过程中,将"忧"和"行"用从句形式翻译为"preoccupy"(专注于/全神贯注于某事)和"address"(解决/处理问题),既符合英语的表达习惯又帮助域外文明对文言文的理解;对于不在发布会现场的普通电视观众来说,温家宝总理的引用实际传递了"政府看到了社会的诉求,将尽快为人民解决问题"的含义。

(一)诗赋语言结构顺应的动态过程

从微观角度来说,顺应实际上是一种动态过程,在结构和内容上体现了发话人的语言策略,它包含语言本身、语音、语码和语言风格的运用和呈现等。在外交语言中采用诗赋语言主要是一种语言本身的顺应,它顺应了外交语言委婉含蓄的特点以及外交活动的礼貌要求。诗赋语言作为一套有别于其他外交语言的语码系统,是有意将外交语言"窄化""异化",借助诗歌的"言外之意"顺应非语言语境(外交规范)的过程。

2007年3月16日,在第十届全国人大五次会议中外记者见面会上,台湾记者就海峡两岸关系向温家宝总理提出:2008年也是关键的一年,我们看到,在北京有奥运,在台湾有大选,对于未来的两岸关系,总理您的期待和看法是什么?对此温家宝总理作出这样的回答:"我们密切关注着台湾分裂势力在'台独'的道路上所采取的种种行动和他们分裂的图谋。我们绝不允许改变台湾自古以来就是中国领土不可分割的一部分的历史事实和国际公认的法律地位……台海两岸和平发展是大势所趋,是任何人无法改变的。沉舟侧畔千帆过,病树前头万木春。"[1] 由此可见,语言策略的顺应,就是要在考虑到词汇语法意义的同时,平衡话语的表面义与隐含义,在不损伤语境关系的情况下准确达意。从外交语境来看,在这个例子中温家宝总理首先以严厉的措辞,表达了中国政府反对"台独"的坚决立场,语言的显性意义直接且刚硬。考虑到记者实际上是要温家宝总理对未来两岸关系做展望,因此回答问题的态度要积极友善、温和友好,拥有对两岸关系日趋向好的期盼。诗歌代表了一种特殊的意义生成和表达方式。使用诗歌作为交际的媒介,是因为古典诗歌有"缘情言志"的特点,有利于顺应礼貌原则,使表达得体,维护了台湾方面的面子。需要指出的是,温家宝总理所选用诗歌的意象指代也符合外交语言礼貌得体的特点。温家宝总理引用的"沉舟侧畔千帆过,病树前头万木春"诗句中,"沉舟""病树"借喻两岸之前的龃龉,"千帆""万木春"回答了两岸关系健康发展的未来,平衡了外显表达和内隐表达的关系,完美地回答了台湾记者的问题。

(二)社会文化与外交诗赋语言的形成

语言是文化的体现,是文化传承的符号。语言区分了民族与民族、族群与族群,自我与他者。母语相同的人往往在人文基础价值观、社会心理认知等方面有着共同之处。这种通过母语语言所建构的精神相似性,可以看作是文化认同的一个侧面。同时,语言在一定基础上标志着一种明显的隔离,即人们通过语言的不同来区分不同的文化种群,进而用民族专属的语言来保证该文化的独特性和安全性。

由于历史的原因,中华文化经过多民族的融合及受自身历史文学传统的影响,形成了含蓄多样、深博宏富的特点,体现在汉语上则表现为中国

---

[1] 中国新闻网.温家宝:密切关注着"台独"分裂势力的种种行动[J/OL].http://www.chinanews.com/gn/news/2007/03-16/89313.shtml.

独有的象形会意的汉字符号系统。"文以载道，诗以言志"。加之善于借喻，意象恢宏的文学语义系统和四声发音系统，使中国汉语的表意方式和手段丰富多样。这些在中国人血脉里的文化，决定了中国的外交语言在普遍的"外交辞令"之外，有诗赋语言这种独特的表意方式。诗赋语言帮助外交参与者区别内群体成员（member of in-group）和外群体成员（member of out-group）的不同，强化社会和群体认同，进而保证信息传递的安全性。

中华文化原生的表意方式，在现代外交的语境下被有意识地重新唤醒。从语用学理论上来说，中华文化的表意方式是顺应语用学顺应论的需要；从外交环境上来说，中华文化的表意方式是顺应中国自主外交，维护国家利益的创新之举。

中国社会和古典文化激发了外交诗赋语言的形成，而新时代外交需要促进了诗赋语言的新生。诗赋语言让外交变得有中国特色，独树一帜。在符合语用策略的基础上，诗赋语言也使外交语言变得更加丰富多彩，增强了外交语言的表现力。与此同时，诗赋语言也让外交语言变得更有新意，更容易唤起公众注意。

中国领导人、发言人在正式的外交场合中，将中国古典诗词歌赋灵活运用，进化为符合现代外交事务要求的、科学的诗赋语言，有力地向世界昭示了中华文化的深邃和中国礼貌克制的大国形象，清楚地展示了大国外交的不卑不亢。诗赋语言的使用，有利于中国政府在世界层面上宣传中国形象、发扬中华文化、构建中国对外话语权。就学术研究而言，诗赋语言的使用作为一种鲜活的语料实例，证明了顺应论的科学性和对于交际活动的指导作用。对中国外交诗赋语言的分析研究可以为中国的外交语言使用提供一定的借鉴。与此同时，对诗赋语言的研究丰富了语用学关于顺应论的研究，有利于加深人们对顺应论的理解，具有多方面的学术价值。

第十三章 语言博弈的策略及手段

　　从拉丁语、法语到英语，一种语言在国际社会的应用范围及其影响程度，伴随着主权国家实力的变化而发生重大的改变，而借助语言开展外交活动，维护自身语言在外交领域的地位构成了语言博弈的重要内容。在欧盟春季首脑会议上，欧盟商业游说团负责人、法国商界领袖塞埃从说法语变成说英语之后，时任法国总统希拉克、法国外长杜斯特－布拉齐以及财政部长布雷东离开了会场，直到塞埃发言完毕之后才返回会场。塞埃解释说，他转而说英语的原因是英语是"商务语言"。

　　上图为 2006 年 3 月 23 日在布鲁塞尔召开的欧盟春季首脑会议开幕式上，法国总统希拉克因塞埃在会上讲英语而离开会场以示抗议。希拉克愤然退场行为被人们解读成"语言爱国"。

外交语言是一个国家用来对外表达政策，捍卫本国利益的重要工具。在复杂的国际形势下，灵活运用外交语言为本国争取更大的利益是对外交人员的基本要求。本文将引入博弈论的模型，试图探讨语言博弈的基本内涵、策略选择和常见的手段。由于使用博弈论的基本假设前提是双方为独立而理性的个体，因此本章所探讨的"语言博弈"，仅包括国家代表与国家代表之间的对话所产生的"语言博弈"，排除其他非理性和不可预期的干扰因素。

一、语言博弈的概念和功能

博弈论是现代数学延伸出来的分支学科。它所关注的最基本的问题是两个主体在平等的对局中，一方根据对方的策略来调整自己的对抗策略，从而最终获胜。这与开展外交活动的情势具有高度相似性。本文首先阐述博弈论的基本概念，然后在此基础之上，探讨外交场合进行语言博弈会为本国政府在哪些方面带来具体的利益。

（一）语言博弈的概念

博弈论的出现与发展是一个渐进演变的过程。1944年，美国数学家冯·诺伊曼与奥斯卡·摩根斯坦恩共同出版了《博弈论与经济行为》一书，标志着博弈论正式确立。

奥地利学者维特根斯坦提出了"语言游戏"理论，博弈理论首次进入语言研究的领域。美国社会语言学家斯克敦认为，人是理性的行为者，并运用策略以最小的代价获得最大利益进行"博弈"。英国语用学家托马斯的观点与之相近：语言的含义不是与生俱来的，它取决于交际者之间的协商。法国社会学家布迪奥提出了一个概念叫语言市场，以增加其研究活力。英国学者马林诺夫斯基在对语境理论进行论述时指出，交际双方都希望通过语言的表达要求对方采取对自己更加有利的行动，以建立或保持某种关系或表达某种情感。芬兰哲学家辛提卡在维特根斯坦博弈理论的基础上创立了博弈语义学，将数学模型引入语言博弈的研究中。[1]

博弈论是通过数学建模，来分析不同主体之间的互动规则，并推导出他们各自最优的策略选择。目前，博弈论已广泛应用于经济学、公共管理学等诸多领域。在外交领域的语言博弈研究中，博弈论主要应用于形式语义学研究，即用博弈论作为理论框架来分析基于外交策略的语言策略选择。[2]

（二）外交场合语言博弈的功能

1.表达立场

在外交场合，外交人员可代表一国政府就重大国际问题做出外交表态，来表达自己明确或模糊的立场。外交人员在表达立场时，措辞时而间接婉转、留有余地，时而却暗藏内力，暗示一种强硬态度。比如说虽然同意对方的某一活动或反应，但在一定语境下又不宜或不便直截了当地表达自己真实的立场，可又必须有所言语，向国际社会或公众表达自己的倾向性意见。适当的外交语言的使用既可以避免针锋相对，又能点破所要说明的问题，达到表达立场的效果。[3]

2.打破僵局

在一些敏感问题的外交谈判上，因为利益和立场的不同，双方经常陷入相持不下的局面。此时若适当地使用模糊语以最大程度地弱化某方的立场，从而使尴尬的场面显露转机不失为一种制胜之道。在外交实践中，巧妙和灵活使用外交语言可起到打破谈话僵局的作用。此时的发话人语篇常表现为模糊具体所指的事物或含糊其词，以转移听众的注意，让一种语义可以被多种解读。模糊的外交语言是外交谈判中的缓冲器，恰当使用它可以使陷入僵局的谈判出现转机，双方都能"下台阶"，不失面子。

---

[1] 李明菲,许之所.语言博弈及会话策略的调整[J].武汉理工大学学报(社会科学版).2006,(10):760-763.

[2] 施锡铨.博弈论[M].上海：上海财经大学出版社,1999:65.

[3] 郭立秋.外交语言的精确性与模糊性[J].外交学院学报,2002,(4):81-85.

3. 达成共识

在外交活动中，存在分歧不可避免。理想情况下，共识意味着没有存在不同意见。但在实际中即使不能达成，共识也应是采纳多数人意见后的结果，并对重要少数的意见作出一定妥协。重大修改更应获得绝大多数的同意。而合理运用外交语言，可以在外交活动中起到润滑剂的作用，合理避开某些分歧，寻找双方共同点，为最大利益而达成共识。

4. 定调时事

在记者招待会、访谈等场合，外交人员常常会通过正式或非正式的外交语言为当前的时事定调。这种定调的评价关注的是语篇中所协商的各种态度、情感的强度。外交语言中的标志性评价手段，主要表现为由正式表述构成的对情绪立场、事物关系等的评价。从其最终的效果上，往往分成肯定、否定或鉴别。[1]

二、语言博弈的策略选择

博弈论探寻的是在实际行动中个体的可能行为和实际行为，并研究它们对于主体利益最大化的最优策略。本节将运用博弈论的若干经典模型，来讨论外交语言博弈的策略选择。

博弈论的类型按照参与人对其他参与人的了解程度，分为完全信息博弈和不完全信息博弈。完全信息博弈是指在博弈过程中，每一位参与人对其他参与人的特征、策略空间及收益函数有准确的信息；不完全信息博弈是指，如果参与人对其他参与人的特征、策略空间及收益函数信息了解得不够准确，或者不是对所有参与人的特征、策略空间及收益函数都有准确的信息。在外交语境下，由于两国政府都有非常专业的外交团队和情报机构，对于信息的掌握通常而言是丰富的，且开展外交的目的在于用和平方式使相关方达成意见一致，而非将对话带入僵局。因此，本文不讨论不完全信

---

[1] 唐晓嘉. 语言博弈论与科学博弈[J]. 哲学动态，2001，(5)：28-30, 38.

息博弈的情况。

（一）完全信息静态博弈下的语言策略选择

在外交场合中，出现完全信息静态博弈，一般意味着事件的双方均知晓对方的目的、底线和原则，并且具有相当大的利益一致性。双方发生对话的目的在于达成合作，让双方的利益最大化，实现帕累托最优。

在此情况下，可以使用"猎鹿博弈"辅助模型来分析外交语言的选择策略。猎鹿博弈又称猎人的帕累托效率或猎鹿模型。这一说法最早出自于启蒙思想家卢梭的《论人类不平等的起源和基础》。

某村庄有两个猎人。当地主要有两种猎物：兔子和鹿。如果一个猎人单独打猎，一天最多只能打到4只兔子。只有两个一起打猎才能捕获一只鹿。4只兔子能保证一个人4天不挨饿，而打到一只鹿却能让两个人吃上10天。这样，两个人的行为决策可以分别形成两个博弈结果：各自打兔子，每人得4；两人合作，每人得10。这样猎鹿博弈有两个纳什均衡点：分别打兔子，每人吃饱4天；双方合作，每人吃饱10天。设两个猎人分别为A和B，两人的策略选择组合如表13.1所示。

表 13.1

		猎人 B	
		抓兔	打鹿
猎人 A	抓兔	4，4	4，0
	打鹿	0，4	10，10

根据纳什均衡定义，应用博弈论中的"严格劣势删除法"，可以得到该模型中有两个纳什均衡点：分别打兔子，则每人吃饱4天；合作，则每人吃饱10天。

两个纳什均衡就是两个可能的结局。两种结局到底哪一个最终发生，这无法用纳什均衡本身来确定。比较[10，10]和[4，4]两个纳什均衡，两人一起去猎鹿比各自去打兔子可以让每个人多吃6天。合作猎鹿的纳什均衡比分头打兔子的纳什均衡具有帕累托优势。与[4，4]相比，[10，10]

不仅有整体收益改善，而且每个人都得到。换一种更加严谨的说法就是，[10，10] 与 [4，4] 相比，其中一方收益增大，而其他各方的境况都不受损害。这就是 [10，10] 对于 [4，4] 具有帕累托优势的含义。[1]

（二）完全信息动态博弈下的语言策略选择

在外交场合中，出现完全信息动态博弈往往意味着双方发生了利益冲突，双方清楚地知道对方的动机和目的，博弈的内容是利益分配问题。双方先后"出牌"，并根据对方的策略，揣测对方的目的，从而在下一轮交锋中调整自己的策略。在此情况下，可采用斗鸡模型来分析语用策略。需要注意的是，囚徒困境模型并不适用，因为囚徒困境是一种零和博弈，而外交的根本目的就在于用和平方式解决国家之间的问题，避免出现不可调和的零和博弈。

假设两人狭路相逢，每人有两个选择：一是进攻，二是退却。如果一方退下来，而对方没有退下来，对方获得胜利；如果对方也退下来，双方打平；如果自己没退下来，而对方退下来，自己则获得胜利；如果两人都前进，则两败俱伤。因此，对每个人来说，最好的结果是，对方后退，而自己前进。设两人分别为 A 和 B，则其策略选择组合如表 13.2 所示。

表 13.2

A/B	前进	后退
前进	−2，−2	1，−1
后退	−1，1	−1，−1

表 13.2 中数字的意思是：两者如果均选择"前进"，结果是两败俱伤，两者均获得 −2；如果一方"前进"，另外一方"后退"，前进者获得 1，而后退者获得 −1，但没有两者均"前进"受到的损失大；两者均"后退"，两者均输，获得 −1。当然表中数字只是相对的值。

这个博弈有两个纯策略纳什均衡：一方前进，另一方后退；或一方后

---

1 常鸣. 基于博弈论视角的腾讯与360之争的分析 [J]. 知识经济，2012，（15）：139-140.

退,另一方前进。但关键是谁进谁退?当然,该博弈也存在一个混合策略均衡,即大家随机地选择前进或后退。不过相对而言,我们更关注于纯策略均衡。博弈中,如果有唯一的纳什均衡点,那么这个博弈是可预测的,即这个纳什均衡点就是事先知道的唯一的博弈结果。但是如果博弈有多个纳什均衡,则要预测结果就必须附加额外的有关博弈的细节信息。比如,这里谁进谁退,可能就需要附加额外的细节信息才能作出判断。[1]

中国与英国谈判香港回归的过程,即典型的斗鸡博弈。英国首相撒切尔夫人带着强硬的姿态来华谈判,但是遭到中方的激烈对抗。英国方面也不甘示弱,做出了强硬表态,但再一次遭到中方更加强硬的回绝。在眼看双方将陷入(-2,-2)双输境地时,英国方面进行通盘考虑后选择了向后退一步,中方实现最优结果(1,-1)。

1982年9月,英国首相撒切尔夫人抵达北京开始谈判。她提出,只有英国的统治能够为香港的繁荣稳定提供保障。邓小平立刻表示明确反对。他说,主权问题不是一个可以讨论的问题,中国在这个问题上没有回旋的余地。邓小平警告说,如果港英政府在1997年之前挑起严重对抗或从香港撤走大批资金,中国将"被迫不得不对收回(香港)的时间和方式另做考虑"。当然,为了避免谈判变成一场零和博弈,双方也都进行了一定程度的让步。英国方面表示,如果能安排好香港的管理权问题,首相可以考虑向议会提出有关主权的问题。中方也表示,愿与英国合作,通过外交渠道进行磋商。但是邓小平很快地补充道:如果在两年内无法达成令双方满意的协议,中国将单方面宣布自己的政策。

英国首相撒切尔夫人并没有因为一次谈判而改变自己的立场。离开中国前,她在接受BBC采访时说,"如果签约一方对条约或协议说,'我不同意,我打算违约',那么你也很难相信他们会尊重新的条约"。中方很快就作出了回应。1983年2月,中国警告英国,假如不谈判,中方将在1984年9月宣布自己的香港前途方案。但是为了避免尴尬的局面,邓小平在坚持主

---

[1] 常鸣.基于博弈论视角的腾讯与360之争的分析[J].知识经济,2012,(15):139-140.

权原则的前提下,对谈判的顺序作出了让步。1983年7月,谈判终于启动,此时距离英国首相撒切尔夫人访华已经过去10个月。在随后的谈判中,双方终于明确,中国将在1997年收回香港主权。

(三)不完全信息动态博弈下的语言策略选择

在外交场合中,不完全信息动态博弈往往意味着双方发生了激烈的利益冲突。双方都不清楚对方会采取什么样的策略和手段,有多大的容忍度。如果处理得当,则可能双方达成妥协,反之则可能让情况恶化,陷入零和博弈。由于这一情况的发生一般是由一方首先打破原有的利益平衡,因此可以用鹰鸽博弈模型来分析外交语言的策略选择。

每只动物在搏斗中都选择两种策略之一,即"鹰策略"或是"鸽策略"。对于为生存竞争的每只动物而言,如果"赢"相当于"+10","输"相当于"-5","重伤"相当于"-10","不受伤"即"+5",最好的结局就是对方选择鸽策略而自己选择鹰策略(自己+10,对手+5),最坏的就是双方都选择鹰策略(双方各-10)。鹰鸽博弈的稳定演进策略共有三种:一种是鹰的世界,即霍布斯的原始丛林;另一种是鸽的天堂,即各种乌托邦;还有一种是鹰鸽共生演进的策略,这要求混合采取强硬或者合作的策略。鹰鸽博弈不同于斗鸡博弈的地方在于,斗鸡是两个兼具侵略性的个体,鹰鸽却是两个不同群体的博弈,一个侵略,一个和平。在只有鸽子的苞谷场里,鹰的突然加入所获得的巨大收益将吸引同伴加入。但结果不是鹰将鸽逐出苞谷场,而是一定比例共存,因为鹰群再增加一只鹰的边际收益趋零时(鹰群发生内斗),均衡将到来。由此产生了进化稳定策略,也就是说一旦均衡形成,偏离的运动会受到自然选择的打击。也就是鹰群饱满后,再试图加入的鹰将会被鹰群排挤。[1]

1979年4月10日,美国国会通过了《台湾关系法》。这一法案明确提出,美国将向中国的台湾地区出售"足够的防御性武器,使其能够维持充分的自卫能力"。这大大降低了中国大陆说服台湾回归的影响力。而此时如果选

---

[1] 常鸣.基于博弈论视角的腾讯与360之争的分析[J].知识经济,2012,(15):139-140.

择武力解放有美国支持的台湾,是极为不明智的。面对美国来势汹汹的"鹰",邓小平虽不能在军事上有所行动,但是在外交语言的策略选择上同样展现了"鹰策略"。邓小平先是接见了"二战"期间志愿援华的美国志愿航空队——飞虎队队长陈纳德遗孀陈香梅,表明其立场,并说:"如果里根总统向台湾派驻私人代表,中国将把这视为正式的官方决定。这既违反《中美上海联合公报》,也违反《中美两国建交公报》。如果美国不能正确处理这些微妙的关系,中国准备让中美关系不是回到70年代,而是回到60年代的水平……中国将静观里根的一言一行。"[1] 随后在墨西哥举行的坎昆会议上,时任外交部长黄华向美国国务卿明确提出,对台军售不能超出卡特时期的数量和质量,并要求在一个明确的期限内完全停止。为表明决心,中国以荷兰向中国台湾地区出售两艘潜艇为理由降级中荷外交关系。1982年,时任美国副总统乔治·赫伯特·沃克·布什访华,并与邓小平达成了非正式谅解,最终被纳入了美国限制对台军售的文件。1982年8月7日发表的《中华人民共和国与美利坚合众国联合公报》(即"八一七公报")明确指出,美国愿意逐步减少对台湾的武器出售。

三、语言博弈的手段

在外交谈判时会涉及许多敏感而尖锐的政治问题、经济问题,如经济争端、利益分歧等。这些问题不仅关乎一个国家外部环境的稳定和发展,而且还关乎国家间的合作和友好往来。运用合理的手段和语言博弈策略消除双方的误会和怀疑,对捍卫国家利益,在谈判桌上或国际舆论环境中占据道义高地有至关重要的作用。本节通过分析语言博弈的实用手段,探讨外交人员在交际中如何得体地传递自己所要表达的信息和立场。

1.说辞委婉

外交语言作为政治语言的一个部分,用于处理主权国家之间的事务。

---

1 邓小平.邓小平文选1975—1982年[M].北京:北京外语出版社,1994,371-372.

两国交往，主权平等，互相尊重（至少表面上必须如此），其沟通语言也必然不同于日常对话的直来直往。外交语言是一种"温和的委婉说辞"。这是因为在处理国家关系时需要避免过于激烈，应给双方留有空间。在这种情况下，外交人员需要通过巧妙机智的遣词造句，将使人不快的内容婉转含蓄地表达出来，这也是尼克尔森所说的"谨慎的低调描述"。

2. "废话"连篇

在外交语言中，有不少是属于废话之类的。对于外交人员而言，善于说废话是一种不可缺少的能力。英国前首相哈·麦克米伦曾经说过："一位外交大臣讲起话来既要避免陈词滥调，又要避免言辞失当。"但是在不能说或没得说但又非说不可的情况下，外交人员无他途可由，只能说些废话。说的本是废话，但又让别人听起来不像是"废话"，办法只有一个，就是"新瓶装旧酒"。

3. 语用回避

在外交活动中，许多问题可能不方便回答。作为外交人员，不能随意知无不言，也不能信口开河。外交人员必须巧妙运用外交语言策略，既回答问题，又能把一些敏感的问题回避，进而实现自身的交际目标，达到自己的目的。在外交交际中，发话人为了达到自己的目的，故意提供"虚"的信息。"虚"信息是指针对某个问题给出一个毫无信息量或者毫无意义的答案。根据格赖斯的合作原则，言语交际双方都有相互合作、求得交际成功的愿望。但在实际过程中，发话人常常会有自己的"特殊含义"，需要打破这一原则。质量准则要求不要说自知是虚假或缺乏足够证据的话，但发话人却往往通过打破质量准则，达到目的。

4. 转移焦点

人类的言语活动是为实现交际目的而进行的。依据相关准则要求会话双方说话要切题，不要说与话题无关的话。在言语交际中，有时候一方提出的话题让对方不好回答，或者不好直接作出肯定或否定的回答，往往会选择"环顾左右而言他"的方式。由于会话双方从不同的立场、观点、感兴趣的领域出发，也会导致言语行为冲突。这时运用转移焦点策略对于回答实施有效控制就十分必要。采用转移焦点的交际策略可以使交际得体，可以避重就轻，声东击西，从而可以架起超越分歧的桥梁。

5. 语用模糊

　　语用模糊是一种语用策略，是指从语言的使用和理解的角度谈语言的不确定性。具体来说，就是在言语交际当中，为了达到某种特殊的交际目的，发话人原本可以清楚表达的意思，故意使用不明确的语言表达出来的一种特殊的语言使用现象。语用模糊作为一种语用策略，是发话人在不同的语言环境中，不同的语用意图驱使下所作出的语言选择。语言顺应理论告诉我们，语言具有变异性、商讨性和顺应性。人们在作出这样的而不是别的选择时，一定会有其背后的理据性。语用模糊就是一种理据性很强的语言选择。

　　言语交际中语用模糊的现象十分普遍。语用模糊的存在说明这样的一种语用特征：客观命题具有中心意义，而围绕中心意义可有各种各样的外围意义，或有上下左右等幅度误差。这类外围意义或幅度误差表现在语用上，或笼统或模糊。人们对客观命题都可作模糊的表述，有时甚至只有使用模糊表达方法才使话语得体。语言的模糊要从语用的角度，也就是从语言使用和理解的角度去分析才有意义。

　　语用模糊现象在言语交际中可以有多种表现形式，可以是表现程度方面的，如约略、模糊、笼统、两可、含混；也可以是寓意方面的，如隐喻、弱陈、反讽、夸张等。从语言结构的角度来看，语用模糊没有统一的语言表现形式，在语言结构的任何层面都存在实现语用模糊的手段。不论是语法、语义层次上的种种"不清楚"，还是语用层次的种种"不清楚"，只要是交际者元语用意识下的随意言谈的一部分，作为交际者意识、策划、洽商、有目的性的随意言谈，我们就叫它"语用模糊"。[1]

1　魏在江. 从外交语言看语用含糊 [J]. 外语学刊, 2006, (2): 47-53.

第十四章　对模糊语言作清晰的判断

　　模糊语言被认为是外延不确定、内涵无定指的特性语言,具有更大的概括性和灵活性。在外交语言上,模糊语言是"假模糊","真清晰",被认为是"伟大的模糊"。而善于使用模糊语言是外交人员语言能力的一种体现。面对古巴导弹危机,时任美国总统肯尼迪下令要全面"隔离"古巴,迫使苏联所有运载导弹武器的船只折返。肯尼迪总统使用"隔离"这个中性词,而没有使用最能反映美国此次外交行动实际实施的"封锁",这个在当时的国际环境下高度敏感的词,而成为运用外交语言的经典案例。

　　上图为1962年10月22日,美国总统肯尼迪在华盛顿就古巴导弹危机发表全国性电视演讲。

模糊语言是在表达观点、态度时的一种较为保守的话语方式。它常常在一国不便于明确表达立场的时候使用，其主要作用在于运用语言的模糊性不将话题说死，在国与国的交往中则能为外交谈判留有余地，避免冲突升级，也为日后的关系调整留下转圜的空间。模糊语言的使用十分讲究技巧，更需要外交人员的智慧，实际运用起来具有一定的难度，但却对改善言语行为环境，实现外交活动的目标具有独特的功效。模糊语言具有在表达效率、灵活性等方面的独特优势，兼具委婉、含蓄等特点。

一、模糊语言的概念

模糊语言中的"模糊"不等于歧义，与概括、多义也有本质性的差别。模糊语言是指"自然语言中存在的某些不精确、不固定的因素，这些因素致使自然语言具有模糊的性质。"[1]从语言学角度来看，模糊语言是一个独立的语言概念，是指反映客观事物中那些从内涵和外延两个方面都有不确定性的语言概念。模糊语言的广义概念是指语言的模糊性，狭义概念是指具有模糊性的语言单位——模糊词语和模糊结构。模糊语言的关键在于认识对象的模糊性。人在认识客观事物的过程中是有局限性的，一是受感官生理条件的限制；二是受到所感知的事物要通过大脑进行主观加工的限制，因此不可能绝对清晰准确地反映客观事物。由此输出的关于客体的概念、词语便不可避免地具有模糊性。除了不可避免的模糊性，还有出于各种目的刻意的模糊，两者相结合决定了模糊语言的产生和存在。在言语活动中，模糊语言有多种表现形式，如隐语、缓叙、夸张、模糊、两可等。可以说模糊性是人类在认识自然，输出语言的过程中普遍存在的。在开展外交活动中，外交人员利用语言的模糊性这一特征，可以得到意想不到的语言表达效果。

---

1 吴家珍. 当代汉语修辞艺术 [M]. 北京：北京师范学院出版社，1992：32.

二、模糊语言的起源

外延不确定、内涵无定指是模糊语言作为一种弹性语言所具备的重要特点。模糊语言在语言上具备更大的概括性和灵活性,这种概括性与灵活性主要集中反映在语言外延上。随着外交语言的发展,模糊语言在外交活动中的应用越来越广泛。

模糊语言与人类语言相伴而生,并随着人类语言的发展而发展。对模糊语言的研究,可追溯到 1923 年英国著名哲学家罗素《论模糊性》的论文。该论文指出整个语言都或多或少是模糊的。[1]罗素是探索模糊语言的先行者,他首次明确指出了自然语言中存在模糊现象。苏联语言学家谢尔巴在谈到语言的精确性与模糊性时说:"在语言中,精确性只是极端的情况,过度的现象在其本源中,即说话人的意识中原是游移不定的。正是这些模糊的、游移不定的现象更应引起语言学家的注意。"[2] 至 1965 年,美国自动控制论专家扎德发表《模糊集合论》,其提出的模糊理论,再次引起语言学界对模糊语言的高度关注。

外交语言是外交实践经验的产物,具有委婉、含蓄、模糊、折中等特点。可以说,模糊性是外交语言最重要的特性之一。曾在联合国担任过美国代表的罗斯福总统的夫人就曾感叹地说:"同样的一些话,在正常情况下是一种含义,但在外交文件中却是另一种含义,这像是学习另一种语言。"[3]周恩来总理曾指出:"外交工作比其他工作是困难的……被人家抓住弱点,便要被打回去。"[4]他所说的"弱点"便是外交语言中的用词不准确现象。准确性不仅包括准确地表达自己的立场、态度,更包括准确地理解对方的立场、情感。在外交活动中,要保证外交语言具有一定程度的准确性。换言之,

---

1 Bertrand Russell.Vagueness[J].The Australian Journal of Psychology and Philosophy,1923,(3):84.
2 张巨文.模糊语言浅论[J].郑州大学学报,1994,(6):40.
3 金桂华.杂谈外交语言[J].外交学院学报,2003,(1):78.
4 中华人民共和国外交部,中共中央文献研究室.周恩来外交文选[M].北京:中央文献出版社,1990:5.

不准确的语言常常会导致误解、纷争。因此，外交语言的使用要符合国际规范，要保证一定的准确性。但这种对外交语言准确性要求并不影响模糊性的存在。

对于外交人员来说，在外交活动中使用模糊语言是一种自我保护、维护国家利益的语言策略。在处理国家关系时，外交人员应避免采用刺激性或者过激的言论，特别是为了回避某些尖锐问题，需要故意使答案模糊化。在外交谈判中，外交人员常常运用某些"外交辞令"：说会谈是"建设性的"，其含意是双方取得了某些进展，但离解决争端仍有很长的距离；说会谈是"有益的"，是指双方会谈未获具体成果，但谈总比不谈为好；说"双方各自说明了自己的观点""双方交换了看法"、会谈是"坦率的"等，则是明显暗示双方分歧严重，但也各自增加了对对方立场的了解。[1] 正因如此，有学者认为，"外交是一门讲求含蓄的艺术，直截了当地表态而不留有余地的做法是外交中的大忌。在重大的外交场合，外交官的交涉、发言、表态和谈话在语言使用上都十分注意含蓄深邃，很少有直来直去的。而听者必须非常留意字里行间，领会弦外之音，否则就很难准确理解其中的含义。"[2]

三、模糊语言的功能

一般情况下，言语活动的目的是为了传递准确的意思，让对方听清楚并明白自己的意思。但在言语活动中，模糊语言会大量存在。模糊语言虽然本身的含义不明确，但在具体的语境中比精确语言更能表达明确、清晰的含义，避免表达的绝对性，因此模糊语言在公文和日常用语中都大量存在。[3] 在外交语言中，具有"只可意会，不可言传"的模糊语言，在没有明确意义框架的同时，亦具有更加广阔的意义空间。模糊语言是刻意追求某些语言效果的重要手段，体现了发话人较高程度的元语用意识。模糊语言

---

1 金桂华. 杂谈外交语言 [J]. 外交学院学报，2003，(1)：78.
2 祝爱华. 浅谈外交语言的准确性与模糊性 [J]. 科技信息，2010，(15)：633.
3 袁晖，郭其智. 公文语言学纲要 [M]. 西安：陕西人民教育出版社，1998：13.

是保证外交活动成功的重要法宝,其功能大致有以下几个方面。

(一)掩饰真相

在开展外交活动中,矛盾和纠纷不断,外交人员经常会用模糊语言来表达自己态度和观点。这样做有两个目的,一方面是出于礼貌,不伤害对方面子;另一方面则是为了自我保护,为自己的行为找借口。模糊表面上属于手段,但在根本上毋宁说是目的。委婉语是模糊语言表达形式之一。外交人员使用委婉语的目的通常是涂脂抹粉、掩饰真相,甚至是用于遮掩丑恶。

在涉及政治、经济、军事、内政等重大问题时,因时机尚未成熟、信息不宜对外公开,外交人员在这种情况下就会使用模糊语言来应对。1965年9月29日,时任国务院副总理兼外交部部长陈毅主持记者招待会,有近300名中外记者参加。其间,日本记者就中国发展核武器的情况问道:"请问陈毅先生,中国将于什么时间爆炸第三颗原子弹?"陈毅风趣地答道:"中国爆炸了两颗原子弹,我知道,你也知道。第三颗原子弹可能还要爆炸,何时爆炸,请你等着看公报好了!"[1]全场哄堂大笑。对于日本记者涉及国家机密的问题,既不能直接作答,也不能不答。陈毅外长利用了语言的模糊性,成功而巧妙地给出了礼貌又不损害国家利益的回答。

不可否认,模糊语言在发挥保密作用的同时,亦起到礼貌作用。同样,在运用模糊语言保护自身利益的同时,需要准确判断对方模糊表达中所隐含的意思,以防真相被掩盖。

(二)含蓄表达立场

虽然模糊语言在表达本国观点、态度时是一种较为保守的方式,但在外交实践中有特殊的功用。外交人员代表国家在涉及本国利益的重大国际

---

[1] 台海网. 外交部长陈毅元帅记者会 [J/OL]. http://www.taihainet.com/news/finance/hot/2015-07-04/1461338.html.

问题做出反应、发表看法、表明态度时,其措辞往往需间接婉转、留有余地。在外交语言应用的实践中,"可取的"一词在不宜或不便直截了当地表示赞同可又必须表达自己倾向性意见的时候经常会被使用。"可取的"代表了对某种外交行为或政策肯定的倾向,但又留有一定的余地。

(三)顾全大局,保全面子

面子论是英国语言学家布朗和列文森提出来的。这一理论的基本内容为:在社会交往中,为了保全各自的面子,人们的言谈举止应该符合"黄金法则",即"你想别人怎样待你,你就得怎样待别人。"在外交活动中,谈判双方所代表的不仅仅是个人,更重要的是代表了他们的国家和民族,所以在相互交涉中,给对方留足面子显得尤为必要。

在外交言语活动中,外交人员一般不直接说出"拒绝""否定""不同意"之类的词,常常会作出这样的表达:"我们对这个建议有着最大的同情,但是愿意指出……"。这样既间接委婉地表述了自己的立场和观点,又没有伤害到对方的面子。1971 年 7 月 16 日北京时间上午 10 点,中央人民广播电台播出了《公告》:周恩来总理和尼克松总统的国家安全事务助理基辛格博士于 1971 年 7 月 9—11 日在北京进行了会谈。获悉,尼克松总统曾表示希望访问中华人民共和国,周恩来总理代表中华人民共和国政府邀请尼克松总统于 1972 年 5 月以前的适当时间访问中国。尼克松总统愉快地接受了这一邀请。用"获悉"二字模糊了该信息的来源,避免了谁主动的问题,保全了双方的面子。由此可见,模糊语言可以维护对方的面子,符合"礼貌原则"。[1]

(四)打破僵局,求同存异

外交谈判经常会因谈判各方立场对立、利益冲突加剧,而使谈判陷入僵局。在双方各持己见、互不相让而彼此又不愿彻底谈崩的情况下,适时地、

---

[1] 东方网. 尼克松首次访华报道幕后:15 分钟内播中美建交 [J/OL]. http://news.eastday.com/w/20081215/u1a4045879.html.

有意识地引入模糊语言，以最大程度地掩饰或弱化相互间冲突的程度，常常会使濒临死亡的谈判获得生机。

1972 年是中美关系发展史上具有重要意义的一年，双方通过积极而富有成效的努力，发表了《中美上海联合公报》。该公报开创了外交公报的先河：各说各的观点，阐明彼此分歧，更重要的是阐明了两国关系朝着积极方向迈进的共同意向。在谈判的整个过程中，台湾问题是最敏感最关键的问题。我们的基本原则是一个中国原则，"两个中国"和"一中一台"是违反原则和绝不能接受的。中方在讨论《中美上海联合公报》表述立场时，明确指出台湾是中国领土不可分割的一部分，尼克松总统迫于国内外反对派的强大压力，不可能接受如此直截了当的措辞。为了实现两国关系正常化的目的，双方都认为应当找到大家可以共同接受的灵活调子，于是《中美上海联合公报》在表述美方的态度时使用了这样的语句："美国认识到，在台湾海峡两边的所有中国人都认为只有一个中国，台湾是中国的一部分，美方对此无异议。"引文中巧妙地使用了"台湾海峡两边"，既未承认"中华人民共和国"，也未承认"中华民国"是代表中国的合法政府。美方在《中美上海联合公报》中使用了指示意义含糊的措辞，是由当时的历史条件决定的，是经过仔细推敲和双方协商有意识地写成的，从而使《中美上海联合公报》协议取得成功。[1]

（五）淡化细节，减少分歧

语用模糊作为一种语言使用现象，带有很强的意图性。发话人的元语用意识在选择语用模糊作为交际策略的过程中起着明显的调控作用。模糊语言的使用可以提高语言表达的效率，增加语言表达的灵活性，使语言更委婉、含蓄、礼貌、诙谐等，能够达到理想的表达效果。在具体的外交实践中各国利益取向不尽相同，为了交流与合作，双方都会尽量寻找其中的共同点，减少在观点上的不一致。对于分歧往往做淡化处理，这符合礼貌

---

[1] 郭立秋，王红利. 外交语言的精确性与模糊性 [J]. 外交学院学报，2002，(4): 83.

原则中的"一致准则",也为国家间更好地谈判与和解提供了可能性。比如下面的例子:"中俄双方强调伊拉克必须充分认识核查的重要性和紧迫性,应最大限度地加强与联合国监核会和国际原子能机构的合作,向核查人员提供更多、更主动和更实质性的合作,为伊拉克问题的政治解决创造必要的条件。"[1]例句中阐明的是中俄两国对伊拉克政府提出的要求,但对于具体的内容却没有详细说明,对细节的问进行淡化处理,代之以模糊说法"最大限度地合作","提供更多、更主动和更实质性的合作。"这样的模糊语用策略的运用避免了对别国政策的干涉之嫌,委婉得体。

四、模糊语言的运用

模糊语言的使用,既展现了外交人员驾驭语言的艺术与技巧,同时又能获得积极话语效果。在对外活动中,如何运用模糊语言则是研究外交语言所需要解决的重要问题。

(一)遣词造句

模糊句子意味着赋予一个句子有多种可能的解释,通过遣词造句实现话语活动目的。有一次,美国总统柯立芝(1923—1927年任美国总统)在家中举行午宴,当客人们谈到美国是否要承认苏联的问题时,谈论变得异常激烈。此时,听到争吵的柯立芝太太想化解尴尬,于是从厨房端出许多瓶装罐头,想转移一下大家的注意力,并说道:"大家请吃罐头,有法国包装的,也有俄国包装的。"柯立芝紧接着说道:"我不要红色包装的。"柯立芝并没有直接对苏联的问题发表意见,但是在场的所有来宾都深深地感受到了。这种借助谈论罐头包装,通过"我不要红色包装的"模糊语言的表达方式传递出柯立芝对苏的政治立场。

1979年1月29日,邓小平在华盛顿同美国总统卡特举行的第一轮会谈。

---

[1] 新华社.中俄外长发表关于伊拉克问题的联合新闻公告 [J/OL]. http://www.china.com.cn/chinese/zhuanti/284288.htm.

会谈中卡特取出特备的熊猫牌香烟招待他。邓小平说："你不吸烟，我也免了吧。"卡特说："不必，我虽然不吸烟，但我不反对吸烟，因为美国有一亿多吸烟者，我不能没有他们的支持。"邓小平问："美国国会有没有通过一条在会谈中禁止吸烟的法律？"卡特回答："没有，只要我任总统，他们就不会通过这样的法律，你知道我父亲就是种植烟草的农场主。"邓小平笑道："好，我支持你父亲。"卡特用熊猫牌香烟招待邓小平，而在1972年尼克松访华的时候，周恩来也是用熊猫牌香烟来招待他的。[1] 这是卡特运用熊猫牌香烟作为载体来表达期许得到邓小平支持的一个事例，两人的对话中都渗透出模糊词语的运用。一方面，用熊猫牌香烟而不是美国牌子的香烟，表达了卡特想要与中国友好往来，希望谈话可以顺利进行的愿望；另一方面，两人对于相互之间是否允许吸烟的问题表达出卡特对邓小平吸烟的认可，进而展现出对邓小平乃至中美发展友好关系的态度。最后，邓小平所说的"我支持你父亲"表明自己支持卡特，但又没有明确说出支持卡特的立场。

　　1957年11月，社会主义国家共产党和工人党在莫斯科举行代表会议。毛泽东主席在克里姆林宫的午宴即将结束时站起来，手持酒杯，向各代表团团长祝酒。当他来到南斯拉夫代表团的桌前向南共领导人卡德尔祝酒时，说了一段风趣而又含蓄的话："你们和我们的区别只在于，你们长胡子，我们不长胡子。"卡德尔事后把这番意味深长的话解读为，毛泽东主席以某种方式表明中国愿使中国与南斯拉夫两国关系正常化。毛泽东主席运用模糊委婉的语言恰当而巧妙地处理了难以直面和直说的问题，堪称语言运用的典范。

　　出于外交的需要，为获得公众支持或掩盖事实真相，常常使用"美化"处理过的词语进行模糊表达。1980年4月24日，美国派直升机营救驻伊朗大使馆的人质失败，美国总统卡特称此次事件为"不圆满的胜利"，以此来稳定政治局势。1989年8月31日，外交部发言人李肇星在记者招待会

1　王闻. 熊猫外交、乒乓外交——用民间的手握住中美 [J/OL]. http://news.xinhuanet.com/world/2004-02/04/content_1360322.htm.

上，在回答德国记者提到涉及邓小平的健康问题时说："邓小平同志身体很好，很健康。"外国记者马上追问："邓小平是在家里享受他的健康呢，还是在医院享受他的健康？"李肇星立刻敏锐但委婉地反击道：我不知道贵国是否有这样的习惯，还是您本人有这样的嗜好：身体不好的时候不住院，身体好的时候却要跑到医院里去享受健康？[1] 李肇星用一句带有假设性的反问不失幽默地模糊地回答了记者所提出的问题。

（二）避实就虚

在模糊语言具体运用中，当问话者问的问题很明确，而答话者觉得直截了当回答不妥而做出委婉、巧妙的回答时，常常会导致答话者话语含义模糊。20世纪90年代，苏共中央总书记戈尔巴乔夫访问法国期间，与法国总统密特朗漫步于法国总统府爱丽舍宫后花园。当双方的陪同人员与记者均被禁止进入园区之时，人们只能远远地望着草坪上谈笑风生的两国领导人，却不知其所云。事后，好奇的记者追问戈尔巴乔夫和密朗特："两位阁下刚才交谈用的是哪一国的语言？"戈尔巴乔夫巧妙地说道："这是一个秘密。"随后，密朗特则故作神秘地回答："我们的交谈是无须用语言的。"于是，"我们的交谈是无须用语言的"成为外交史上的一个避实就虚的典范。

2012年2月27日，外交部发言人洪磊主持例行记者会。有记者问：美国共和党总统竞选人罗姆尼近期在《华尔街日报》发表文章，就经贸、人权、军事、安全等问题批评中国，声称如他当选总统将对华采取强硬立场。请问中方对此有何回应？洪磊答道："维护中美关系健康稳定发展，是两国共同利益所在，是双方共同的责任。说负责任的话，做负责任的事，才是负责任的政治家。一些既不负责任，也毫无根据的论调不值一驳。"[2] 罗姆尼在竞选初期，就屡屡对中国表达强硬立场，对此中方也给予了回应。但是按照外交

---

1 人民网.外长李肇星嘴巴很厉害，说可以说和应该说的[J/OL]. http://www.people.com.cn/GB/news/37146/37147/3004773.html.
2 王策，丁宁.外交部：维护中美关系健康稳定发展是两国共同责任[J/OL]. http://gb.cri.cn/27824/2012/02/27/2225s3575215.htm.

语言的语用原则，不宜直接回击，以免针锋相对、授人以柄。外交部发言人洪磊用一个普遍的真理来说明中方立场，至于罗姆尼本人及其言论符不符合这条真理，这是洪磊言外所要传达的信息，只能由听者自己揣摩这其中的言外之意。

（三）概念转换

概念转换是指问题与答案虽然采用了同一表述但诠释的内容却有所不同。在外交话语活动中，运用形式上相同而实际含义有区别的概念来回答所提出的问题就形成模糊答语。在外交场合中，出于各方因素考虑，不能直接回答对方所提出的问题，可通过采取泛指、模糊涵盖来回答相关的问题进而达到言语活动预期目的。

在 2012 年 3 月 13 日中国外交部发言人洪磊主持的例行记者会上，有记者问及关于美国和欧盟将在联合国人权理事会中处理"脱北者"问题，将"脱北者"视为"政治难民"，中方有何评论？面对这个问题，洪磊回答："这种说法完全不符合事实。我们反对有关方面将非法进入中国境内的朝鲜人问题拿到有关国际机构去讨论，这些机构不是讨论这些问题的场合。我们多次指出，有关非法入境者不是难民，而是经济原因非法入境。我们反对将这一问题难民化、国际化、政治化。中方将秉承一贯做法，根据国内法、国际法和人道主义原则，妥善处理有关问题，这符合各方共同利益，也符合国际惯例。我们希望中国的司法主权得到尊重和维护，也希望有关方面和人员不要炒作这个问题。"[1] 模糊语言的使用在本次记者会中表现得尤为突出。在回答记者提问之前，洪磊首先否定了提问的主题，即说法不符合事实性，将用词准确性与接下来的模糊性相结合，更好地表达了中方的外交理念和外交政策。除此之外，"有关方面""有关国家""各方"等涵盖性较强词语的灵活运用，既避免损坏问题涉及方的国际形象，也使现场交际环境较为和谐。

---

[1] 人民网. 中国外交部：反对将朝鲜脱北者问题难民化政治化 [J/OL]. http://world.people.com.cn/GB/8212/191617/9491/237724/17258233.html.

洪磊在概括性回答问题的同时，模糊处理整个"脱北者"事件，用涵盖性极高的词汇概括回答，记者并不能确切获得实际信息，从而更好地维护了国家利益。

再如，在一次记者招待会上，记者向时任中华人民共和国外交部副部长傅莹提问道："长期在外工作是否想家？是否认为因为工作的缘故，觉得对家庭和家人'亏欠'？"傅莹作出如下回答："在国内工作的时候，照顾家的时间也很少，所以对孩子还是有歉疚的感觉。我女儿对此很理解，她已经习惯有困难的时候找爸爸了。"当面临外媒记者的发问之时，傅莹再次展现其语言魅力。她巧妙地运用概念转换的方法说："我很想家，但大使馆是'家'的延伸，我们的一言一行都要连上这个'家'。想'家'是常常想的，既要想'家'里在做什么，又要知道'家'里需要什么。在国外，更能感觉到'家'的崛起，更加为'家'的走向强大而自豪。"[1] 傅莹运用"家"的概念，将个人的"小家"与国家的"大家"联系起来，委婉地表现出对中国在世界和平崛起的喜悦以及向世界表达了中国和平发展的愿景。

（四）幽默机制的运用

幽默风趣的语言具有很强的"意会性"与"模糊性"。语言的幽默是语言模糊性的巧用，是富于智慧的艺术语言的凝聚。例如，1945年雅尔塔会议期间，英国首相丘吉尔下榻在阿鲁普卡宫，宫里有一只大理石的睡狮雕像，十分精致漂亮，丘吉尔十分喜爱这只狮子。一天，丘吉尔对苏联领导人斯大林说："它太像我了。"接着他又暗示说："苏联有一种传统，即把国内最好的东西赠送给那些重要的客人。"斯大林接过话说："一点不错。现在，我们苏联最好的东西是社会主义。"正是这样机智幽默的对白，斯大林巧妙地将严肃的政治话题轻松化了，在完整表达了政治意图的同时，缓和了尴尬的气氛。

---

[1] 张璐晶. 魅力女大使傅莹的"时尚外交"[J/OL]. http://www.chinanews.com/kong/news/2010/04-20/2237181.shtml.

在外交场合，恰当地使用模糊语言既体现出了外交人员高超的语言交际的技巧，也往往使外交活动取得意想不到的效果。通过对外交案例中模糊语言使用的分析，能使我们进一步了解外交语言的特征，丰富对外交语言的认识，提高我们运用外交语言的意识和能力。

第十五章 外交语言中的谎话分析

　　言之凿凿，信誓旦旦，在极具权威性的联合国安理会会议上，一直标榜"公平""正义""责任"的超级大国的国务卿，义愤填膺地挥动着装有白色粉末的试管，声称这就是伊拉克藏匿的"大杀器"的样品。于是一场以美英组成的"正义"联军为主角，以伊拉克藏有大规模杀伤性武器并支持恐怖主义为借口，以所谓"解放伊拉克""给伊拉克送去自由、民主、繁荣"为目标，导致伊拉克合法政府被推翻、领导人被绞死，以百万无辜鲜活平民生命为代价，至今国家仍处于四分五裂、百孔千疮境地的"洗衣粉试管"战争，就在全球瞩目中于2003年3月20日开始了。而事后事实证明，在伊拉克并没有发现所谓的大规模杀伤性武器。

　　上图为2003年2月5日，时任美国国务卿鲍威尔在联合国公布有关美国证明萨达姆拥有大规模杀伤性武器的证据。

外交语言是国家间交流信息、表达政策及态度的最直接的方式。在当今世界，国家间联系日益紧密，话语真实、可信逐渐成为国家间交流的共识。但在外交场合，谎话连篇现象也十分常见，特别是在国家间信任度低的时候，说谎常常成为国家间交往中存在的一个现象。本文力求对外交语言中的谎话现象进行探讨，分析外交语言中谎话现象产生的原因、作用、后果及影响，以及未来存在的状况。

一、外交语言中的谎话现象

外交是主权国家为实行其对外政策和保护其在国外的利益，由国家元首、政府首脑及外交部、外交代表机关等单位的负责人，所进行的诸如访问、谈判、交涉、发出外交文件、缔结条约、参加国际会议和国际组织等对外活动。[1] 外交主要通过国家之间的对话与谈判来实现，而外交语言就是推进这一过程实现的重要工具。研究发现，在外交场合，说谎是外交的一种奇特的现象。谎话为人们所不齿，并且谁都不愿承认自己说谎话，但是它在外交场合中大量存在却是不争的事实。

谎话是故意歪曲事实的话，指的是发话人对其明明知道是不真实事物或事实却作出肯定性的断言。在外交场合中说谎是对外交语言的滥用。尽管外交谎话也是对外交语言的一种应用，但同外交语言模糊使用不同，它主要是通过骗取信任、拖延时间的方式以达到一己私利的目的。在国家间的交往中，特别是在某些突发或应急的事件中，有时为了避免直接刺激对方、激化矛盾，外交人员常常会使用谎话来进行拖延与周旋。这种行为的后果常常会导致国家间不信任度增加，进而给国家间的合作带来阻力。

在外交语言中谎话现象十分常见，但长期以来外交人员却对此或习以为常或讳莫如深。19世纪奥地利外交大臣梅特涅甚至说："就我的策略方面来说，说真话是对自己的不忠。"研究表明，在当时梅特涅并非因这句话而

---

1 杨发金. 中国涉外知识全书 [M]. 北京：中国社会科学出版社，1993：156.

遭到人们的鄙视和不屑，真正原因则是梅特涅的谎言总是比人们想象得要多得多。因此，部分观点认为，当时盛行的马基雅维利主义与外交人员沦为说谎者且不以为耻反以为荣不无关系。马基雅维利是16世纪初著名的意大利政治家，曾在其代表作《君主论》宣扬道：国家安全是首位，其次再是正义与人道、道德和宗教，甚至可以不用顾忌。"君主要像狮子一样勇猛，像狐狸一样狡猾。"这就是要君主只要是对国家利益有利，无论是使用权术还是使用谎言都无可指责。马基雅维利的这一套为国家利益可以使用一切手段的理论，对传统外交乃至现代外交都影响巨大。

在传统外交时期，说谎是国家间交往的常态，甚至可以说是一种流行的时尚，而外交人员也在那个时期名声最为恶劣。国际关系发展史表明，说谎在现代外交中非但没有绝迹，反而有新的发展。最为明显的就是说谎技巧发生了很大的改变，特别是在避免直接说谎的技巧上有所发展。在国际关系发展的历史上，为了一国私利一些外交人员在国际舞台上谎话连篇，甚至把说谎当成自己的职责。这在战争年代尤为突出，部分外交人员为达成某种目的不惜将谎话与外交语言等同起来，形成说谎习惯。

第二次世界大战时期，日本帝国主义为掩盖侵华的本质，大谈"大东亚共荣圈""把亚洲从欧美的压迫中解放出来"等论调，以实现其侵华的目的。在战后的今天，日本不仅不知悔改，反而制造出一系列无耻谎言，修改教科书、否认南京大屠杀、否认对东亚大陆的侵略等。

1961年4月13日，美国总统肯尼迪向世界公开保证，在任何情况下决不干涉古巴卡斯特罗政府内政，但在短短5天后，吉隆滩登陆事件就发生了。此事件为美国一手策划、资助和支持。在今天，外交谎言依旧不绝于耳。2003年3月20日，美国对伊拉克发动了战后第二次战争。在美国发动伊拉克战争前，美国一些政要就发表言论说："萨达姆拥有大规模杀伤性武器""伊拉克支持恐怖主义"等。时至今日，美国在伊拉克也没有发现任何大规模杀伤性武器的影子，也未找到伊拉克支持恐怖主义证据，美国的谎言也早已被事实揭穿。奥巴马在竞选美国总统时，曾言之凿凿、信誓旦旦向美国公民保证，如果他当上总统将做的第一件事就是把美国军队从阿富汗撤回来。但是在奥巴马当选总统之后，美国政府还增扩了在阿富汗的美军规模，到 2012 年年底，在阿富汗的美军数量比奥巴马上台前多了两倍。

二、外交语言中谎话存在的原因

尽管很多国家都认识到说谎的危害，但在现代外交，外交人员说谎"传统"还是被"继承"了下来。为了维护本国利益，外交人员常常使用谎话来掩盖事实真相或本方的真实目的。人类外交史也曾经历以说谎为时尚风潮的历史时期。传统外交时期说谎风靡不止，甚至到达一个"不说谎话就不是一个好的外交人员"的地步。外交人员被认为是"公认的间谍"，也是"公认的说谎者"。在现代外交中，讲求避免"直接说谎"，也就是力求在字意上不说谎。实质上是一种文字游戏，即话不说满，留有很大的余地。即使自己做出的行动看似与字面意义相违背，依然能够说得通。追本溯源，外交场合中谎话连篇现象主要出于以下两个原因：

第一，国际社会的无政府状态导致彼此信任缺乏。当今国际社会主权国家各自为政，国家归根到底还是以本国安全为第一考虑的要素。由于没有建立一个全球国家或世界政府的可能性，人们如果要像逃离个人安全困境那样逃离国际安全困境是不可能的。[1] 因此，为了本国的安全，他国都是不被信任的外交说谎也就成为保护自我安全的一种方式。国际关系发展的历史表明，外交说谎有时是国家的主动选择，有的则是出于对他国不信任或欺骗的一种回应。这也就形成了类似于安全困境的"谎言困境"。"谎言困境"是指当说谎的国家对他国说谎并造成了恶劣的后果后，其他国家也会对说谎的国家采取相同的方式，最终结果是造成各国对彼此更加不信任。

第二，现实主义依旧以国家利益至上为主导处理国际关系。现实主义

---

[1] 罗伯特·杰克逊，乔格·索伦森. 国际关系学理论与方法 [M]. 吴勇，宋德星译. 天津：天津人民出版社，2008：92.

的一个最重要标志就是国家利益至上原则。马基雅维利、霍布斯等现实主义理论的代表人物，结合历史现实得出的结论是国家利益是至上的，并且暗含为了国家利益国家可以做任何事而不必担负道义上的责任。这也就给了外交说谎一个开脱的借口，这也是为什么许多国家在外交场合中说谎而"心安理得"的重要原因。

三、外交语言中谎话的作用

毫无疑问，在人类道德体系中，说谎为人们所不齿，在对外交往中更是如此。一个国家对外说谎都会受到其他国家的指责。所有国家都希望他国对自己诚实，但是一些国家却不断运用谎话掩饰自己的私利。自从有外交以来，在外交场合中说谎就始终无法杜绝。究其原因，这种情况的存在与外交谎话的独特作用是分不开的。外交语言中的谎话作用包括以下几点：

第一，掩盖真相。在战争期间，谎话可以起到拖延时间的作用。从国际关系发展的历史可以看出，国家之间在战争期间最易发生说谎现象。第二次世界大战前夕，希特勒就靠向丹麦、挪威"保证"不会侵犯他们的领土的谎话，使整个欧洲都放松了警惕。但是在希特勒的作出"保证"不久，希特勒的部队就开进了丹麦、挪威，进而使整个欧洲、整个世界大部分地区卷入世界大战。从德国方面来说，希特勒的谎话给自己争得了战争时间，并为达到自己的一国私利铺就了道路。

第二，迷惑他人。谎话的主要作用就是迷惑他人。说谎的国家并不希望他国完全揣测到自己的真实意图，为此借助说谎掩盖自己追逐本国利益的真实意图，这也是说谎的最初动机。在外交活动中，为了达到掩饰自己国家真实意图之目的，外交人员除了使用模糊语言为对方设置理解障碍以外，最直接的方式就是说谎。

第三，维护正面形象。在国际交往的过程中，维护自身正面形象是外交活动的一个重要目标。为维护本国正面形象，外交人员在面对本国存在的负面问题时，外交人员需要竭尽所能为自己国家进行辩护，而掩盖负面问题的方法之一就是说谎。

四、外交语言中说谎的后果

以诚相待是处理国家关系的重要原则。在外交场合中，一个国家的外交人员说话真实才能赢得他国的尊重和信任，从而有利于国家间关系的发展。而隐真示假，使用谎话的行为必然丧失其外交主动权，导致国家关系难以为继。国际关系的"安全困境"是指国家间的交往互不信任，每个国家都依靠发展武力来增强自己的安全感，最终又导致了国家间更大的不安全感。同样地，国与国之间互相不信任，彼此说谎，久而久之则会造成彼此间更大的不信任，最终形成"信任困境"。

在外交活动中，外交人员说谎尽管在短时期内掩盖事实真相，给自己国家带来一时的周旋余地，但是从长远来看只会更加损害本国的形象，在国际上造成恶劣的影响。在国际关系发展史上，一些标榜"和平""自由""民主"的国家常常以谎言行事，但最终都没有逃脱被揭穿的一天，从而为自己的行为付出更大的代价。

五、外交语言中谎话的未来发展

随着科学技术的发展以及国家间交往的加深，在对外关系中说谎已经越来越难以为继。一方面谎话越来越容易辨识，信息交流的加快使维持谎话的时间越来越短。科技的发展，特别是网络通信使得信息传播速度更快，覆盖面更广，国家之间的联系更密切。以往对信息的截留、掩盖，甚至是封锁的做法在信息技术冲击下变得更难。现在最令各国烦恼和头疼的不是如何得到对方的消息及秘密，反而是如何守住自己的秘密。另一方面，全球化的发展使得互信越来越成为国家间交往的共识。国与国相互依赖的增强需要各国加深合作，而合作的前提必须是互相信任。

面对目前一些国家依然没有杜绝对外说谎的现实，对于主权国而言，一方面在外交场合不说谎话，在国际上树立诚信的国家形象；另一方面对他国的外交语言要有警惕，不可盲目相信，要有自己的判断。很多人认为外交语言就是外交辞令，或者干脆就认为外交语言就是敷衍的、圆滑的，甚至是狡猾的、虚伪的。事实上，这些看法有其缘由但并不合理。尽管在外交场合常见到外交人员在说谎话，但时间是检验谎话的最好武器，国家间良好关系的发展终究需要彼此以诚相待而摈弃以谎言相欺。

不可否认，由于外交人员的特殊身份、特殊使命，使得他们不可能做到"知无不言，言无不尽"。为了特殊需要，比如使双方尽可能在轻松、平和的气氛中把谈判顺利进行下去，话必须说得礼貌、委婉，使自己有回旋余地；为了保密或职权所限不能对他国做到完全坦诚相待，因此有时会"顾左右而言他"，但这些都是在特殊情况下对语言技巧和手段的特殊运用，绝不是虚伪和敷衍，这与外交谎话有着本质上的区别。外交人员可以部分隐瞒事实，但是不能说谎，颠倒黑白。说谎"这于国于民从长远来看都是不利的。"[1]

综上所述，国家间的信任是合作的前提。随着时代的发展，在外交活动中，杜绝谎话必定是人间正道的必然要求。就客观环境而言，信息技术的发展使得各国辨识谎言的能力增强了；就主观认知而言，谎言的成本增加了。一国说谎所带来的利益已经渐渐不足以弥补说谎所带来的损害，比如国家形象，与他国合作的可能性等。但是，在现实主义依旧占主导的世界，国家必然会将自身利益放在首位，国与国互信的建立也必将漫长而坎坷。外交语言是一门很特殊的学问，而外交谎话则更具迷惑性。外交人员应该学会对谎言的识别和应对，特别是在特殊关系时期，国家之间的任何谈判与会晤都应当谨慎对待，做到不欺人、不被欺。

1　岳建玲. 试论外交语言 [A]. 国际汉语讨论会论文选 [C]. 北京：北京大学出版社，2002：679.

第十六章 外交语言中的虚实运用

发生在 1962 年 10 月 15 日至 28 日的古巴导弹危机，是"冷战"期间美苏两大国之间最激烈的一次对抗。这次危机虽然仅仅持续了 13 天，美苏双方在核按钮旁徘徊，使人类空前地接近毁灭的边缘。在古巴导弹危机期间，美苏之间既有联合国讲坛上的唇枪舌剑，针锋相对，也有书信里的据理力争，推诿搪塞；既有 U-2 型飞机高空的军事侦察，潜艇海上的军事封锁隔离，也有电视上的义愤填膺，慷慨激昂，也有电话热线上的妥协退让。在这场波诡云谲的核博弈中，语言的博弈同样令人眼花缭乱，目不暇接。

上图为 1962 年 10 月 25 日美国海军在封锁线附近监视苏联潜艇同时，美国代表在联合国安理会紧急会议上，向安理会成员展示古巴藏有苏联导弹的证据。

作为对外交往过程中使用的语言，外交语言是主权国家阐明对外政策、捍卫国家利益的工具。就外交人员而言，外交语言是其在错综复杂的国际环境中有效开展外交活动的锐利武器。同时，外交语言作为独特的语体具有虚实兼具、虚实呼应的特征。虚者实之，实者虚之。对外交语言虚实的理解及运用是外交人员语言能力的一种体现。

一、外交语言的务实

熟悉并善于运用外交语言是做好外交工作的必然要求。在外交实践中，外交人员的语言表达既要有原则性，清晰、明确、直白，又要有模糊性，委婉、含蓄、曲折。

（一）外交语言的务实特征

首先，外交语言必须具有原则性，必须体现一国外交政策的特征。外交语言是外交活动的一部分，和外交活动一样有着某些方面共同的属性。外交活动一个最重要的属性就是国家以和平手段对外行使主权，因此，在维护国家的主权方面，所有的外交活动都具有这一属性。[1] 在外交人员的对外交往中，其外交语言的使用必须要维护主权国家利益，这是原则性问题，无论在何种场合，任何外交人员都应深刻牢记。

其次，外交语言要求明确表达立场观点。"钱其琛曾说过：'表态不要开天辟地。不要讲许多过去如何如何，人家关心的是你现在的立场。这种情况过去并不少见。有时有些部门的表态像论文一样，面面俱到，从历史情况谈起，说了半天才绕到主题，或根本不着边际，效果很不好。'"[2]

最后，外交语言具有精确性。精确性包括两个方面：一是对于关键信息、关键问题要把握准确；二是对于细节问题要把握准确。在新闻发布会上，新闻发言人是代表国家向媒体开展话语活动，所以不论是阐述信息还是回

---

1 高飞. 我国外交学研究的现状和主要问题[J]. 国际论坛，2007，（1）：32-36.
2 邹建华. 外交部发言人揭秘[M]. 北京：世界知识出版社，2005：124-125.

答记者提问，语言必须做到精准：事实表达清楚，数字使用准确。

（二）外交语言务实应用

务实就是实事求是，讲究实际。"大人不华，君子务实。"[1]外交语言的务实就是在开展外交话语中，所阐述的问题要尊重事实，善于应用事实，并寻求富有成效的言语活动目标。

1. 尊重基本事实

尊重基本事实是国家间开展外交的前提，而事实也最具有说服力。2011年10月19日，外交部发言人姜瑜主持例行记者会。会上有记者问道：《日本经济新闻》昨天发表文章称，中国公司对非投资无助于当地长远发展，中非经贸合作有可能成为非洲部分国家国内选举的争议点。中方对此有何评论？姜瑜对此作出如下回答：我想，出现一些对中非合作不同看法的原因，一方面是对中国对非政策没有全面、准确的了解；另一方面可能是一些个别企业的行为被片面放大，以偏概全。当然，我们会认真对待出现的问题，妥善加以处理。外界也应对中非合作抱有正常心态。姜瑜强调，中国本着真诚友好、平等相待、讲求实效、互惠互利以及共同发展的原则，与非洲各国发展互利共赢的经贸合作关系。这种合作有力地促进了非洲经济社会发展，给非洲人民带来了实实在在的利益，受到非洲国家的高度赞誉。姜瑜进一步给出一系列具体数字：中国在力所能及范围内向非洲国家提供援助，迄今共为非洲国家援建900多个成套项目，建成铁路2233公里，公路3391公里，体育场馆42座，医院54所，派出医疗队员1.8万多人次，培训各类人员3万多名，派遣技术人员35万人次，向非洲留学生提供政府奖学金3.4万个名额。同时，中国已成为非洲重要的贸易与投资合作伙伴。目前，中国是非洲第一大贸易伙伴，2010年中非贸易额达1296亿美元，中方逆差近70亿美元。中国对非直接投资存量超过100亿美元，在非设立企业1600多家，涵盖非洲社会经济发展的诸多领域，为非洲创造了

---

[1] 王符.潜夫论·叙录[M].开封：河南大学出版社，2008：276.

近 35 万个就业机会。姜瑜进一步指出，联合国非洲经济委员会、非洲开发银行等机构发表报告，对中非合作予以积极评价。今后，中方将同非洲国家一道努力，共同推动中非合作健康稳定发展。姜瑜说："我们希望国际社会客观、公正评价中非合作。实际上，中国对非合作也带动了国际社会对非洲的关注和投入，我想这对非洲是一件好事。"[1] 事实胜于雄辩。姜瑜通过中非关系发展的历史事实特别是一些实实在在的成绩向受众说明，中非之间合作所取得的成就有目共睹，妇孺皆知，不是任何外交语言所能抹杀的。

2. 善于使用数字

数字是一种量化的表述，在对外话语活动中，使用数字来阐述事实更加直观、具体，使传达的信息更加可靠和具有说服力。2005 年 3 月 6 日，在十届全国人大三次会议举行的记者招待会上，中国外交部长李肇星针对记者提出的在华盛顿出现了新一波的"中国威胁论"，以及如何认识新一波"中国威胁论"的实质、这一波"中国威胁论"会对未来的中美关系造成什么样的影响等问题时，引用了一组数据对这些问题做出了回应："2004 年，美国的国防开支是 4559 亿美元，占美国去年国内生产总值的 3.9%；而中国的国防费用去年是 2117 亿元人民币，占中国国内生产总值的 1.6%。"[2] 就是说，美国的国防开支是中国的 20 倍。同样是去年，美国人均国防开支 1540 美元，中国人均国防开支大约是 20 美元，美国是中国的 77 倍。[3] 还有一组数字是2003 年美国军费占全球军费总额的 47%，超过美国以外的 25 个军费大国当年军费开支的总和，是联合国安理会其他 4 个常任理事国军费之和的 3.5 倍。"[4] 李肇星用这样一组准确的数字强有力驳斥了美国鼓噪的所谓"中国威

---

1 中国网. 外交部：希望国际社会客观、公正评价中非合作 [J/OL]. http://www.china.com.cn/international/txt/2011-10/19/content_23672290.htm.
2 佚名. 外交部长李肇星答中外记者问 [J]. 科技与经济画报，2005，（2）：4-5.
3 郭巍，代莹莹，等. 浅谈两会记者招待会口译之汉英数字交传 [J]. 无锡商业职业技术学院学报，2011，（1）：99-100.
4 人民网. 灵活睿智缜密的"数字外长" [J/OL]. http://www.people.com.cn/GB/14576/28320/44535/44621/3223640.html.

胁论"，充分证明了中国是维护世界和平的坚定力量。

3. 善用他方话语

对于自己之外的涉事方话语的运用，意在用他人的相关话语支持自己立场、观点及阐述事实。在外交话语实践中善用他方话语，就是用对方认定的"事实"阐释问题，常常收到奇效。2011年1月6日，外交部发言人洪磊主持例行记者会。有记者问道：据报道，4日，赞比亚法官对去年10月因向罢工工人开枪被指控谋杀未遂的两名中国煤矿管理人员，以及为其提供担保的两名中国驻赞比亚使馆人员发出逮捕令，请证实。中方对此有何评论？对此洪磊答道：中方注意到上述报道。中国驻赞比亚使馆人员没有为上述涉案人员提供担保，赞比亚方面也从未向中国外交官发出逮捕令。有关报道纯属无中生有，我们对此表示强烈不满。赞比亚外交部昨天也发表声明，驳斥了有关报道。"[1] 这里新闻发言人借助赞比亚外交部发表的声明，驳斥了有关报道，意在表达此报道纯属无中生有，提高了发言人话语的可信度。

二、外交语言的务虚

外交人员在特定语境下恰当地运用外交语言，这不仅是高超的语言运用技巧，更是聪明睿智的展现。外交人员如果能够恰当地运用外交语言的务虚特点，既能维护本国利益，维护本国在世界上的形象，避免纠纷，还能更好地拓展外交局面。

（一）外交语言的务虚特征

外交语言的务虚常常表现在对语言模糊性的运用。对语言模糊性的运用有助于外交人员表明立场，捍卫国家尊严，维护国家利益，更是避免冲突尴尬和外交保密的必要手段。在外交场合，恰当地使用模糊性语言往往会收到比明确表态更好的外交效果，从而在外交工作中获得主动

---

1 中国网络电台. 外交部发言人就博斯沃思访华、中日反恐磋商等答问 [J/OL]. http://news.cntv.cn/china/20110106/111672.shtml.

权。2011 年 9 月 22 日，外交部发言人洪磊主持例行记者会。当记者问道："中国外交部昨晚表示，美售台武器将给两国在军事、安全等领域的交流合作造成损害，请介绍其具体影响。中方是否会对美国相关公司进行制裁？"洪磊答道："我想强调，无论是谁，只要从事或参与从事损害中国国家主权和领土完整的活动，都肯定要遭致中国人民的反对。"[1] 外交部新闻发言人对美售台武器一事已多次表明立场，记者多次追问中国对此事的具体回应，想从发言人口中获得一些实质性的信息，这显然是不适合对外公布的。洪磊巧妙地将对象无限放大，强调中国捍卫主权和领土的决心，没有直接说明具体回应措施，但是其言外之意，已明确表达了中国人民的反对态度。

2012 年 3 月 13 日，外交部发言人刘为民主持例行记者会。记者问道：据报道，近日，一名美军士兵在阿富汗开枪造成平民伤亡。中方对此有何评论？刘为民回答道："我们对这一事件感到震惊，对遇难者家属表示哀悼和慰问。作为阿富汗的友好邻国，我们衷心希望阿富汗早日实现和平与稳定。有关方面应多做有利于阿富汗安全稳定的事情。"[2] 呼吁有关各方"多做有利于阿富汗安全稳定的事情"这样虚指的方法，言下之意是在谴责美国的作为不利于阿富汗的安全稳定。

（二）外交语言务虚应用

在外交场合，虚指性词语、任指性词语以及集体性词语在运用中的优点在于：所指对象相对模糊、抽象，涵盖范围广没有明确具体的目标，能够给会话双方留有思考空间。

1. 使用虚指代替特指

为了避免不必要的麻烦，不得罪人，发言人倾向使用"相关国家""有关国家""其他国家""有关方面"等一些虚指性的词语避免特指。2011 年

---

[1] 2011 年 9 月 22 日外交部发言人洪磊举行例行记者会 [J/OL].http://www.fmprc.gov.cn/ce/cehu/chn/ztbd/fyrth/t861266.htm.

[2] 中国网.中方对美军士兵枪杀平民感震惊期阿实现和平稳定 [J/OL].http://www.china.com.cn/international/txt/2012-03/13/content_24887475.htm.

3月8日，外交部发言人姜瑜主持例行记者会。有记者问道：据报道，中国与越南经常在海上发生一些纠纷。中方将如何处理此类纠纷？姜瑜回答道："中国对南沙群岛及其附近海域拥有无可争辩的主权。我们一贯致力于通过对话与谈判妥善处理和解决南海争端，与相关国家共同努力维护南海的和平稳定。在南海问题上，中国政府一直采取高度负责的态度，保持了极大克制，并以建设性姿态提出了'搁置争议、共同开发'的主张。我们希望根据公认的国际法和现代海洋法，包括《联合国海洋法公约》所确立的基本原则和法律制度，与有关国家通过双边协商，以和平方式解决有关争议。我们希望域内外国家以实际行动尊重和支持有关国家和平解决双边争议的努力，促进睦邻互信、友好合作和地区稳定，不使有关争议复杂化。"[1] 在此案例中，记者想知道中国是如何处理与越南在南海问题上的一些纠纷，但新闻发言人在回答中没有涉及任何一个具体的国家，而是用了"有关国家""相关国家""域内外国家"等一些虚指性词语。我们知道，这一时期与中国在南海问题上有争议的国家不止越南一个，还有菲律宾、文莱、印度尼西亚等国家。发言人在这里使用"有关国家"与"相关国家"就避免了直接言及越南，同时也向受话者传递了这样的语用意义：不仅越南，还有菲律宾、文莱、印度尼西亚等国家在处理南海问题上都应当通过双边协商、互惠共赢，以和平方式解决有关争议。用"域内外国家"来指南海争端当事国和介入国,具有概括性。但是其中的"域"在表达意见时不作具体限定，留下因时而变，因地而变，因事而变的余地。

虚指性词语、任指性词语以及集体性词语在例行记者会上频繁登场，这在很大程度上有利于保全双方的面子，同时也避免了因针锋相对带来的麻烦。在另外一些情况下，发话人在话语表面上虽然是在评论某事件的某一特定元素，但实际上是在让受话人领悟这一元素之外的特指。2011年3月8日，外交部发言人姜瑜主持例行记者会。当记者问道：据报道，韩国国会议员称，韩国政府网络遭到中国黑客攻击。你对此有何评论？姜瑜回

---

1 中华人民共和国外交部.2011年3月8日外交部发言人姜瑜举行例行记者会 [J/OL].http://www.fmprc.gov.cn/ce/cehu/chn/ztbd/fyrth/t804386.htm.

答道:"我不知道这位韩国议员发表相关言论的依据和目的是什么。我想强调,中国法律禁止任何形式的网络黑客攻击行为,并依法严厉打击这类犯罪行为。个别人借所谓'网络黑客攻击'散布不利于中韩关系的言论是不负责任的。"[1]发言人使用了"个别人"这个虚称,而不是直接说出韩国国会议员。也就是说,"个别人"并非特指韩国国会议员的同时,也泛指近期声称遭到中国网络黑客攻击的某些国家,包括美国、加拿大等国。

2. 整体与部分的转换

整体与部分相互联系,又相互区别。整体由部分组成,部分制约整体。在外交话语活动中,如何通过自己的话语区分国际事务的整体和部分,同时运用事物的整体与部分之间的联系,实现整体与部分之间的转化,是外交人员语言能力的重要体现。

2011年6月21日,外交部发言人洪磊主持例行记者会。有记者问道:中方如何看待希腊债务危机?是否已敦促欧方加快解决债务危机?洪磊答道:"中国政府已经采取了增持欧元债券、推动中欧经贸投资合作等一系列积极举措,支持欧元区国家克服危机。中方愿意继续通过与有关国家的合作,帮助欧洲国家实现经济的稳定增长。"[2]发言人在话语表面上虽是在陈述"欧元区国家"的债务危机情况,实际却为了凸显"中方对希腊债务危机已感到担忧"这一局部要素。在这样的情况下,发言人就避免了因谈及具体问题而带来的不利局面,受话人借此也可领悟到发言人所传递的意义。

3. 将矛盾的焦点转移

将矛盾的焦点转移就是发话人针对对方提出的问题,不做出直接回答或不提供具体答案,而是将问题的焦点转移,或推给其他部门成为一种务虚的语用方法。2011年12月12日,外交部发言人刘为民主持例行记者会。

---

[1] 中华人民共和国外交部外国记者新闻中心.2011年3月8日外交部发言人姜瑜举行例行记者会【J/OL】.ipc.fmprc.gov.cn/chn/fyrth/t804386.htm.
[2] 中国网.中方采取一系列积极举措支持欧元区国家克服危机[J/OL]. http://www.china.com.cn/international/txt/2011-06/21/content_22830973.htm.

有记者问道：据报道，中方考虑利用其部分外汇储备建立新的主权基金进行海外投资。中方对此有何评论？刘为民回答道："这是一个专业问题。外交部并不掌握有关情况。建议你向主管部门询问，以获得权威的信息。"[1] 记者问的是关于外汇储备海外投资涉及经济领域的问题，发言人没有必须回答的责任，所以将问题推给"权威"部门，避免引起不必要的麻烦。2012年2月21日，外交部发言人洪磊主持例行记者会。有记者问道：有报道称，俄罗斯仍在向叙利亚方面出口武器。中方有何评论？洪磊对此做出如下回答："我不掌握你提及的情况。我们希望国际社会在叙利亚问题上发挥建设性作用。"[2] 记者提出的问题是很棘手的，问题不仅涉及中、俄对叙利亚的立场问题，还设下圈套，让中方评论俄国，有挑拨之嫌。发言人以掌握信息不足为借口将问题推开，避免对敏感问题做出评论。

外交语言的运用需要将其精确性与模糊性统一起来。一方面，精确性要求外交人员在口头与书面表达中的遣词造句准确、贴切，因人因事选用恰当的格式，避免生搬硬套。[3] 准确性对外交语言是极其重要的，不仅包括准确地表达己方的立场、感情和态度，也应包括准确地了解对方的立场、情感和态度；另一方面，外交语言的模糊性要求外交人员使用巧妙的表达方法，在回答某些敏感问题时，既能被对方接受，又能表达出自己的倾向性而不被抓住某些把柄，进而避免使自己处于不利的境地。这种精确性与模糊性相互统一，彼此借助的方法，成为外交语言虚实并用的一种具体的阐释。

---

1 人民网.2011年12月12日外交部发言人刘为民举行例行记者会 [J/OL]. http://world.people.com.cn/gb/16581102.html.

2 中国新闻网.外交部发言人就叙利亚问题立场、中美关系等答问 [J/OL]. http://www.chinanews.com/gn/2012/02-21/3686974.shtml.

3 郭立秋，王红利.外交语言的精确性与模糊性 [J]. 外交评论，2002，(4)：80-84.

第十七章 外交语言中潜台词的运用

部分是全部的一部分，禁止这部分就等于准许那部分。1963年7月25日，美、英、苏三国代表在莫斯科签订了《禁止在大气层、外层空间和水下进行核武器试验条约》(也称《部分禁止核试验条约》)。美、苏、英在相关空域进行核试验后，禁止其他国家在这些空域进行核试验的实质就是歧视、垄断，与国际社会主张消灭核武器的主张大相径庭，背道而驰。为此，1963年7月31日，中国发表了《中国政府主张全面、彻底、干净、坚决地禁止和销毁核武器、倡议召开世界各国政府首脑会议的声明》。

上图为1963年8月5日《部分禁止核试验条约》条约签字仪式现场。

潜台词作为一种弦外之音、言外之意的运用方式，在日常生活中的各种场合中被广泛应用。在外交舞台上，外交人员在对外话语活动中对潜台词尤为青睐。他们常常借助语言的模糊性，避实就虚，声东击西，言在此而意在彼，委婉含蓄又不失风趣幽默地申明自己的主张，表明自己的态度；或机智巧妙地探讨对方底线，给自己留有余地；或运用其化解外交中的尴尬或危机，从而达到维护国家利益、实现国家外交目标之目的。

一、潜台词的概念

潜台词，顾名思义，是指在某一话语的背后所隐藏着的那些没有直接、明白表达出来的意思，常指不明说的言外之意。最初运用于戏剧的台词之中，是指虽没有直接说出，但观众能根据人物的表演和剧中特定情境就可以心会意通的间接语言。潜台词也被称为话中之话、弦外之音。在话语互动中，需要受话人做到"听话听声，锣鼓听音"。潜台词有着令人敬服的绝妙智慧，仔细思索，回味无穷。潜台词在表面词语上可能显得轻歌曼舞，随心所欲，而其隐藏的含义则是剑拔弩张，针锋相对。因此，潜台词的意义不能完全通过字面的意思来理解，其中包含了广泛的信息和更深的含义，需要细细品味。

在外交舞台上，外交人员对潜台词的运用俯拾皆是，随处可见。外交人员常常借助语言的局限性、选择性、模糊性，甚至还包括一定的肢体语言，间接地表达外交意图。所以理解和把握外交语言中的潜台词，不仅对对方语言所表达的潜在意义有准确理解，也可借助潜台词表达自己的意图，进而能更好地维护国家的利益。

春秋末期，齐国大夫晏子出使楚国，楚王赐酒给晏子。在酒酣之际，两个官吏绑着一个人走到楚王面前。楚王问："绑着的人是什么国家的人？"侍者回答说："是齐国人，犯了偷窃罪。"楚王瞟着晏子说："齐国人本来就善于偷窃吗？"晏子回答说："橘生淮南则为橘，生于淮北则为枳，叶徒相似，其实味不同。所以然者何？水土异也。今民生长于齐不盗，入楚则盗，得无楚之水土使民善盗耶？"[1] 这段话表面上是说："橘子生长在淮河以南就是橘子，生长在淮河以北就变成枳了，只是叶子的形状相像，它们果实的味道不同。这样的原因是什么呢？是水土不同。现在老百姓生活在齐国不偷窃，到了楚国就偷窃，莫非楚国的水土使老百姓惯于偷窃吗？"其潜台词却是：因为你们楚国没有好的社会风气，才使我们齐国原本安分守己的老百姓到楚国就成为了盗贼。晏子以"以子之矛，攻子之盾"的方式，通过潜台词维持了自己国家的利益并对楚王进行了有力的反驳。

二、潜台词的功能

外交语言作为外交工作的载体有其不同于其他语体的独特之处，其显著特征就是讲究策略，注重技巧。为此，外交人员常常在外交言语活动中运用潜台词来回答敏感性问题以缓和交流气氛。在外交舞台上，我们常看到的外交人员言语谦和，用词礼貌，殊不知在这些看似温和的语言背后，却常常是暗流涌动，隐藏着质疑和试探、批评和指责，有时甚至是杀机。这需要外交人员对他人的话语要有敏锐判断、冷静分析，特别是能准确理解美好的外交辞令下所掩饰的"潜台词"，才能了解对方话语的真正用意，正确理解国家间关系。综合而言，潜台词在外交语言中具有下列功能。

（一）绵里藏针，不露声色地争取外交主动

1964年1月，毛泽东主席根据当时的国际形势及发展态势，提出在美苏两大阵营之间存在"两个中间地带"的战略思想，即在美苏之间存在着两个中间地带：亚、非、拉美是第一中间地带；欧洲、北美的加拿大、大洋洲、日本是第二中间地带。在这一战略思想的指导下，中国采取主动积极的态度发展同西欧国家的关系。为此，中国邀请了英国前总参谋长、陆军元帅蒙哥马利访华。在一次宴会上，周恩来总理安排陪客的阵容强大，令蒙哥马利大感兴趣。他们之中有中国末代皇帝溥仪，有原中国大资本家荣毅仁，

1　见刘向《晏子春秋·内篇杂下第六》.

尤其是还有刚刚获得特赦的国民党将领杜聿明。周恩来总理在介绍到杜聿明时，对蒙哥马利笑道："他同陈毅作过战。"蒙哥马利问："你们谁战胜了？"周恩来总理指着陈毅说："他获胜了。"蒙哥马利转向杜聿明："那次战役中你有多少军队？"答："100万。""拥有100万军队的统帅是不应该被打败的。"杜聿明说："可是陈毅有200万军队，因为我手下的人最后都跑到他那边去了！"[1]一时满座笑声。实际上这里周恩来总理的安排就是一种争取外交主动的做法。这些座上客，原来都是共产党的敌人，现在却冰释前嫌都坐在了一起，意在向国外传达中国共产党具有海纳百川的胸怀，也有把国内各种力量统一起来的执政能力。"他同陈毅作过战"其潜台词是：现在两家握手言和。你蒙哥马利，视共产党为敌人，我们也是可以握手言和的。

（二）表明态度和主张，释放多种"信号"

在当今既相互对抗又相互合作、既相互排斥又相互利用的国际关系中，每当有敏感问题出现或者面对危机和争端时，外交人员需要发出既能被对方接受，不留把柄，又能表达出自己倾向性的话语来申明主张，表明态度。但在开展外交活动中，在语言表达上不能直言不讳，需采取或拐弯抹角、旁敲侧击，或指桑骂槐、含沙射影，或释放可作多种解读"信号"等隐晦曲折方式。从外交场合这个特定的语境来看，潜台词的运用不等同于说出话来令人费解，或者是故弄玄虚，实质是发话人运用语言的不确定性达到明示其外交意图的一种语用策略。

1960年4月，周恩来总理在尼泊尔首都加德满都举行记者招待会，当谈到中国和尼泊尔两国对珠穆朗玛峰的划法不一致时，美国《时代》杂志一名记者问道："关于埃佛勒（即珠峰）的问题，你在这次会谈中是否已作决定？你刚才讲过的话，含义是由中尼两国把它平分。尼泊尔是否同意？"周恩来回答说："无所谓平分，我们还要继续进行友好协商，这个珠峰把我

---

[1] 当代中国人物传记丛书编写组.陈毅传[M].北京：当代中国出版社，1998：124.

们两国联结在一起,不像你所设想的会把我们两国分开。"¹毫无疑问,该记者在了解中国对此问题的政策时也有意在此借机挑拨两国关系。面对刁难,周恩来用一"分"一"联"的寥寥数语,借纠正记者提问之机,变被动为主动,表达了和平解决争议问题的美好愿望,并借此强调了中国对邻国的友好睦邻政策。语言朴实,但寓意深长。

英国时任首相布朗于 2007 年 7 月 29 日启程前往美国,开始他接任首相以来的首次访美。为此布朗临行前在伦敦发表声明,专门阐述了他的对美立场。声明称,英国和美国都看重人的自由、机会和尊严。共同的价值观已把双方牢固地捆绑在一起。两国过去曾经并肩应对过许多挑战,将来还要共同处理各种世界性的难题。因此在未来几年内,英国不但不会与美国拉开距离,而且还要进一步加强双边关系,因为这符合英国的国家利益。²众所周知,布莱尔政府与布什政府保持了多年的密切关系,布莱尔下台的主要原因之一就是与美国走得太近,甚至不惜代价参加了美国主导的伊拉克战争。一般认为,布朗上台后将会接受布莱尔的教训,与布什拉开一定的距离,两国关系自然会随之疏远。这份声明充分发挥潜台词的功效,通过对美英关系历史上的合作明白无误地表达出英国处理同美国关系的立场,这样不仅能打消美方的疑虑,也打消国内外舆论在英美关系上做出的种种猜测。

长期以来,中国从国家和平发展的战略要求出发,鲜明地提出"中国奉行防御性的国防政策"。³这是对世界做出的郑重宣示,也包含着丰富的潜台词。首先,中国加强国防建设不会对任何国家构成军事威胁,是保障和平发展权利和保卫和平发展成果的客观需要。这是中国防御性国防政策最直接的言外之意,是谋求"不战而屈人之兵"长远的政治考虑的必然选择,是中国特色社会主义和人民军队性质宗旨的题中之义,是积极防御战略与和平外交政策的本质要求。这既符合中国人民的根本利益,也有利于世界

---

1 姚鑫隆. 周恩来外交辞令的言语魅力 [J]. 南昌高专学报,1997,(3): 10.
2 彭丽. 英美关系并无降温迹象 [N]. 工人日报,2007-7-31(8).
3 夏成效,袁艺. 准确把握防御性国防政策的"潜台词"[N]. 战士报,2014-3-28(3).

和平发展。其次，防御性的国防政策绝不等同于放弃使用武力，要坚持国防政策防御性与保卫国家利益坚决性的统一。"能战方能止战"，中国坚持走和平发展的道路需要有捍卫和平的能力。当前中国与一些国家还存在领土主权和海洋权益争端，中国政府一直采取克制态度，但克制并不等于软弱，更不等于没有战略底线。在维护国家主权和安全、捍卫国家利益上，我们有权采取包括军事手段在内的一切措施。

（三）试探对方的底线，同时给自己留有余地

在外交实践中，对于有些问题，如敏感问题、尚不清楚的问题，外交人员常常处于不便说或不好说的境地。出于外交策略的考虑，外交人员需要把本来很清晰、很具体的事情用含糊话语说出来。含糊影响理解，但含糊并不等于不能理解，或者就没必要理解。受话人需要运用其信息解码能力，推导出发话人的深层含意。依据关联理论，在处理话语时，用最小力得到最大语境效果，就是最佳关联。很多时候，发话人用含糊表达就是为了省力，试图通过省力的表达实现最佳交际效果。在外交潜台词中，发话人常常利用语用含糊的可推导性特征，使受话人通过对相应潜台词的解码和话语处理，以及结合语境，推理出发话人想要表达的真正外交意愿以及隐含的外交寓意。

在中华人民共和国成立之初，中国外交尤其是对西方外交极其艰难。当时中国为了打破美国的包围，积极开展外交活动。但是周边国家对新中国是有戒心的，特别是美国的反共宣传，强化了许多国家关于所谓中国意识形态威胁的意识，因此如何消除周边国家的顾虑是中国外交方面的一个重点。在一次谈话中，印度尼西亚总统苏加诺对陈毅说："我的生活方式、我讲的东西是资产阶级的一套，恐怕你们不愿听。"陈毅诚恳地说："我们把你当作朋友看待，并且我认为做个资产阶级革命家并没有什么坏处。我们的孙中山先生就是中国资产阶级革命的领袖人物，无论如何他是先驱者，是中国历史上的伟大人物。"[1] 苏加诺于是释然。其实，苏加诺的话是带有试探性的，试探中国

---

[1] 当代中国人物传记丛书编写组. 陈毅传[M]. 北京：当代中国出版社，1998：124.

的外交是否以意识形态来划分朋友和敌人，而陈毅外长的这段话的潜台词是：我们虽然意识形态不同，但这并不妨碍我们成为朋友。这里用了孙中山这个历史人物为背景，很好地打消了对方的疑虑。

1970年8月18日，美国记者斯诺问周恩来总理："如果中国要找一个盟友，找俄国谈判的可能性大还是找美国的可能性大？"当时，由于国际力量的重新大组合，使美国对中国的威胁要小于苏联的威胁。但美国毕竟是帝国主义，而苏联是社会主义。面对这个棘手的问题，周恩来总理只是笑了笑："我也一直在问我自己这个问题！"在这里，周恩来总理没有直截了当地说出答案，也没有轻易地推说不知道，而是轻而易举地扭转话题。这样回答既坚持了中国外交原则，又灵活策略地跳出了斯诺的陷阱。又有一次，斯诺提了一个令人尴尬的问题："什么时候中国将像你们所宣传的那样赶上英国的工业生产？"周恩来总理回答："赶上英国已不再是我们注意的中心问题，我们的工业现代化也不能仅通过增加几种工业品产量的办法来实现。"[1]在这里，周恩来总理没对具体时间做出正面回答，而是回答我们的工业发展方向，表达了中国人民的力量和自尊，言简意赅，恰到好处。通过这个例子我们发现，周恩来总理采用避实就虚的方法，不正面回答问题，而是淡化问题，既回避了对方的试探，又摆脱了困境。语言富有情趣，令人回味无穷。

毫无疑问，在当今国际社会国家与国家之间的关系是错综复杂的。各国、各方都有自己的利益考量。相互之间有着程度不同、纵横交错的矛盾和分歧。有些矛盾和分歧是显而易见的，有些则是隐而未露的。每个国际事件、国际问题都有特殊的具体情况。在处理相关国际问题时，既要坚持原则性，又要讲究灵活性和策略性。在进行相关外交政策表达时，需要运用潜台词缓和外交氛围，淡化冲突的强度，进而达到事半功倍的效果。赤裸裸地表达自身利益诉求的语言在外交中是不多见的，因为在外交活动中除了要讲究外交的风度、智慧外，更重要的是要留有余地，尽可能地避免正面冲突。

---

1 姚鑫隆.周恩来外交辞令的言语魅力[J].南昌高专学报，1997，(3):10.

三、潜台词在外交语言中的应用

1954年4月，周恩来总理在日内瓦会议后拜访了越南政治家胡志明，之后又返回日内瓦。时任法国总理孟戴斯·弗朗斯急切地向他打听胡志明对国际磋商的反应如何。周恩来总理回答说："我发现所有和我交谈的人都对和平持有相同的要求。"然而，他又玄妙地加上几句："但是，每一方都需要向另一方接近……这并不是说每一方都要做相同的让步。"[1] 在这里，周恩来总理不仅没透露弗朗斯所需要的信息，却转移话题，借机宣传了我国的外交方针和立场是：双方各退一步，双方也就向前接近了一步。

2005年10月29日，美国国防部长唐纳德·拉姆斯菲尔德、国务卿赖斯和日本防卫厅长官大野功统、外务大臣町村信孝共同出席新闻发布会，公布双方签订的《安全磋商委员会文件——美国日本同盟：为了未来的改革与调整》。协议中阐明，美日加强防卫合作"对于阻止威胁稳定的军备增加、防范侵略和应对各种安全挑战至关重要。"[2] 这份协议显然赋予日本更多自我防卫责任，也提高了日本在太平洋地区的安全的影响。根据协议，日本可以进行自我防御和应对日本周边各种局势，包括"诸如弹道导弹攻击、游击或特别武装攻击和侵占边缘岛屿等"新威胁或各种突发事件。美日新协议暗示出的潜台词之一就是制衡中国。因为五角大楼不仅将中国的发展视为对台海地区稳定的威胁，还认为中国会威胁日本、印度等亚太国家安全。

综上所述，在外交语言中运用潜台词，不仅能丰富外交语言的表达技巧，使表达方式多样化，最重要的是在外交场合中做到照顾相关方面面子，增强表达的灵活性，起到幽默、委婉劝诫、含蓄抒愤等效果。作为外交谈判的润滑剂，恰当地使用潜台词有助于打破僵局，更好达到传递外交信息、实现外交话语活动的目标。

---

1 姚鑫隆.周恩来外交辞令的言语魅力[J].南昌高专学报，1997，（3）:11.
2 邓玉山.美日军事协议潜台词：制衡中国[N].新华每日电讯，2005-10-31（8）.

第十八章 引经据典，魅力彰显

经典指具有典范性、权威性、最有价值的文学、艺术和政论等作品。对经典的引用，可以表达对经典所代表文化的赞美，拉近与经典所表达的思想、观念及情感的距离，并在较短的时间内把复杂的意图和情感展示出来。

在首轮中美战略与经济对话会议上，美国总统奥巴马在开幕式上引用了中国先哲孟子的话"山径之蹊间，介然用之而成路；为间不用，则茅塞之矣……"。这句话体现的哲理是矛盾双方在一定条件下可以相互转化。美中两国的任务就是要为后代共同探索一条通往未来的道路，以防止彼此之间出现互不信任的情况。他说，双方都应注意随时维护这条道路，即便在双方发生分歧的时候，也不要让这条道路被荒草埋没。

上图为 2009 年 7 月 27 日美国总统奥巴马在首轮中美战略与经济对话上发表演讲。

如何灵活运用外交语言是外交人员的必修课。高超的外交语言艺术不仅能帮助外交活动的有效开展，而且往往能成为外交界的美谈佳话。在众多外交语言艺术中，引经据典成为外交家乐此不疲的选择。优秀的外交家在很多外交场合总能娴熟地使用古语、谚语、名言和故事。这些历经沉淀的经典话语，或画龙点睛，或诙谐幽默，或意味深长，在开展外交活动中倍受外交人员的青睐而被广泛应用。

一、娓娓道来，情谊绵长

　　受多种因素的影响，外交人员在外交场合彼此间会出现话题较少或不知从何说起的处境。如何应对这种话语窘境，迅速找到交流突破口是外交人员面临的问题。讲出应景的故事是很多外交人员常用的方法。短短一个故事能够为双方找到共同点和渊源，使原本陌生或交流较少的外交人员彼此增加亲切感，为双方外交活动的开展创造有利条件。在外交活动中，无论是回顾源远流长的历史故事，还是讲述现实个人交往的趣闻，只要是能反映出国与国之间、人民与人民之间的友好和情谊，并能改变现场氛围，就有助于加深双方的感情，有利于双方推进彼此的往来和交流。

　　朝鲜战争的爆发使得原本可以发展正常关系的中英两国陷于断绝来往的境地。1954年日内瓦会议的召开成为双方关系得以重新发展的契机。1954年6月1日，在苏联外长莫洛托夫的撮合下，周恩来总理和英国外交大臣罗伯特·安东尼·艾登有了能面对面交谈的机会。艾登是个热情外向的人，在莫洛托夫的牵线搭桥下，艾登很快和周恩来总理聊开了。他告诉周恩来总理，一位昔日战友的弟弟哈门一周前给他来信，希望他能信任周恩来的每一句话，因为哈门很熟悉周恩来。周恩来总理对此表示感谢，并兴致勃勃地与艾登讲起了他与哈门的交情。两个没有建立外交关系国家的外交人员的第一次谈话，因有了共同的谈资而变得轻松和融洽。

　　中华人民共和国成立初期，为了打破以美国为首的资本主义国家对新中国的封锁，力求与更多的国家建立外交关系，以获得国际社会对中国新政权的承认，周恩来总理不断奔波于世界各地。1956年12月20日，周恩来总理应邀对巴基斯坦进行友好访问。在欢迎宴会上周恩来总理指出："据可靠的历史记载，我们两国早在第五世纪就开始了文化和经济交流。中国高僧法显和玄奘为了寻求知识，先后访问贵国，从你们这里学到了许多东西，丰富了当时的中国文化。早在第六世纪，中国学者们就怀着钦佩和尊敬的心情著文介绍白沙瓦的情况。"[1] 尽管此时的中国国力尚弱，但中国地域广阔、人口众多。中国总理能以如此谦虚的态度讲述两国的历史，使巴基斯坦人民深为感动。巴基斯坦领导人苏拉瓦蒂感慨地说："小国总理竟能与大国总理像朋友一样交谈，以友好谅解的精神交换意见，这才是真朋友！"[2] 1957年1月31日，周恩来总理应邀出访锡兰，在锡兰领导人所罗门·班达拉奈克的陪同下，周恩来总理前往古都康提访问并出席市民的欢迎招待会。在招待会上，周恩来总理兴致高昂地讲起1500年前中国高僧法显跋山涉水到康提求学的故事，以展现了中、锡两国人民悠久的友谊。故事使锡兰人民对中国人民的亲切感油然而生。故事说明早在千年以前，中国人民和锡兰人民就有了来往和友谊，千年之后的两国人民还有互不来往的道理吗？

中国国家主席习近平在对很多国家进行访问的演讲中，常常引用一些小人物但却又意义重大的故事。2013年3月25日，习近平主席访问坦桑尼亚，在该国的尼雷尔国际会议中心发表了题为《永远做可靠朋友和真诚伙伴》的演讲。演讲中讲述了一对中国年轻人到坦桑尼亚蜜月旅行，并把旅途中的所见所闻发布在博客上受到瞩目的故事。习近平主席还在演讲中提到中国电视剧《媳妇的美好时代》在坦桑尼亚热播的情况。这两个故事表明了中国和坦桑尼亚人民有着紧密联系，两国经济文化生活方面有着频繁往来。通过具体的故事使习近平主席的讲话更接地气，拉近了与当地民众的距离。习近平主席的演讲博得阵阵掌声，受到当地民众的欢迎。2013年3月29

---

1 王俊彦. 大外交家 周恩来 [M]. 北京：经济日报出版社，1998：238.
2 王俊彦. 大外交家 周恩来 [M]. 北京：经济日报出版社，1998：238.

日,习近平主席在刚果共和国议会发表的《共同谱写中非人民友谊新篇章》的演讲,与大家分享的是中国和刚果两国人民患难与共的故事:2010年中国青海玉树遭受重大的地震灾害的袭击。刚果政府向中国伸出了援助之手,为灾区捐建了"中刚友谊小学",以帮助因为地震而失去上学机会的孩子们;在刚果2012年的一次特大暴雨中,三位原本已经脱险的中国华侨奋力救出了122位邻居。习近平主席用无数鲜活的事实向人们证明,中国与刚果的友谊已经融入民众的生活中,并将长久流传下去。

二、妙引故事,化解分歧

在国家间交往的过程中,摩擦和分歧在所难免。外交人员各为其主,在维护自身国家利益的过程中,难免与他人有冲突之处。一味地讲大道理不一定能收到意料之中的成效,而借用一个轻松愉快的小故事讲述立场,不仅能清晰地阐明自己的观点,也能使对方更容易接受和理解。更重要的是,一个轻松愉快的小故事有利于创造融洽气氛,利于外交活动的顺利进行。

中国作为联合国安理会常任理事国,在解决国际问题上有着举足轻重的作用。1999年9月,联合国安理会五大常任理事国在伦敦磋商讨论伊拉克问题。作为协调员的中国代表李保东司长用自己小时候的故事开始了自己的讲话:"记得我小的时候,遇到晚上翻来覆去睡不着觉,我奶奶就叫我将枕头换个方向试试,结果还真灵。今天,我们磋商的目的,就是换个角度来讨论一下如何解开伊拉克问题这个'死扣'。"[1] 李保东司长用这个小故事号召各方换个角度思考问题,以便于各方能在伊拉克问题上达成一致意见,更快更好地解决问题。小故事往往蕴藏着大智慧。以小见大,把纷繁复杂的国际问题和寻常人的生活小难题做对比,形象生动,能使别人更好地理解所表明的立场,使中国一开始就很好地充当了调解员的角色。

---

1 陈伟雄. 你所不知道的——联合国里的小秘密 [J/OL].http://www.people.com.cn/GB/guoji/25/95/20020122/653062.html.

三、巧用谚语，一语中的

在人类历史长河中，人们总结了许多经验之谈，久而久之成为谚语被广为流传。这些谚语很多都是至理名言，成为指导人们待人接物和为人处世的方式和方法。外交活动中最理想言语活动的莫过于用最简单的话语获得最大的认可和理解，一句简单明了的谚语也许就能把晦涩难懂的国家大事一目了然地呈现出来。短短一行字或许就找到了问题的关键，外交难题可能就迎刃而解。

1989年春夏之交，中国遭遇"政治风波"，中国外交也受到巨大的冲击和影响。中国与一些国家的外交活动处于停滞状态，并受到西方国家的封锁和制裁，中美关系也降到了建交以来的最低谷。1989年6月，美国总统布什致函邓小平，希望派特使秘密访问中国，改善中美双方的关系。经过慎重考虑，中国政府做出决定同意布什总统的要求。美国特使斯考特罗夫特于1989年7月1日秘密访华，并与邓小平进行了开诚布公的对话。在接见斯考特罗夫特时，邓小平引用中国的谚语"解铃还须系铃人"，表明造成中美关系倒退的原因在于美国，而不是中国。只有美国这个"系铃人"去"解铃"，即改正自身的错误，不干涉中国的内部事务，才能突破"瓶颈"，从根本上克服双边关系遇到的难题，实现双边关系的改善。斯考特罗夫特的第一次访华之行没有从根本上解决双方的分歧，但是，美国特使实地考察中国的实情，并了解到中国领导人的观点和意见，对双方之后的接触与和解打下了良好基础。其中，邓小平的"解铃还须系铃人"一说，更是给他留下深刻印象。在此之后布什总统和邓小平的信函来往中，对谁才是"解铃人"进行了争论。这说明美方虽然不承认自己是"系铃人"，但是明确了中国对这一问题所持的基本立场及双方责任所在。中美关系中确实需要犯错一方积极改正，才能把双方关系引向积极的方向。这也反映了邓小平对国家大事的观察和判断独具慧眼，并具有高超的外交智慧。

巧用谚语能够将复杂的事物通过最简短的话语表达出来，从而达到一语中的表达效果。2003年春天,中国遭受"非典"袭击,全国笼罩着病魔的阴霾。"非典"病菌不仅夺走了不少人的生命,也使中国外交陷入了停顿,英国首相、新加坡总理等国外政要原定的对华访问被推迟或取消,被取消的还有4月下旬将在北京召开的世界知识产权组织峰会。在如此"恐怖"的气氛中,国内迫切希望能有积极的事件给予中国多方面支持。尽管法国2003年3月已劝阻公民不要到中国北京和广州旅行,但在中国驻法大使馆人员的积极努力下,法国拉法兰总理4月25日的访华之行还是如期进行了。对于拉法兰总理的仁义之举,中国政府回以破格接待。25日,中国总理温家宝总理和胡锦涛主席分别设午宴和晚宴款待拉法兰总理。在宴会进行期间,温家宝总理和胡锦涛主席都对拉法兰总理说出"患难见真情"的谚语,以感谢法国对深处困境的中国人民的支持和鼓励,也体现了中法两国人民的友谊和情义是真正靠得住的。

　　随着国力的增长,中国以更加积极的姿态参与到国际活动中,外交工作也受到越来越多的挑战。2010年上海世博会取得了圆满成功,而中国能有机会举办这一盛会是与很多外交工作者辛勤劳动分不开的。申办2010年世博会的国家有6个之多,除中国以外,还有韩国、俄罗斯、墨西哥、波兰和阿根廷。阿根廷由于经济危机在2002年5月退出了申办,但竞争激烈程度依然不减。除了做好城市的形象宣传和筹备工作,申办的陈述对是否能获得世博会主办权尤为关键。中国代表团的陈述有理有据,被认为是最精彩、最有说服力的,连竞争对手韩国代表团团长在做完陈述后,都对中国代表团说觉得韩国要输了。时任驻法大使吴建民在介绍中国代表团长、国务委员吴仪时,引用中国的一句谚语:"妇女能顶半边天"。然后又补充道,吴仪女士作为参加此次大会的中国代表团团长,既代表了中国女公民,也代表了中国男公民。因此这就不是半边天了,而是整片天。吴建民大使幽默的话语为吴仪国务委员接下来的讲话创造了良好的氛围,代表"整片天"的吴仪团长凭借自己出色的个人魅力和口才,为中国上海赢得2010年世博会宝贵的主办权扮演了重要角色。

　　将谚语灵活运用到外交语言中不仅能在最短的时间内,通过最简捷的方式回答那些需要耗费许多唇舌笔墨来回答的问题时自有其优势,在应对对方那些刁钻古怪的问题时尤见其独特的功效。1996年是联合国秘书长换届选举年,每到选举前,人们都会猜测揣摩有谁会竞选下一届的秘书长。当有位记者就时任联合国秘书长加利是否会竞选下一任秘书长问题向加利发问,以求证其决定。加利没有正面回答这个问题,而是微笑着说:"古埃及有句谚语,'旧鞋好穿'。"一时引起全场轰动。顾名思义,"旧鞋好穿"就是表示现任的秘书长更适合,也就表示他会谋求连任。选取谚语来代替明确的竞选诉求显然更具感染力和艺术性。

  优秀的外交人员不仅要学会使用本国的谚语,还要懂得如何运用别国的谚语。李肇星外长素以诙谐幽默闻名,2012年3月中国"两会"期间,他担任第十一届全国人大五次会议发言人。当英国独立电视台记者问及中国军费问题时,李肇星引用一句希伯来的古代谚语予以回应:"人类一思考,上帝就发笑",他说:"我觉得我们应该让上帝多笑一笑了,我们要多思考思考。我正在思考的问题之一,就是怎么好多西方记者年年就特别盯着中国的军费问题。"[1] 随后,李肇星耐心而详细地向英国记者解答了该问题,共耗时8分钟,用了近1000字。中国谚语在中国人看来有道理,但在与西方媒体打交道的时候,他们可能无法真正理解中国的谚语含义及其哲理,而使用对方的谚语表达观点,更容易使他们接受和理解。同时,使用对方熟悉的语言也能增加亲切感,拉近彼此的距离。李肇星首先用这样一个幽默的说法对记者们一直抓着中国军费问题表示不理解,既表达了自己的立场和观点,又不会导致双方之间的分歧尖锐化。尔后,李肇星认真地回答英国记者提出的问题也表明:虽然外国记者的问题有失偏颇,但是中国也愿意友好地解答并化解西方媒体对中国的误解。李肇星高超的语用技巧和智慧在给与会者留下深刻的印象的同时,也有利于积极的中国国家形象在世界范围内的传播。

  2013年3月23日,习近平主席出访俄罗斯,在莫斯科国际关系学院

---

[1] 田军,欧阳开宇,刘羡.两会特写:"铁嘴"李肇星说谚语 秀英文[J/OL]. http://www.chinanews.com/gn/2012/03-04/3716670.shtml.

演讲时，用中国的谚语"鞋子穿了合不合脚，只有自己才知道"来形容国家发展的道路必须要自己选择，别人的道路不一定适合自己。除了这一被人们津津乐道的中国式谚语外，习近平在出访时还使用了一些外国的谚语。在俄罗斯，他用俄罗斯谚语"大船必能远航"寄望中俄关系可靠牢固必能乘风破浪、扬帆远航；在坦桑尼亚尼雷尔国际会议中心的演讲时，习近平主席用非洲谚语"河有源泉水才深"形容中非友好交往源远流长。[1]

四、援引古文，昭示现实

中国五千年文化源远流长，中国文字更是独具魅力。在历经几千年的文化积淀中，我们的祖先留下了许许多多优美而富有哲理的辞藻，这些都成为中国人珍贵的财富和宝藏。学识渊博的中国外交人员也喜欢引经据典，将其灵活地运用到外交工作中，形象生动地表达中国的外交方针和政策。

中国外交部前部长李肇星被称为诗人外交家，文学修养很高，这也体现在他的外交发言中。2006年3月"两会"期间，李肇星外长出席记者招待会并回答记者提问。当被问及中非关系的时候，李肇星外长说，在非洲有个国家叫佛得角，这是个很小的国家，那里的人们非常的客气和谦逊，并不断地说，"我们的国家很小"。李肇星想告诉他们"'山不在高，有仙则灵'，国不在大，热爱和平、主持公道就好。"[2] 李肇星借刘禹锡的《陋室铭》中的名句表明，中国与非洲的交往不论国大国小，只要讲道理，中国都一律秉持着平等、和平的原则交往。

长期以来，人权问题常被西方用来作为攻击中国的工具。中国在联合国挫败了第52届人权委员会上的反华提案之后，在1997年第53届人权委员会上又一次面对反华提案。1997年对于中国来说是重要的一年，邓小平同志不幸离世，举国悲痛；被英国殖民百年的香港回到祖国的怀抱；中共第

---

[1] 习近平永远做可靠朋友和真诚伙伴——在坦桑尼亚尼雷尔国际会议中心的演讲 [J/OL].http://www.fmprc.gov.cn/web/ziliao_674904/zyjh_674906/t1024949.shtml.

[2] 新华网.李肇星答中外记者问 [J/OL].http://news.xinhuanet.com/misc/2006-03/07/content_4271889.htm.

十五次全国代表大会于秋季召开。而中国在日内瓦的人权斗争上取得的辉煌胜利则是当年的另一件大事。1997年3月,吴建民大使作为中国代表团团长在日内瓦会议上发言,并援引古语"礼尚往来,来而不往非礼也"和"勿谓言之不预也"表明在人权问题上,中国不会任由其他国家诽谤和污蔑,会奋起反抗,因为这也是有人权的表现。中国在此向要对中国进行攻击的国家发出警告和声明。随后,中国代表团在会议上与美国为首的西方国家进行了有礼有节的斗争,辩论异常激烈。中国代表团最终赢得广大发展中国家的支持,以打败丹麦的反华提案为标志,取得了胜利。此后在1998年的联合国人权委员会议上,没有国家再提出反华提案。

第二次世界大战结束后,美国在越南发动了第二次越南战争。美国战争的目的是扶植吴庭艳政权,推行其在东南亚的霸权。长期以来,中国积极支持越南的民族解放斗争,这一次当然也坚定地站在了正义的一边。中国不仅为越南人民提供人力和物力上的支持,中国领导人也积极地为越南领导人出谋划策。越南领导人胡志明与毛泽东主席和周恩来总理都有非常亲密的私人关系,胡志明主席多次到北京与中国领导人商讨对敌方略。面对美国优良的装备和强大的兵力,越南人民的斗争显得异常艰苦。1967年4月,胡志明派范文同到北京商讨对策。周恩来总理为勉励越南人民继续斗争直至实现最后的胜利,引用了《战国策》的"行百里者半九十"以期望不要半途而废。在旁的叶剑英接着说出"老骥伏枥,志在千里,烈士暮年,壮心不已"的经典话语。周恩来总理向范文同解释了叶剑英引用的这句曹操的名句,并表示无产阶级要有雄心壮志,不畏强敌。

中国抗日战争结束后,中国与日本的交往是从民间展开的,随后上升到官方外交。周恩来总理亲自制定了"民间交往,以民促官"的八字方针。这一方针有力地将中日民间的外交力量加以联合,对官方外交的发展起着不可替代的重要作用,至今依然有着很重要的影响。当时,在民间交往不断深化发展时,日本政府追随美国政府采取对中国敌视的外交方针,严重影响了两国的交往。1962年,受日本首相池田勇人托付,松村谦三访问中国。

时值八月中秋佳节，周恩来妙用节令，以"花好月圆，人寿年丰"节令贺语把欢迎会的气氛推向了高潮。松村谦三听了周总理的话也很高兴和激动，积极回应了周恩来总理的祝福："希望日中关系能像中秋明月一样，永远圆满、明亮、光辉，愿在有生之年为打开两国关系而献身。"[1]一年多之后，松村谦三就给廖承志打电话，希望中国派兰花代表团去访问日本。廖承志想起了《易经》里："同心之言，其臭如兰。"的句子，并意识到松村先生的要求派中国兰花代表团访问日本的用意深远。廖承志迅速向周恩来总理请示并被批准，派出了由兰花专家组成，以福建省委统战部长张兆汉为团长的中国兰花代表团。"兰花外交"很快促进了中日贸易的发展，日本开始向中国出口维尼纶成套设备，之后中日的民间交流愈加频繁。松村先生也实现了改善中日关系的心愿，中日两国关系进入了一个新的发展时期。

2013年3月27日，金砖国家领导人第五次会晤在南非德班举行，中国、南非、巴西、俄罗斯和印度的国家领导人都出席了会议。面对人们对金砖国家合作发展前景的质疑，习近平主席在讲话中引用古语"志合者不以山海为远"来回应。尽管金砖五国远隔千山万水，又有着不同的政治制度，国情也不尽相同，但是，大家聚在一起都是因为有着发展——这个共同的理想。不仅如此，习近平主席还引用"独木难成林"的谚语，强调金砖五国要推动发展伙伴关系、促进彼此之间的合作，以求共同发展。

五、趣引名言，成就外交

除了家喻户晓的古语和谚语，还有一些名人名言也为外交人员所喜用。在恰当的时间使用恰当的名人名言能够起到意想不到的外交话语效果。这些名人名言常常成为推进相互关系发展的点睛之语。

2006年4月21日，胡锦涛主席应邀在耶鲁大学发表演讲。胡锦涛主席的开场白引用了美国民族英雄内森·黑尔的名言：我唯一的憾事，就是没

---

1 王俊彦. 大外交家——周恩来[M]. 北京：经济日报出版社，1998：297.

有第二次生命献给我的祖国。内森·黑尔是美国独立战争时期的英雄，为了美国的独立，他献出了自己年轻的生命，殉国时仅 22 岁。这句写在耶鲁大学的拉丁课本上的名言流传至今，内森·黑尔也成为了耶鲁的骄傲。胡锦涛主席的演讲从这一名句开始，对耶鲁大学报以了最真挚的敬意，也是对美国人民最诚挚的尊重。演讲一开篇就拉近了与耶鲁大学师生的距离，使演讲取得了非常好的效果。

在外交场合中，出色地引用名句和故事的事例不胜枚举。成功的关键在于，外交人员不仅要懂得国家外交大政方针，国际关系发展的大势，还要具备优秀的个人文化修养、学识渊博、临危不惧并拥有高超语言技巧。无论是经典中的名句，还是耳熟能详的谚语，都是一个国家文化的积淀和人民智慧的结晶。外交人员对经典的妙用不仅有助于外交活动的开展，也是对各自国家文化的展现和传播。为此，外交人员在开展外交活动中不能仅专注于自己国家的文化，还需要了解世界上大多数国家的文化，并适时地站在受众国的立场发言。这样既能表达对他人的尊重，树立自己良好的形象，也能在使用对方话语的过程中拉近彼此的距离，增强对外话语的功效。

第十九章　外交中如何说"狠话"

　　"我是带着橄榄枝来的,也是带着一个自由战士的枪来的,请不要让橄榄枝从我手中滑落。"巴勒斯坦民族权力机构主席阿拉法特的惊世宣言,让整个国际社会置于选择"橄榄枝还是自由战士的枪"的境地。

　　上图为1974年11月15日阿拉法特在联合国发表演讲。

外交语言是在外交领域使用的特殊语体。对外交语言的运用不仅是一门技术，更是一门艺术。由于外交事务关乎国家的切身利益，外交语言通常采用独特的方式表述事实，在特定语境中甚至使用直接、强硬的"狠话"表达方式。本文将从"狠话"措辞的特点、类型和效用等方面，对外交"狠话"进行分析和解读。

一、义正词严式

这类"狠话"往往采用语气强烈的副词修饰，如"绝对""完全""必须""一定"等。由于外交事件发生的背景、时间及地域不同，原因、性质及严重程度不同，表态的轻重、缓急及方式也不同。如表示"反对"，可以使用"关切""关注""严重关注""严重关切""感到不安""遗憾""表示遗憾""愤慨""反对""强烈反对""谴责""抗议""强烈抗议""最强烈抗议"等程度、分寸不同的词。

中美关系是当代重要的国际关系之一。美国为实现全球霸权，干涉中国内政，以意识形态划界敌视社会主义中国；通过对台湾出售武器扶植"台独势力"，蓄意制造"两个中国"，阻碍中国国家统一，对中国领土完整、主权独立、国家安全等多方面都构成严重威胁。在台湾问题上，中国必须立场坚定，严厉回击美国的霸权主义行径，以维护国家利益，彰显保卫国家安全的决心。为此，在外交语言上需使用清晰、明确和带有强烈感情色彩的语言进行表达。针对美国售台武器这一性质极其恶劣粗暴干涉中国内政的行为，中国政府已经不止一次地明确表达坚决反对的态度。

2010年1月7日，外交部发言人姜瑜就美对台军售答记者问时表达了明确的反对态度。当记者问道：据媒体报道，美国国防部近日已批准美国洛克希德·马丁公司，实施布什政府2008年10月宣布的对台军售计划，将向台湾地区出售"爱国者"导弹。请问中方对此有何评论？姜瑜回答道："美方向台湾地区出售先进武器装备，严重违反中美三个联合公报特别是"八一七"公报原则，损害中国安全利益和台海和平稳定，干涉中国内政。

中方对此表示强烈不满和坚决反对，并已向美方提出严正交涉。必须指出，台湾问题事关中国主权和领土完整，始终是中美关系中最重要、最敏感的问题。我们强烈敦促美方认清售台武器的严重危害性，抛弃冷战思维，恪守中美三个联合公报特别是"八一七"公报原则，恪守尊重中国核心利益和重大关切的承诺，纠正错误，停止售台武器，以免给中美合作大局造成损害。我们也奉劝有关公司停止推动和参与售台武器，不要做损害中国主权和安全利益的事。"[1] 针对美国国防部宣布将向中国的台湾地区出售"爱国者导弹防御系统"一事的提问，外交部发言人姜瑜的回答中，使用了"严重违反""强烈不满""坚决反对"等表达情绪较强的修饰副词。毫无疑问，发言人的表态立场明确，措辞强硬，具有警告作用。

2010年1月30日凌晨，美国政府正式宣布，美国将向中国的台湾地区出售"黑鹰"直升机、"爱国者—3"反导系统、扫雷艇等总额近64亿美元的武器装备。随后中方通过多种渠道表示强烈反对。外交部副部长何亚非连夜向美驻华大使洪博培提出严正交涉。何亚非表示："美方行径严重违反中美三个联合公报特别是'八一七'公报原则，粗暴干涉中国内政，严重危害中国国家安全，损害中国和平统一大业。中方对此表示强烈愤慨，并提出严正抗议。"[2] 何亚非还指出："在中美两国1982年8月17日共同发表的'八一七'公报中，美方明确承诺不寻求执行一项长期向中国的台湾地区出售武器的政策，逐步减少对台军售，并经过一段时间导致最后的解决。然而，美方多年来非但没有减少和停止售台武器，反而不断向台湾地区出售各种先进武器装备，严重违反自己做出的郑重承诺。特别是近一段时间来，两岸关系明显改善和发展，美方此时仍以所谓《与台湾关系法》为借口，宣布新的对台军售计划，这将向台湾方面发出严重错误信号，也将向'台独'分裂势力发出严重错误信号，给台海和平稳定造成严重损害。中方不能不

---

1 外交部外国记者新闻中心. 外交部发言人姜瑜就美对台军售答记者问 [J/OL].http://www.fmprc.gov.cn/chn/gxh/tyb/fyrbt/dhdw/t649080.htm.

2 光明网. 外交部：中方将对参与售台武器美国公司实施制裁 [J/OL].http://www.gmw.cn/content/2010-01/31/content_1047408.htm.

问：美方究竟是不是支持两岸关系和平发展？美方是不是要在台海地区制造新的不稳定？"[1] 何亚非表示："去年，中美关系在双方共同努力下取得良好开局，这符合双方共同利益。但近来，由于美方执意实施美上届政府对台军售错误决定、对华采取贸易保护主义措施等问题，中美关系已经受到严重干扰。美方宣布上述售台武器计划，势必进一步损害中美关系，给两国诸多重要领域的交往与合作造成严重消极影响，导致双方都不愿看到的后果。"何亚非还表示："台湾问题事关中国主权和领土完整，涉及中国核心利益，关乎中国人民民族感情，始终是中美关系中最重要、最敏感的核心问题。中方强烈敦促美方充分认清售台武器的严重危害性，认真对待中方严正立场，立即撤销售台武器的错误决定，停止对台军售。否则，美方必须为由此产生的严重后果负责。"[2]

国防部外事办公室主任钱利华少将 2010 年 1 月 30 日奉命召见美国驻华使馆国防武官，就美国政府宣布售台"黑鹰"直升机、"爱国者—3"反导系统、"鱼鹰"级扫雷艇、"鱼叉"导弹及多功能信息分发系统等武器向美方提出严正抗议。钱利华说："中方对美方向台湾出售近 64 亿美元的武器装备表示强烈不满和坚决反对。台湾问题事关中国的主权和领土完整，涉及中国核心利益。美售台武器严重违反中美三个联合公报，严重危害中国国家安全，损害中国统一大业，严重违背两国领导人就新时期中美关系达成的共识和《中美联合声明》的原则，势必给中美两国两军关系带来重大消极影响，到头来也将严重损害美国自身利益。"钱利华进一步指出："美方多次重申坚持一个中国政策，遵守中美三个联合公报，支持两岸关系和平发展。然而，美方却背信弃义，再次售台武器。中国军队对美方这种公然干涉中国内政、损害中国国家安全利益的行径表示极大愤慨，予以强烈

1　光明网. 外交部：中方将对参与售台武器美国公司实施制裁 [J/OL].http://www.gmw.cn/content/2010-01/31/content_1047408.htm.

2　人民网. 就美售台武器提出严正交涉和抗议 [J/OL].http://politics.people.com.cn/GB/1026/10888178.html.

谴责!"[1]

全国政协外事委员会负责人 2010 年 1 月 30 日就美国实施售台武器计划问题发表谈话表示:"在涉及中国主权、内政和尊严的问题上,中国人民从来是讲原则的,决不会妥协和退让。我们奉劝美方认清时代发展潮流,恪守承诺,立即纠正向中国的台湾地区出售先进武器的错误决定,停止售台湾地区武器,不要再做损害两国关系发展、不利于世界和平事业的事情。"[2]

这一系列表态确实达到了预期的效果,从外国媒体的报道中可以得到证实。对于中国的反应,美国有线电视新闻网援引一名美国高官的话说,美国虽然早就预料到中国会批评美国对台军售,但是却没有想到中国会做出这么激烈的反应,并声称美国"不希望对美中关系造成永久伤害"。英国《卫报》援引专家的分析说:"这是近几年来我们所看到的最为强烈的反应"。《独立报》的评论说,中国对美国的对台军售作出"史无前例的反应",这表明中国日益上升的全球实力。美国《洛杉矶时报》认为,美国对台军售的一个直接后果,将是奥巴马计划在 4 月召开的核安全峰会中国很可能只派遣一名低级官员,而奥巴马本来希望中国国家主席参加。《洛杉矶时报》还说,中国激烈的言辞可能意在阻止美国向中国的台湾地区出售 F-16 战斗机,奥巴马政府还没有在是否出售 F-16 战斗机一事上作出决定。[3]

从以上中国表态使用的措辞来看,从最初的"强烈不满""坚决反对"到"强烈愤慨""严正抗议",再到"极大愤慨,予以强烈谴责",措辞分寸逐步加强,警告程度也相应升级。在不断升级的表态过程中,中国采取了相配套的四项反制措施,即暂停两军计划内的有关互访安排;推迟中美两军部分交往项目;推迟双方原定举行的中美副部长级战略安全、军控与防扩散等磋商;将对参与售台武器的美国公司实施制裁等。这些措施使得美

---

[1] 人民网.就美售台武器提出严正交涉和抗议 [J/OL]. http://politics.people.com.cn/GB/1026/10888178.html.

[2] 人民网.就美售台武器提出严正交涉和抗议 [J/OL].http://politics.people.com.cn/GB/1026/10888178.html.

[3] 温宪,蒋丰,陈一,卢长银.中国"史无前例"地强硬回击对台军售令美方意外 [J/OL].http://world.people.com.cn/GB/10896519.html.

方认识到，中国外交表态不仅仅是一句句"狠话"，而是会付诸行动的。

二、比喻对比式

不同于上述正式警告式的外交"狠话"，比喻对比式的"狠话"，通常是在对方提出挑衅性问题的情况下，运用比喻对比回应对方话语以实现说"狠话"的目的。这类外交"狠话"由于没有充足的时间做特别准备，往往带有明显的个人特点且更加生动，更有力度，也更有说服力。

2004年2月25日，美国政府公布了《2003年度国别人权报告》，内容包括世界上190多个国家的人权状况。在关于中国人权问题上，美国采取双重标准，对中国在人权领域已经取得的成绩完全避而不谈，反而指责"中国人权纪录仍然不佳，特别是政府严重侵犯人权的现象非常普遍……中国在人权关键问题领域出现严重倒退等"。3月，美国在联合国第60届人权会议上第11次提出意在抨击中国人权问题的议案。面对美国针对中国的人权提案，时任中国常驻联合国日内瓦办事处大使沙祖康发表即兴答辩，措辞直接且强烈："西方国家，绝不是保护人权国家的楷模；发展中国家，也绝不是侵犯人权的带领者。人权会议并没有授权任何国家，或者国家集团，成为人权法官，而发展中国家，也不应该永远是人权法庭的被告。中国有句古话，'正人先正己'，我们希望个别国家，在批评和指责别人之前，先拿镜子，好好照照自己。"[1] 沙祖康大使用"镜子"打比方，指出美国在人权问题上的双重标准，有力地回击了美国政府针对中国的人权提案。沙祖康大使当时短短4分钟的答辩，中间有5次被掌声打断。最终结果证明，这段即兴答辩既态度明确又形象生动地指出了美国行为的虚伪性和双重标准，因而取得了非常好的话语效果。2004年4月15日，联合国人权委员会第60届人权会议以28票赞成、16票反对、9票弃权的投票结果，通过了中国提出的对美国提案"不采取行动"的动议。

---

[1] 央视网. 沙祖康：不辱使命——《东方之子》专访联合国新任副秘书长 [J/OL]. http://news.cctv.com/china/20070212/106892.shtml.

中国老一辈外交家善用比喻对比方式阐述自己的立场和观点。1960年4月，周恩来总理为解决中印边界问题访问印度。在一次谈判中，印方提出一个挑衅性问题："西藏什么时候成为中国的领土的？"周恩来当即答道："西藏自古就是中国的领土。远的不讲，至少在元代，它已经是中国领土的一部分了。"印方却说："时间太短了。"周恩来严肃地说："中国元代离现在已有700来年的历史了，如果700来年都被认为是时间短的话，那么，美国建国到现在只有100多年的历史，是不是美国不成为一个国家呢？这显然是荒谬的！700来年与100多年哪个历史长？"周恩来通过700来年与100来年的数字比较，驳得印方哑口无言。[1] 在这次言语交锋中，周恩来总理虽然并未采用极其强烈的措辞，却通过数字对比的方式清楚地阐明了事实，让对方毫无还口之力。

1982年9月，英国首相撒切尔夫人访华，中英两国政府关于香港问题进行外交谈判。24日，邓小平在人民大会堂与撒切尔夫人进行会谈。在谈及香港主权问题时，邓小平明确阐述了中国政府所坚持的三个基本立场："主权问题不是一个可以讨论的问题""1997年中国将收回香港""中国要收回的不仅是新界，而是包括香港岛、九龙的全部香港"。邓小平进一步指出："中英两国就是要在这三个前提下进行谈判，商讨解决香港问题的方式和办法。""中国在香港问题上没有回旋余地……如果中国政府在1997年，也就是中华人民共和国成立48年后还不能把香港收回，任何一个中国领导人和政府都不能向中国人民交代，甚至也不能向世界人民交代……如果不收回，就意味着中国政府是晚清政府，中国领导人是李鸿章！……人民就没有理由信任我们，任何中国政府都应该下野，自动退出政治舞台，没有别的选择。"[2] 邓小平代表中国政府申明不迟于一两年的时间，中国就要正式出台收回香港的政策，这实际上已经向撒切尔夫人抛出了解决香港问题的时间表。最后，邓小平向撒切尔夫人毫不妥协地表示："我还要告诉夫人，

1　李卉. 周恩来的外交絮语 [J]. 老友，2005，（1）：19.
2　邓小平. 邓小平文选（第3卷）[M]. 北京：人民出版社，1993：12-13.

中国政府在做出这个决策的时候，各种可能都料想到了……如果说宣布收回香港会出现夫人所说的'带来灾难性的影响'，那我们也要勇敢地面对这个灾难，做出决策。"[1] 邓小平的讲话，毫不妥协地表达了中国政府收复香港的决心和立场，彻底击碎了撒切尔夫人企图以主权换治权的幻想。会议结束后，黯然失神的撒切尔夫人在走出人民大会堂下最后一级台阶时，不慎跌了一跤，香港媒体更是以此为题大做文章："一失足成千古恨"。

对于和邓小平的这次会谈，撒切尔夫人后来回忆："我与邓小平会面，而他果然不负务实之名，香港问题最终在他手中打开症结。据他表示，香港维持资本主义制度毫无问题，而主权问题中国政府在一两年后会宣布收回；我则再度表示，希望能在1997年之后，英国以同样法律、政治与金融体系继续行使主权的问题再做进一步磋商，若能就此达成协议，不但能够提振港人信心，而且我保证必就主权问题给予中方满意的回复。然而邓小平不为所动，并一度表示，如果愿意的话，中国今天晚些时候可以走着过去收回香港。"[2] "当我在1982年9月访问远东之际，英国和我在世界上的地位因打赢了福克兰群岛（阿根廷称马尔维纳斯群岛——作者注）战争而与以前大不相同了。但是，如果说我们遭遇了什么挫折的话，那就是与中国人就香港问题的谈判了。"[3]

比喻对比式的用法，在外交语言实践中俯拾皆是。1974年9月，联合国大会有56个成员国建议把"巴勒斯坦问题"这个议题列入大会议程。之所以如此，是因为20多年来巴勒斯坦问题及巴勒斯坦人民的地位和前途，都没有作为单独的大会议程项目出现。此次他们的提案在联合国大会获得通过，实为历史上一大突破。1974年11月13日，巴勒斯坦解放组织领导人阿拉法特到纽约出席第29届联合国大会。阿拉法特欢迎大会重新审查巴勒斯坦问题并发表演讲，成为第一个在联合国大会全体会议上发表讲话的

---

1 邓小平.邓小平文选（第3卷）[M].北京：人民出版社，1993：13.
2 玛格丽特·撒切尔.唐宁街岁月——撒切尔夫人回忆录[M].北京：国际文化出版公司，2009：238~239.
3 玛格丽特·撒切尔.唐宁街岁月——撒切尔夫人回忆录[M].北京：国际文化出版公司，2009：237.

非政府组织代表。他在发表演讲的结尾指出："我是带着橄榄枝来的，也是带着一个自由战士的枪来的，请不要让橄榄枝从我手中滑落……那些称我们是恐怖分子的人试图阻止世界公众了解关于我们的真相，试图阻止我们接受公平。"通过橄榄枝和枪的比喻和对比，阿拉法特表达了自己对和平的期望，同时也表明不会放弃为了自由的斗争的决心。这样一来，他把选择和平还是战争的主动权交给了联合国，并促使联合国给予巴勒斯坦解放组织一个合理的地位。1974 年 11 月 22 日，联合国大会作出决议 A / RES 3237(××1×)，决议邀请巴勒斯坦解放组织以常驻观察员身份参加联合国大会的会议和工作，并参加联合国大会和联合国其他机构发起的所有国际会议。

三、口号式

口号一般是指供口头呼喊有纲领性和鼓动作用的简短句子。在国际关系实践中，对一些关键国际问题的表态常常运用口号式的语言来表达自己的坚定立场，诸如："顺我者昌，逆我者亡""严惩挑衅者""坚决打击敌人""打一场圣战""绝对不能让敌人得逞"等。

2010 年 11 月 23 日，朝韩延坪岛炮击事件发生。朝鲜人民军最高司令部在平壤发表新闻公报称："朝鲜人民军对韩国向朝鲜领海发射炮弹这一严重的军事挑衅行为毫不留情地予以军事反击。"[1]新闻公报还表示："严惩挑衅者是朝鲜军队历来的传统，今后韩国军队如若再胆敢侵犯朝鲜的每一寸领海，朝鲜都将毫不留情地实施军事打击。"[2] 12 月 17 日，朝鲜军方要求韩方立即取消在延坪岛海域实施海上实弹射击训练的计划，并表示如果韩方忽视朝鲜的事前警告，执意举行实弹射击训练，朝鲜将为保卫自己的神圣领海进行第二、第三次"难以预测的自卫反击，反击范围和强度将比上次更

---

1 新华网. 朝鲜军方说朝鲜采取军事措施反击韩国的挑衅 [J/OL]. http://news.xinhuanet.com/world/2010-11/23/c_13619125.htm.
2 新华网. 朝鲜军方说朝鲜采取军事措施反击韩国的挑衅 [J/OL]. http://news.xinhuanet.com/world/2010-11/23/c_13619125.htm.

大更强。"[1] 朝鲜中央通讯社 12 月 18 日援引外务省发言人的话说,韩国声称将在延坪岛再次进行实弹射击是对朝鲜克制力的"不可容忍的戏弄",是"完全不正当的好战性挑衅行为",将给朝鲜半岛带来不可避免的灾祸,朝鲜军方将对侵犯朝鲜主权和领土完整的挑衅者实施"坚决的、无情的处罚"。韩国军方于当地时间 12 月 20 日下午 2 点 30 分在延坪岛附近有争议的海域如期举行实弹射击演习。然而朝鲜却没有像 17 日所表态的那样,做出任何实际的军事反击。对此,朝鲜人民军最高司令部于 20 日发表新闻公报解释道,朝鲜没有对韩国举行的实弹射击训练予以反击,是因为"不值得这样做"。朝鲜进一步解释称,美韩两国在半岛西部海域延坪岛进行的军事挑衅行为是一场"奸诈的阴谋",它试图刺激朝鲜实施军事报复,从而将朝鲜半岛推向战争边缘,以挽救美国濒临破产的对朝战略和失败的亚洲政策。同时,这也是一场"宣传性"的挑衅,试图以此拯救韩国当局面临的统治危机,挽回当局和军方的脸面。朝鲜对于这样"卑劣的军事挑衅""不值得每次都加以应对"。

面对朝鲜的强硬措辞,韩国也毫不示弱。2010 年 12 月 23 日,韩国总统李明博在视察位于江原道杨口的陆军第 21 步兵师团时指出:"我们愿意通过和平方式实现朝鲜半岛的和平。我们绝不会先行进攻,但当遭到突袭时,我们应毫不手软地进行反击……过去我们忍受了很多,我们以为只有忍耐,才能维护半岛和平。我们知道,只有采取强硬措施应对挑衅行为,才能维护和平,防止战争。"李明博总统还将朝鲜称为"近在咫尺的世界上最好战势力",并称朝鲜应该将开发核武器的资金用到帮助朝鲜民众摆脱贫困上。

在韩国总统对朝强硬的同时,朝鲜也通过多种渠道,针锋相对向韩国放狠话。朝鲜人民武装力量部部长金永春 12 月 23 日在庆祝金正日当选朝鲜最高军事领导人 19 周年的集会上表示:"敌人已将朝鲜半岛局势推到战争爆发的边缘,作为应对,朝鲜革命武装已准备好随时打一场基于核威慑力量的圣战。……如果美帝国主义及其追随势力发动全面战争,朝鲜革命

---

[1] 成晓河. 延坪岛危机下的半岛局势 [J]. 环球,2011,(1):62.

武力将会消灭侵略者及其根据地，将消除战争的根源，以此实现祖国统一的伟业。如果敌军侵犯朝鲜领土、领空、领海，即使是 0.001 毫米，朝鲜人民军队将毫不犹豫地进行强硬打击。"当日朝鲜《劳动新闻》发表文章说，今年以来持续不断的大规模军事演习说明，韩国政府根本无视国家和民族的命运，执意进行"制度对抗"，这"导致朝鲜半岛局势空前紧张，战争危险急剧增加。"此番"狠话"对抗，在数量和强度方面明显是朝鲜占了上风。然而归结到实际效果，朝鲜的"狠话"难免有些夸大和不切实际。尤其是不留余地的"毫不犹豫地进行军事对应打击"表态后，面对韩国的军事演习却没有对应的实际行动。这使之前的强硬表态最终成为一纸空文。这样的措辞不但不能起到威慑的作用，反而增加了不足为信的效果。本来在国土边界问题上，使用毫米这样细微的长度单位就已经很不切实际了，尤其还是针对朝鲜韩国本来就存在争议的边界。同时，在表态中不断以军事反击相威胁，只能激化紧张局势，不利于事态朝着解决问题的方向发展。

四、绵里藏针式

外交狠话的最高境界应该是绵里藏针，即说话柔中带刚，软中有硬，轻声说重话。绵里藏针式的表达方式表现为话虽然听起来柔和，可能说话的时候还面带微笑，但表达的意思却很重要，往往发人深省。绵里藏针式的表达方式比生硬的表达方式更易令人接受，达到的效果却最"狠"。

赫鲁晓夫上台之后，就搞大国沙文主义，向中国提出了一些有损中国主权的要求，被中国拒绝。此后，赫鲁晓夫并不甘心，1959 年亲自来到中国。在与周恩来总理会谈休息时，赫鲁晓夫想为难一下周恩来："我们两人有共同之处，都是国家的总理。但是我们两人也有不同之处：我出身于工人家庭，而你出身于剥削阶级家庭。这不是挺有意思吗？"周恩来总理笑着回答说："我们两个还有一个共同点，就是我们都背叛了自己的阶级。"[1] 赫鲁晓夫本想让周恩来总理下不了台，殊不知搬起石头砸自己的脚。周恩来总理这么

---

[1] 人民网. 周恩来外交史上的八个经典幽默 [J/OL]. http://book.people.com.cn/n/2012/0731/c69360-18634096.html.

回答，既文雅、不失礼貌，又有力地回击了赫鲁晓夫的刁难。显然，其威力比正面争辩要强得多。

在他国土地上获得司法豁免权是美国外交一直推行的做法。早在 2002 年美国向联合国提交一项提案，提出联合国授权的所有维和人员和多国部队，在驻在国享有司法豁免权。他们在执行任务时犯罪，当地政府无权审讯他们，也无权将其送交国际法庭。[1]此决议在安理会通过后，每年延长一次。2004 年 5 月，正当美国信心十足地向联合国安理会提交一份就海外美军继续享有司法豁免权的提案准备表决之际，中国驻联合国大使王光亚在接受美国记者采访时表示，伊拉克和阿富汗的大批战俘受到非人虐待，美军应对此承担责任。"这些行为亵渎了国际法和人道主义法"，"我们不希望看到一项保护这些（活动）的提案获得通过"，并告诉美国记者："我想我们现在很难对此采取支持的立场。对于这个提案有三种选择，支持、弃权和否决。我的政府正在考虑使用其中的一种。"[2]尽管王光亚并没有把话说死，也没有说中国一定动用否决权，但话里有话，他的确是在作某种对美国不利的暗示。王光亚大使此番绵里藏针、柔中带刚的谈话一经媒体报道，无异于给美国政府当头一棒。美国驻联合国大使内格罗蓬特当即将提案紧急撤回。美国领导人当然明白，就在此前，美国在台湾问题上发出的一系列错误信号，大大激怒了中国。作为安理会常任理事国，中国拥有否决权。美国极为担心中国将在讨论这一提案时动用否决权。在这种情况下，谁也不能排除中国对提案投反对票。而一旦这项提案在安理会遭到否决，海外美军犯罪将受驻在国政府审判或被送交国际法庭。特别是驻伊拉克美军发生的虐俘事件，甚至波及美国高层，若国际刑事法庭介入，其后果就不堪设想。因此，美国对王光亚的表态感到非常紧张，继撤回提案之后，美国总统布什、国务卿鲍威尔马上向中国开展"电话外交"攻势。一次次给中国领导人打电话，表示理解中方对台湾问题的关切，强烈重申在台湾问题上，美国坚持"一个中国"的政策，遵守美中三个联合公报，反对"台独"。鲍威尔还直言不

---

1 刘爱成. 媒体猜测对台政策激怒中国 美怕我国用否决权 [N]. 环球时报，2004-6-2（1）.
2 中国网. 媒体猜测对台政策激怒中国 美怕我国用否决权 [J/OL]. http://www.china.com.cn/chinese/law/581036.htm.

讳地提到那份美国提案和伊拉克等问题,希望中方继续给予合作。美国《华盛顿邮报》据此认为,这是中国以否决权为手段,换取美国在台湾问题上的让步。毫无疑问,王光亚选择安理会讨论美军司法豁免这样一个关键时刻,发表此番耐人寻味的谈话,使得美国人慌了手脚,令其在台湾问题上的态度有所收敛。[1]

在外交言语活动中,外交"狠话"由来已久。根据具体场景及交往目的,外交"狠话"具有不同的表达形式。但总体而言,外交事关国家切身利益,其语言讲究礼貌和策略。外交"狠话"运用得当,有助于清晰明确地表达本国立场,形成良好的话语效果。否则,如果运用过度,其效果会适得其反、大打折扣,被国际社会视为空话。因此,对外交语言中的"狠话"进行分析,研究它的实际功效,掌握它在语言环境中的各种表达方式,有助于正确了解外交事实及相关国家政策,从而更好地为外交目标的实现创造条件。

---

[1] 李家发. 外交外事知识与国际交往礼仪[M]. 南宁:广西师范大学出版社,2008:356-357.

第二十章　外交中如何用语言化解难题

"双方保证除本条约在规定的情况外不部署反弹道导弹系统来保卫本国领土，不为这种防御提供基础，不部署反弹道导弹系统来保卫个别地区。"美苏所签的《限制反弹道导弹系统条约》被称为两个打架人在打架前先约定："我可以打你，但你不能挡；你可以报复我，但我也不挡"。

上图为1972年5月26日，苏联领导人勃列日涅夫同来访的美国总统尼克松在莫斯科签署该条约。

外交语言是外交活动最基本和最活跃的工具。善于运用外交语言能够解决诸多武力、战争所不能解决的问题，在各种不利条件下能力挽狂澜、扭转乾坤，发挥拯救国家命运的作用。能否很好地运用外交语言成功处理或尖锐，或敏感，或艰涩的外交难题是外交人员外交智慧、语言能力最直接的体现。

一、利用矛盾，排除障碍

在人类社会发展过程中，矛盾无时无处不在。如何解决矛盾是人类进步必然面临的挑战。在国家交往的过程中，采取强力手段化解矛盾早已有之，同样，通过语言化解外交难题也大有人在。

春秋战国时期苏秦游说五国联合抗秦是历史上广为人知的成功外交。为了联合各国抗秦，苏秦充分利用各国间的相互矛盾，对相关国家进行了成功说服。他鼓动魏昭王说：魏国地方千里，人口众多，并不比秦弱，然而却一再向贪得无厌的秦国屈服，屡屡受到秦国的欺负。大王这样的贤明君主，早就不该侍奉秦国了。越王勾践只有三千士兵，还打败了吴国，杀掉了夫差。周武王也只有三千人，在牧野打败了商纣王。可见称雄天下不一定有众多士兵，关键是信心。魏国武士二十万，苍头二十万，摇旗呐喊的十万，战车六百，战马五千，士卒军械之数远超勾践和周武王。然大王与之相比差远了。侍奉秦，必须不断割让土地才能满足其贪欲，长此下去，国必亡，我为大王担心！苏秦此番话一出，使魏王羞愧万分，于是魏王立刻向苏秦寻求魏国的复兴妙法。紧接着苏秦再次向魏王建议，魏国与其他诸侯国联合起来共同抗秦，才能使魏国平安。魏王遂派兵加入伐秦联军。

游说魏国成功后，苏秦马不停蹄地奔向赵国，疏通外围后面见惠文王，再次展现唇枪舌剑之功。苏秦说：听闻普天下都认为大王是贤君，愿听您吩咐。而您之愿天下太平，百姓安居乐业。要做到这点，就要处理好各种关系。从赵国的角度来说齐和秦都是敌人，无论是联齐攻秦还是联秦攻齐，老百姓都会不安。不过眼下看来，大王若投靠秦国的话，秦必削弱韩、魏；

若投齐，齐必削弱楚、魏。魏弱必割让河外土地，韩弱会把宜阳送给秦。如此，上郡也就跟着沦陷。赵国本来四通八达的交通就会堵塞，赵欲向他国寻求援助就再也不可能了。秦的欲望是吞并东方各国，赵自然也在其中。那些割地给秦国的人，只为保住个人高官厚禄，而不着眼于整体利益。当务之急是韩、魏、齐、楚、燕联合起来，共同对付秦国。可让各国相约恒水，互派质子，订立盟约。只要秦侵略东方任一国，其他五国就出兵支援。若果然如此，秦岂敢出兵函谷关？苏秦这番话深入浅出、有理有据，击中要害，使得惠文王对入情入理的分析大加赞赏。最终不仅答应联盟，还送了苏秦车百辆，黄金千镒，白玉百双，锦绣千纯等，请他继续联络他国。

而后，苏秦到韩国，见韩王说：如果大王去侍奉秦国，秦国必定会向您索取宜阳、成皋。今年把土地献给它，明年又要索取割地。给它吧，却没有土地可给，不给吧，那么就会丢掉以前割地求好的功效而遭受后患。况且大王的土地是有限的，而秦国贪婪地索取是没有止境的，拿有限的土地，去换取无止境的索取，这就叫作拿钱购买怨恨，纠结灾祸。不用打仗，而土地就被割去了。我听说过一句俗话："宁愿做鸡头，不做牛后。"现在，如果向西拱手臣服，和做牛的肛门有什么不同呢？凭着大王的贤明，又拥有韩国强大的军队，却蒙受做牛后的丑名，我私下为大王感到羞耻啊。[1] 此番话感情充沛，逻辑严密，推理自然，再加上韩国多年屈辱史和韩国被动挨打的现实，激起韩王对秦的愤恨，使韩王发誓不再侍奉秦国，决定联合各国，与秦誓死一战。

苏秦的卓绝说服能力，基于他饱读诗书，见多识广，有敏锐的政治眼光，对君王卿相诸侯大夫们的心理了如指掌。他在深谙各国矛盾的前提下，能够巧舌如簧，利用他的三寸不烂之舌，直接攻击各国君主的软肋，创造了外交奇迹。

二、动之以情，晓之以理

第二次世界大战期间，丘吉尔临危受命，其接任英国首相之时正是德

---

[1] 刘向. 战国策（卷二十六）·韩策一[M]. 上海：中华书局，2012：814.

国肆虐欧洲之日。波兰、荷兰、芬兰、瑞典和挪威等均已被德国占领，德国的下一个目标就是英国。丘吉尔除了动用国内一切资源外，必须争取盟友援助才有可能在对德作战中取胜，而当时只有美国和苏联具备与德抗衡的能力。在寻求苏联帮助无望的情况下，英国唯一可以求助的便是美国。丘吉尔于1940年5月15日致电罗斯福总统陈述英国面临的严重问题及其对美国的影响：一旦英国沦陷，德日就会成为世界的主人，若美国不予英国援助，英国失败后美国就会遭此同样命运，希特勒就会获得一个征服世界的时机。然而，当时美国国内盛行"孤立主义"，美国政界对英国对德作战持悲观态度，这必然导致丘吉尔说服罗斯福支持英国对德作战困难重重，而形势却日益紧迫！

1940年6月11日，丘吉尔再次致电罗斯福，电报中说："自我上次冒昧以个人名义给你拍电报以来，已有段时间，期间发生很多事情，有好，有坏。现已到了非常紧急之时，请允许我们获得以前所要求的飞艇、汽艇和驱逐舰。"[1]接着丘吉尔进一步向罗斯福阐明：德国的进攻使得英国疲于应战，德军已经占领并飞过全部海岸，英国的海军还须经常准备击退可能从英吉利海峡来的进攻，还要应付从挪威、爱尔兰、冰岛、谢特兰群岛和法罗群岛的袭击……除此以外，英国还要控制地中海的出口，如果可能的话，还要控制整个这一内海，以防战火波及非洲。在对英国所面临的危机形势作出上述陈述之后，丘吉尔接着向罗斯福表明了英国的决心和急待解决但又无力解决的问题，以引起美国对英国所遭遇困境的同情，并为英美是唇亡齿寒关系做出铺垫："英国已经在建造大批的驱逐舰和驱潜快舰，但今后三四个月里，我们的舰是不够的。近几天11艘驱逐舰被击沉，而这一切均发生在敌人企图登陆以前。英国虽能长期经受这样的损失，但如若得不到强有力的援助，这些次要而且容易弥补的因素将导致战争失败。"读到此，罗斯福已经为之所动，并且认识到一旦因美国的隔岸观火造成英国失败，将来美国被攻击，将抱憾无门。紧接着，丘吉尔作最后陈词："英国深信，美国总统

---

[1] 维洛克斯.基地换来的军舰——1940年美国移交英国的50艘旧驱逐舰[J].国际展望，2003，(3): 57.

已洞悉战争的情形，定会竭尽所能为英国送来 50 艘或 60 艘驱逐舰，英国将迅速为其装上潜艇探测器，对付西部航道上的潜艇，从而使英国能够把比较新的和炮火较好的舰只运到英吉利海峡去抵御敌人。总统先生，我怀着崇高的敬意向你保证，在漫长的世界历史中，这是目前的当务之急……我深信，由于你十分了解海上情况，你将不会让我们因缺乏这些驱逐舰而难以渡过战争难关。"[1]

丘吉尔此番话语诚挚恳切，鞭辟入里，不仅将危机的客观现实活灵活现地呈现在美国面前，也形成了美国不援助终将后悔莫及的潜台词，使美国深感必须对英施以援手。与此同时，丘吉尔使美国相信英国取胜对美国有利，而德国取胜必将给美国带来灾难。在 1940 年下半年与 1941 年上半年，英国取得了美国 50 艘旧驱逐舰和其他物质上的援助，为孤军作战的英国补充了极大的能量！同时这标志着美国从中立国走向反法西斯行列的重大转变，美国更靠近英国，也更靠近战争。毫无疑问，丘吉尔对美开展的外交活动推动了美国对英国的援助，对英国最终取得胜利的作用不可低估，而丘吉尔出色的语言能力所起到的作用不容不觑。

三、求同存异，真诚包容

1955 年 4 月 18 日，亚非会议在印度尼西亚万隆召开。这次会议是现代国际关系史上的创举，标志着亚非国家自己掌握命运的新时代到来。开幕式后，各国相继发言。伴随着会议议程的进行，各种矛盾和分歧不断显现，并将矛头指向了中国。如何推进会议向着既定的目标发展并揭露某些国家的反华阴谋，中国总理兼外交部长周恩来当机立断，决定将原来的大会发言改为书面报告散发，利用休会的短暂时间，临时起草了一个补充发言稿。周恩来总理接下来的会议演讲成为人类历史上运用外交语言最成功的案例之一。

面对已经沸腾的难控局面，周恩来总理登上演讲台一开始就明确地指

---

[1] 维洛克斯.基地换来的军舰——1940 年美国移交英国的 50 艘旧驱逐舰[J].国际展望，2003，(3)：57.

出:"中国代表团是来求团结而不是来吵架的。"顷刻间,会场一片肃静,之后便是全场屏息,听完了周恩来总理的以下发言:"我们共产党人从不讳言我们相信共产主义和认为社会主义是好的。但是在这个会议上,用不着来宣传个人的思想意识和各国的政治制度。""中国代表团是来求同而不是来立异的"。我们之间的共同点,就在于我们"都曾经受过,并且现在仍在受着殖民主义所造成的灾难和痛苦。所以,我们很容易相互了解和尊重,互相同情和支持,而不是相互疑虑和恐惧、互相排斥和对立。"[1]这段话直接触动了在场的大多数发展中国家历史情感,引发了他们的反思。接着,周恩来总理进一步阐释道:"不同的思想和社会制度,并不妨碍我们求同和团结。"[2]接着,周恩来总理进一步铿锵有力地指出:"我们亚非会议不排斥任何人,为什么我们自己反倒不能互相了解,不能友好合作呢?"他还驳斥了中国没有宗教信仰自由的论调:"中国是有宗教信仰自由的国家""我们共产党人是无神论者,但是我们尊重有宗教信仰的人。"[3]不同的信仰,不能妨碍中国内部的团结,"中国代表团中就有虔诚的伊斯兰教的教徒"。周恩来总理的语言根据当时的场合层层递进,层层深入,用同声相应、同气相求的态度和从大局出发的立场,一字一句地敲击着在场各国代表的心扉。为表达中国推动会议实现既定目标的诚意,周恩来总理宣布:"为了不使会议争论,中国决定不在会上提出解放自己领土台湾和沿海岛屿以及中国在联合国的合法地位问题,尽管中国的要求是完全正义的。"

周恩来总理的上述演讲,态度鲜明,尊重实事,不回避问题,令人信服。不仅如此,周恩来总理外交语言的成功不仅体现在其语言内容的创新,还体现在其说话的逻辑层次和技巧,以及诚恳而亲切的态度,恰到好处的用语。比如,他说:"我们是容许不知真相的人怀疑的。中国俗话说:'百闻

---

[1] 中华人民共和国外交部,中共中央文献研究室.周恩来外交文选[M].北京:中央文献出版社,1990:121.

[2] 中华人民共和国外交部,中共中央文献研究室.周恩来外交文选[M].北京:中央文献出版社,1990:122.

[3] 中华人民共和国外交部,中共中央文献研究室.周恩来外交文选[M].北京:中央文献出版社,1990:123.

不如一见',我们欢迎所有到会的各国代表到中国参观,你们什么时候都可以。"[1]此话话音一落,会场爆发了长时间的掌声与欢呼声,许多对中国持不友好态度的国家改变了对中国的看法。周恩来总理的发言成了两天公开会议的热点。他的发言吸引了会场内的众多与会者,使各国代表团逐渐由无休止争吵转向坐下来平等谈判,为会议最终达成协议扫清了障碍。经过反复磋商,此次万隆会议终于制定并通过了包括和平共处五项原则在内的《国与国之间和平相处友好合作的十项原则》。美国记者鲍大可对周恩来总理在会议上的表现作了如下描述:在会议陷入僵局的时候脱颖而出,成为会议的明星,成为排难解纷,平息争端,带来和平的重要人物。"他不打算改变别人的反共立场,但他改变了会议的方向。"[2]实际上,当时的情势是众所周知的既成事实,在看似无法解决的难题面前,周恩来总理却能找到突破口,这不仅是作为一代外交家对外交情势的敏锐洞察,更应该说是对外交语言炉火纯青的应用。

四、进退有据,收缩自如

外交是一种"妥协"的艺术,而所谓成功解决外交难题的外交语言并非都是口若悬河、滔滔不绝的口才展示,有时候需要合理控制言语活动,采取不说或少说,不听或少听,甚至是佯装听不懂等方法开展外交言语活动。

1922年11月12日,在解决第二次希土战争问题的会议上,英国联合法、意、美、日、俄和希腊等国代表在瑞士洛桑与土耳其谈判,企图迫使土耳其签订有关条约。经过8个月的艰苦努力,终于在1923年7月24日签订了和约。谈判期间,英国派出外交大臣寇松为代表。寇松最大的特点就是说话洪亮,有"声如洪钟"之称。此时土耳其明显处于绝对弱势,然而最终土耳其取得了对己有利的结果。这一次,土耳其派出了听力有问题的伊

---

[1] 中华人民共和国外交部,中共中央文献研究室.周恩来外交文选[M].北京:中央文献出版社,1990:124.
[2] [美]A.D.鲍大可.周恩来在万隆——美记者鲍大可记亚非会议[M].弓乃文译.北京:中国社会科学出版社,1985:62.

斯美为代表去谈判。在这次较量中，寇松态度傲慢、气焰嚣张，其他代表都盛气凌人。会谈开始后，伊斯美坚持土耳其所提条件，寸步不让。脾气暴躁的寇松大发雷霆，挥拳怒吼、不时恐吓，对土耳其大有黑云压城之势。即便如此，伊斯美仍始终装聋作哑，对自己国家有利话语才听得见、听得懂，而对自己国家不利的话语总是借耳聋表示听不见、听不懂。在谈判中，当英国代表寇松声色俱厉地表达自己的立场和观点时，各国代表都静等伊斯美的回应。这时只见伊斯美不慌不忙地缓缓张开右手向前扶住耳朵，睁大双眼，将身子移动到寇松旁边，作认真倾听状，态度温和而礼貌地问："您刚才说什么？我一句也没听见。"意思是让寇松再重复一遍。寇松已经气得发颤，一句话也不说了。

伊斯美耳朵不灵，面对其谈判对手，从容冷静，镇定自若，以有选择地听和说的方式对对方的刻薄置之不顾，也没有失去该有的礼节，使对方无可奈何。同时，伊斯美还一直明确申述己方立场，坚持到底，毫不退让，自始至终没有让己方观点和态度弱化。伊斯美在谈判桌上坚定和自信态势、装聋作哑的样子让傲慢浮躁的对手失去了耐性，成为外交语言策略及技巧应用的典型案例。

五、自我解嘲，突破困境

里根就任美国总统后首次对加拿大进行国事访问期间，遭遇了一件颇为尴尬的事。加拿大人不仅举行了反美示威，而且时常打断他的演说。这件事让加拿大政府颇感失礼和难堪。里根并未露出尴尬之色，而是面带笑容、淡定自若地对加拿大总理皮埃尔·特鲁多说："这样的场景在美国经常发生，我认为这些人一定是特意从美国赶来贵国的，我想他们是希望我享受宾至如归的亲切之感。"[1]紧皱双眉的特鲁多听后顿时眉开眼笑。作为美国的总统，在访加拿大期间，里根遇到加拿大人上演的反美示威甚至是打断其演讲之事确实是让人尴尬，而里根总统却表现出一副波澜不惊、毫不在意的样子，

---

1 肖沛雄.精妙雄辩术[M].广州：中山大学出版社，1992：261.

开玩笑似的把这些举行反美示威的加拿大人调侃成是"特意从美国赶来的",而且是出于善意的目的让自己有"宾至如归"之感的人。里根总统在这种囧事面前依然淡定自若,谈笑风生,通过自我解嘲,摆脱了窘境,同时通过自己大智若愚的幽默化解尴尬局面,在活泼快乐中解决不愉快插曲的处事能力和语言运用能力为自己赢得了掌声,也被世人所称道。

六、言辞委婉,善用暗语

英国语言学家利奇在《语义学》中对委婉语有过颇为经典的界定:"委婉语就是通过一定的措辞把原来比较粗俗或令人不悦的事情,说得听上去比较文雅、比较得体。这其中的一个方法,就是使用一些能避免直接提及不愉快事情的词来代替原来那个包含令人不悦内涵的词。在特定的场合中,避免那些令人不悦的言语,恰当地运用委婉语有助于言语交际的顺利进行。"[1] 外交肩负维护本国利益和促进国际关系发展的重任,说话自然必须字斟句酌。在开展外交话语活动中既要避免陈词滥调,又要避免言词失当。有时候在情形不确定或者无法直抒胸臆的时候,就要用模糊的关联语,让人去联想和揣摩,也给自己留下主动的进退空间。毫无疑问,委婉语的运用往往是需要结合语境和当时国家关系的背景等进行。语言学家徐思益指出:"说话除了要有具体的执行人外,还有说话的时间、地点、条件、对象和目的等,我们统称为'语境'。句子虽然是说话的基本单位,是思想表达的手段,但由于说话的语境不同,往往不能单从句子本身去了解说话人的思想。"[2] 也就是说,说话时要准确把握现实语境,营造出对交际行为有帮助的语境氛围。在外交语言应用的实践中,委婉语的使用常常会把难以直说的话通过另外一种方式表达出来,在传达自己外交目标的同时,也为目标的实现创造出良好的条件。

---

1 Hogan, Michael J.Words And The Writer[M].Glenview: Scott, Foresman and Company, 1983:124.
2 徐思益. 描写语法学初探[M]. 乌鲁木齐:新疆人民出版社,1981:17.

大量运用隐语是外交用语的一大特点。所谓隐语是须经猜想推测才能得知话语真意的表达方式。在开展外交活动中，运用隐语就是把不愿直说、不便直说或者不能直说的话用另外一种词语或说法委婉曲折地表达出来。用隐语表达观点或阐释问题，话虽然婉转，但意思却是明确的，通常是能为对方所领悟。运用隐语就是为了把话说得灵活一些，缓和一些，从而避免刺激对方，易于为对方接受；同时，又因为没有直接道出本意，也给自己留下了回旋的余地。

在外交场合，一些隐语所表达的含义是人所共知的。如说会谈在"坦率"的气氛中进行或者双方进行了"坦率"的谈话，这是暗示双方对所讨论的问题存在分歧；对某事表示"遗憾"，则传达出发话人对某种外交事实的不满；说某外交人员"从事了与其身份不符活动"，实则暗示此人进行了间谍活动；宣布某人为"不受欢迎的人"，其实是要将其驱逐出境。上述隐语已成为外交语言中的习惯用语。在许多国家外交部门举行的对外发布会上，隐语大量存在，如"责任不在我方"并不直接指出原因或责任在何方，以避免直接指责对方，但是又含蓄地指明了事情的责任所在。

七、恰当躲闪，适度回避

1972 年 5 月，美苏首脑在莫斯科举行关于签署限制战略武器的谈判。在美国国家安全事务特别助理基辛格举行的记者招待会上，基辛格笑容可掬，温文尔雅地回答记者的提问，并向记者透露了苏联生产导弹的速度大约是每年 250 枚。在场的美国记者顺势而上，紧接着就问起了涉及美国军事秘密的问题。此时，基辛格已经意识到自己已陷于进退两难的尴尬境地，即既然透露了苏联的军事状况，而拒绝回答关于美国的问题就会显露出他的用心不端，进而会遭到舆论和道德上的谴责；如果回答了记者的问题，把美国的导弹数目暴露出来就是一种泄密或出卖国家。然而，基辛格的睿智回答，成功处理了这一难题，彰显了他驾驭外交语言的过人才能。正当所有记者屏气凝神等待他答复时,只见基辛格耸耸肩,泰然自若并略带幽默地说道:"我不知道民兵核导弹具体有多少配置。至于潜艇数目我是知道的,但我不知道这是不是保密的。"记者随即大声答道:"不是保密的!"基辛格笑言反问:"既然不是保密的,那么请你说说是多少呢?"被他这么一问,记者瞬间无言以对,最后只得哈哈一笑了之。没有唇枪舌剑,只是简单一个反问,基辛格就将问题推向对方。

基辛格利用高超而睿智的外交语言技巧阻挡了记者千军万马般的攻势,最终给自己赢得了有利局面。基辛格是以问代答,直接回避了这一问题。基辛格显然没有给予记者所期望的答案,而是采取回避性的无效的回答。貌似废话,实则妙语,这显示了发话人的机智与严谨。恰当地回避他人要求回答的问题,可以使人们在谈论尖锐问题时不至于激怒对方或者失礼,能够不用直接威胁性的语言而向对方表达严重的警告,还能回避外界的猜测和探询。

八、答非所问,规避矛盾

在外交实践中,出于各种原因,不是所有的问题都能恰当躲闪。外交实践中经常会遭遇一些敏感而刁钻的问题需要回答。对这些问题如果闭口不提或者用"无可奉告"来回答,则显示出己方缺乏诚意或隐含着自己的私利而不可告人,但如果据实回答又叫人难以开口,这时就需要将问题转向其他人或其他场合。

外交发言人在例行的答记者问过程中经常会遇到言辞犀利的记者,他们的提问经常超出发言人的范围,这时发言人往往把问题抛向其他机构或部门,摆脱当下的困境。2004年7月1日,外交部发言人章启月主持例行记者会,有记者问:欧盟近日报告称支持香港2007年和2008年举行普选,并说"七一游行"反映了香港人的民主诉求。今天港人再次举行游行,你有何评论?今天卫生部公布了"非典"问题报告,并有5人要引咎辞职,这引起香港和国际上的关注，请评论。章启月回答道："关于第一个问题，我想你也很清楚，作为外交部发言人，我不对香港本身的事务加以评论。关于'非典'的问题，请你找卫生部发表评论。"¹香港问题，是中国的内政，是不需要和外界进行讨论的问题，章启月的"不评论"表明拒绝和别的国家分享中国内部问题。"非典"曾经是中国面临的一个大灾难，中国人民经受住了疫情考验，坚强地站得更稳。章启月的"请你找卫生部发表评论"把记者的问题移交到卫生部，以此来表明自己不宜回答这个问题。另有一个案例也具有这一典型意义，章启月在答记者问时，有位记者问：昨天是中国与东盟国家签署中国-东盟自贸区货物贸易协定的最后期限，该协定是否已签署？若未签署，原因是什么？章启月回答道："关于中国和东盟自贸区的具体谈判问题，你需要向商务部了解，我不掌握具体情况。总的来说，建立中国和东盟自贸区的进程发展顺利。"²作为外交部发言人，要应对记者各种合宜的与不合宜的问题，中国和东盟自贸区的谈判是经济问题，章启月的"你需要向商务部了解"表明这不属于我的回答范围，这一转移阻止了记者更多问题提出。

非正面回答在中国外交回应中较为常见。2011年2月15日，外交部发言人马朝旭在例行记者会上被记者追问：根据最新数据显示，中国经济总量目前已经超过日本，成为世界第二大经济体，中国实力的不断上升引起国际社会的普遍担忧。对此你有何回应？马朝旭对此回答："我并不是这个问题的专家，但我愿与你分享我的看法。近年来，中国的改革发展取得很大成就，国民生产总值保持较快增长，经济总量不断扩大，但同时不要忽视中国所面临的差距与问题。国民生产总值虽是衡量一国经济实力的重要指标，但并不是唯一指标。中国有13亿人口，根据国际货币基金组织发布的数据，中国人均国民生产总值在世界排名在100位左右，还不到世界

---

1 中国新闻网. 外交部就北部湾划界协定、中朝边界协定等答问 [J/OL]. http://news.sina.com.cn/c/2004-07-01/21332963514s.shtml.

2 中国新闻网. 外交部就北部湾划界协定、中朝边界协定等答问 [J/OL]. http://news.sina.com.cn/c/2004-07-01/21332963514s.shtml.

平均水平的一半。按照每人每天 1 美元的国际标准，中国目前仍有 1.5 亿贫困人口。中国发展不平衡、不协调、不可持续问题仍然比较突出。中国仍然是发展中国家的属性没有变，中国仍处于并将长期处于社会主义初级阶段的基本国情没有变。我们对此有着清醒的认识。"发言人的上述回答表明，在回答问题时不是所有问题都要回答的，即便是必须回答的问题有时也需要以其他形式做出非正面回答，这样才能为自己赢得有利旋转空间，否则将一步步陷入被动境地。

九、推己及人，博得同情

第一次世界大战期间，英法为鼓动中国参战，允诺在战后的和平会议上给予中国应有的席位，以大国相待。战争结束了，中国成了战胜国，然而对于列强在巴黎和会上的意图，中国仍然不甚明了。为确立战后国际关系准则，美国总统威尔逊发表了"十四条宣言"。内容包括：国家不分大小，一律同等；建立国联；维护世界永久和平等。中国各界对战后召开的巴黎和会的期望值陡然提高，他们希望巴黎和会主持正义，将中国丧失的各种权利交回中国。这其中就包括中国在山东的权益。

1918 年 12 月 14 日，中国驻美公使，参加巴黎和会代表顾维钧率团抵达巴黎。他曾在回忆录中这样描述自己对巴黎和会的期望：即将召开的和会对中国而言将是一次非同寻常的机会，中国可以借此谋求长期未能实现的公平待遇，并对过去半个世纪以来长期遭受的惨痛后果加以修正。然而，即便中国对世界和平做出了极大贡献，却仍然摆脱不了弱国无外交的局面。中国人艰苦卓绝的战争付出最终被各大国视而不见，中国没有参与战争胜利成果的"分配"，只是提出本属情理之中的收回本国领土的合理要求。然而令中国代表失望的是，巴黎和会上公布了日、英、法、意等帝国主义国家在战争期间签订的一项秘密协定。根据该协定，战后德国在山东的一切权益转交给日本，原来英、法等国为促使日本对德宣战早就出卖了中国利益。顾维钧在巴黎和会上的发言中，采取推己及人的外交策略，强调"中国的孔子有如西方的耶稣,中国不能失去山东好比西方不能失去耶路撒冷",并从中国的文化、地理、经济等多方面阐明收回山东对中国的重要意义。顾维钧的发言在与会代表们的掌声中结束,他的"中国的孔子有如西方的耶稣,中国不能失去山东好比西方不能失去耶路撒冷"被《费加罗邮报》等多家重要报纸引用。顾维钧的努力虽然在当时强国环伺的危局中未能当即收复山东的主权,但影响了列强的舆论,为日本接管山东增加了阻碍。巴黎和会外交失败的消息传到国内引发了"五四运动",对于中国政府来说,山东问题再也不能避而不谈了,从而为解决山东问题打开了一个缺口。

外交无小事。在开展外交活动中,外交人员遇到的问题常常是复杂和牵涉范围非常广泛的问题。任何一个言语和举动都关系着国家的荣辱。这正如顾维钧所说的那样:"外交的特殊和敏感性,决定了它不能'宁为玉碎,不为瓦全'。因为国家不能有任何破碎,但在外交上也不能指望百分之百成功。因为这是双方或多边的关系,一方想满意,而对方也有他的要求,那就不可能有绝对成功的外交,甚至有时候外交往往意味着妥协,因为不妥协就无法达成协议,最终双方都一无所成。因此,你可能做到的只能是求取60%~70%的成功,能够做到这点,对你来说即是大胜。"[1]一个成功的外交家就是要有为祖国力挽狂澜的智慧与魄力,而外交语言的娴熟应用亦至关重要。外交人员折冲樽俎,决胜千里,在很大程度上凭借娴熟的外交语言。

---

[1] 顾维钧.顾维钧回忆录(第1册)[M].北京:中华书局,1983:397.

第二十一章　一份被篡改的急电引发的战争

俾斯麦抖起红布，激怒了拿破仑三世这头好斗的公牛。一场决定普鲁士和法兰西国家命运并深刻影响两国关系长达百年的普法战争，由于"埃姆斯急电"的修改就这样开始了。

上图为绘画作品《法国将领向威廉一世递交拿破仑三世的投降书》。德国画家卡尔·斯特斐克1884年创作。

国际关系发展史表明，国家间的矛盾和冲突是彼此利益发展的必然结果。但在短时间内彼此之间矛盾和冲突的激化则表现出某种偶然的特性。在国家间矛盾和冲突加剧的过程中，外交言语活动常常扮演重要的角色，发挥重要的作用。在1870年7月19日开启的普鲁士和法国的战争中，"埃姆斯急电"事件成为法国对普鲁士宣战的借口，而在被一时激怒下开始战争的一方，因准备不足也成为其失败的重要原因。在这场战争中，外交语言的运用对国家关系发展的影响为我们提供了一个典型例证。

一、"埃姆斯急电"变成挑动法国"公牛"的"红巾"

1870年7月14日早晨，柏林的《北德意志报》发表了一则简讯，全文如下："自从霍亨索伦亲王谢绝王位的消息由西班牙王国政府正式转告法兰西帝国政府以后，法国驻普鲁士大使贝内德狄在埃姆斯进一步要求国王陛下授权他发电报回巴黎，说如果霍亨索伦家族再提继承王位时，国王陛下保证将来任何时候永不予以同意。因此，国王陛下拒绝以后再接见法国大使。并命令值日副官告知法国大使，国王陛下再没有什么可对大使说的了。"[1] 这100多字的简讯很快就传到了普鲁士各报馆、各国驻德使馆以及普鲁士驻外使节手中。电报如同一个扬声器，向全世界宣告"在普王与法国大使之间再也没有任何可谈的了"。世界舆论为之哗然，普鲁士人民的民族主义被煽动起来，整个国家洋溢着一片欢欣鼓舞的热烈气氛。相比之下，巴黎社会则更为震动。而这一天，正是法国的国庆节。正在狂欢的巴黎市民在欢乐之中得知普鲁士国王在报上公开侮辱法兰西帝国，本来就感染了非常严重沙文主义情绪的巴黎市民，立即沸腾起来。当夜，街上的人群高喊："打到柏林去！"在巴黎剧院里，18年来第一次又唱起了《马赛曲》。一名波拿巴主义者在暴风雨般的掌声中喊道："普鲁士忘记了耶拿，我们要让他重新想起来！"7月15日，法国议会通过了战争拨款；7月17日，法国婉言谢绝了英国政府居间调停；7月19日，法国驻普鲁士代办把正式宣战声

---

[1] 俾斯麦.思考和回忆（第2卷）[M].北京：东方出版社，1985：113.

明送到普鲁士外交部，普法战争的帷幕正式拉开。而这份经过修改后的"埃姆斯急电"制造者正是时任普鲁士首相的俾斯麦。

"埃姆斯急电"之所以能够成为一颗火星溅落在普法间战争的火药桶上，是因为俾斯麦对电文做出的改动，对战争的爆发起了催化作用。在此之前，普法双方都在紧张备战，二者都需要通过战争来攫取各自的利益。1870年6月，西班牙女王伊莎贝拉二世因为私生活放荡导致政局混乱，在法国宣布退位。西班牙政府想请与普鲁士国王威廉一世有远亲关系的霍亨索伦家族的利奥波德亲王去当国王。普鲁士国王威廉一世担心这将激怒法国，表示需要商榷。但是在俾斯麦的说服下，普鲁士国王威廉一世打消了顾虑。7月1日前，西班牙报纸泄露了消息。法国认为这是德国首相俾斯麦刻意令法国腹背受敌，故此表示强烈反对，甚至要向普鲁士宣战。面对如此紧张局势，普鲁士国王威廉一世却突然公开宣称堂兄利奥波德亲王不适合继承西班牙王位，俾斯麦大失所望。科布伦茨东郊的埃姆斯温泉是普鲁士国王的疗养地。1870年7月13日，法国驻普鲁士大使贝内德狄来到这里，向普鲁士国王威廉一世传达了拿破仑三世的密函："希望陛下能保证，将来提出放弃继承西班牙王室的权利。"威廉一世对这种蛮横无理的态度感到惊愕。然后他把与法国大使交谈的内容，用急电发给了正在柏林的俾斯麦。收到电文后，俾斯麦拿起笔修改了电文，删去电文中的"仍可在柏林商榷"一句，在电文最后写下了刺激法国的话：以后普王陛下拒绝接见法国大使，命令值日副官告知法国大使没有什么可谈的了。俾斯麦得意地说：这封电文将是挑逗法兰西斗牛的一条红巾。

二、"鸣放退却"的号音变成"鸣放进攻"的喇叭声

早在1861年，凭借法国的帮助、俄国的掩护和英国的同情，加富尔统一意大利的事业成功了。意大利的统一，深深地触动了欧洲各国，尤其是德国。意大利的统一大大唤起了德国统一的民族热情。德意志国家的统一成为德国人民最迫切的愿望。1864年和1866年，普鲁士分别战胜了丹

麦和奥地利。由此,他们距离统一德意志这一目标仅剩一步之遥。对于传统欧洲大国法国来说,一个四分五裂的德意志显然比统一的德国更符合其利益。在普奥战争期间,奥地利的不堪一击大大出乎法国的意料。普鲁士军队在一个星期之内几乎征服了整个德国中部之后,在柯尼希格莱茨战胜了萨克森和奥地利联军。原本打算坐山观虎斗的拿破仑三世,在看到奥地利溃不成军之后终于出手,他要求普鲁士的盟友意大利立即同奥地利停战,这一要求遭到了意大利人的拒绝。奥普之间的谈判同他们的战争一样,迅速尘埃落定,奥地利同意建立北德联邦并放弃它在石勒苏益格—荷尔斯泰因的权益,并且表示同意普鲁士吞并汉诺威、黑森选侯国、拿骚和法兰克福。另外,虽然在拿破仑的干预下,俾斯麦承认巴登、符腾堡和巴伐利亚三地在国际上享有独立地位,然而俾斯麦也成功地使这些国家加入了秘密的攻守同盟,一旦战争爆发,它们将同意把自己的军队置于普鲁士的统帅下。法国终于错失了阻止德意志统一的良机。更悲剧的是,还在幕后操控着南德意志诸邦的法国成为了德意志统一道路上唯一的、必须清除的障碍。北德联邦的成立成为法国400年以来遭到的最大不幸,法国皇帝已经被逼到了悬崖边上。普鲁士与法国之间的战争迫在眉睫,只等一根导火索,而等待的时间并没有太长。

　　1868年9月,西班牙革命爆发,波旁王室的西班牙专制女王伊莎贝拉二世逃亡到法国,西班牙王位虚悬。西班牙临时政府及议会通过议案,实行君主立宪,并推荐利奥波德·冯·霍亨索伦——西格马林根亲王继任为西班牙国王。利奥波德亲王来自霍亨索伦王室,这个王室同时也统治着普鲁士王室。俾斯麦极力劝说普鲁士国王威廉一世答应西班牙的请求,他认为"为了王室和政治的原因,请用最大的热诚接受。如果在法国的背后有一个对普鲁士友好的国家,他的政治价值是不可估量的。"[1]而这一决定却引起了法国的愤怒,对西班牙临时政府的选择,拿破仑三世表示坚决反对。在法

1　Robert Howard Lord.The Origins of the War of 1870: New Documents from the German Archives [M].New York:Russell,1966:203.

国人的强烈抗议下，利奥波德亲王选择了让步，在普鲁士国王威廉一世的同意下，他的候选人资格被撤回。但是法国的公众舆论并未因此而得到平息，法国议院刚刚通过了一个提案，这个提案要求法国内阁不能"让普鲁士便宜了事"，坚持要普鲁士做出特别的保证。更有甚者，法国外交部长竟指示法国驻柏林代办贝内德狄伯爵要求威廉一世发表声明，表示国王同意放弃西班牙王位候选资格，并同意今后也永远不赞成霍亨索伦家族的成员接受西班牙王位。这个明显过分的要求被正在埃姆斯温泉疗养的普鲁士国王委婉地拒绝了，他强调他不能对无人知道的将来做出保证。电文的原文是："贝内德狄伯爵在散步时拉住我，以非常急切的口气坚决要求我授权于他立即电告他的政府：我保证绝不同意霍亨索伦家族将来重新要求西班牙王位候选人资格。我断然拒绝，因为任何人都不可能，也不应该对未来做出担保。当然，我告诉他，到目前为止，我还没有得到任何消息，因为他会先于我获知来自巴黎和马德里的消息。他一定会明白，我的政府对此事是不感兴趣的。"从电文的内容我们可以看出，缓和普法关系，或一定程度的退却成为电文表达的基本含义，即"我的政府对此事是不感兴趣的"。

俾斯麦从国王发给他的"埃姆斯急电"中了解到了整件事情的始末，威廉一世同时让深受他信任的首相定夺，是否向普鲁士驻外公使馆和报刊发表有关贝内德狄的要求和该要求遭到拒绝的消息。一直疲于应对法国攻击的俾斯麦下定决心进行反击，这一次他终于找到了机会。俾斯麦并没有对电文做出大的更改，只是简化了一下，突出了一点："在普王与法国大使之间再也没有任何可谈的了。"果不其然，这种"尖锐得多的方式"，在巴黎起了"红布对高卢公牛的作用"。在全世界面前，德国变成了受到侮辱的一方，整个德国都在欢呼俾斯麦对法国的挑衅所给予的回答。在南德和北德，全国各派争取完成民族统一的力量都聚集到了一起。法国则被迫要么忍受失败，要么对德国进行战争。此时拿破仑三世在国内的地位已经受到了极其严重的威胁，1870年7月19日，他终于向普鲁士宣战。对于俾斯麦借"埃姆斯急电"挑战法国进而引起法德战争的行为，普鲁士军队总参谋长毛奇对此说出了令世人惊叹的一句话："你把'鸣放退却'的号音变成

'鸣放进攻'的雄壮的喇叭声。"[1]

三、"帝国像纸房子一样倒塌了"

1870年7月19日，法兰西向普鲁士宣战。拿破仑三世担任莱茵军团总司令，勒布夫为总参谋长。法国军队主力22万人欲先发制人，部署在法德边境地带，占领法兰克福，分裂德意志，击败普鲁士。但正如法国错误估计奥普战争一样，普鲁士方面再一次让法国皇帝震惊了，亲自前往前线督战的拿破仑三世这一次面对的是一支经过改造与屡受炮火洗礼的普鲁士军队。普军由威廉一世为总司令，毛奇为总参谋长，集结了三个军团，约47万人。他们计划以优势兵力，集中向阿尔萨斯和洛林进攻，将法军击溃于边境防线，继而进攻巴黎，逼使法国投降。

这场战争以法军在8月2日于萨尔布吕肯地区向普军进攻为开端。但到了8月4日，普军已顺利击溃法军，进入反攻阶段。法军在其余各战场相继失利，被逼退回国境，转入防御。战争进程大大超出拿破仑三世的意料。8月30日，拿破仑三世和麦克马洪元帅率领的12万多兵力在与普军激战后被逼退守色当。之后的色当会战成为此次战争的决定性大战。9月1日上午，已被德国人完全包围的法国军队在数次试图突围失败后，拿破仑三世被逼派人呈信威廉一世，表示"愿将我的佩剑交到陛下的手中"。9月2日，拿破仑三世正式率8.3万官兵向普军投降。在这场战役中，法军损失12.4万人，普军只损失了9000多人。法国举国哗然，资产阶级趁机在法国国内发动政变，推翻帝制，成立国防政府。新建的法国军队尽管浴血奋战，但是依然被德军击退，最后，饥饿和内战迫使被围困的巴黎投降了。巴黎陷落后，德法之间实现了全面停战。新选出的法国国民会议在波尔多成立了一个政府。1871年3月1日，梯也尔总理在凡尔赛临时和约上签了字，5月10日，在莱茵河畔法兰克福签订了最后的和约。根据和约，法国除了支付战争赔款50亿法郎外，还要把阿尔萨斯和洛林的大部分割让给德国。

---

1 张雪，常县宾. 铁血王国普鲁士[M]. 北京：北京大学出版社，2016：144.

巴黎和柏林之间从此开始了长期的对立。而色当大捷之后,统一德国的事业已经再无阻碍。1871年1月18日,在法国的凡尔赛宫镜厅内举行的加冕称帝典礼上,普鲁士国王威廉接受了皇冠,成为了德意志帝国的皇帝。帝国的成立终于为数年来统一德国的斗争画上了一个完美的句号。

1870年9月4日,当色当战役法军大败,拿破仑三世连同在色当的法国官兵全部做了俘虏的消息传到巴黎后,巴黎广大市民对拿破仑三世统治的不满"立刻像火山一样爆发了"。法国人民强烈要求废除帝制,实行共和。共和派议员甘必正式宣布实行共和,建立临时政府。法国第二帝国被推翻,法国共和国成立。从此以后,帝制在法国结束,共和逐渐稳固下来。1871年5月10日,《法兰克福和约》的签订,使法国赔款50亿法郎,连带战争消耗法国损失高达200亿法郎,导致法国国内资本匮乏。与此同时,法国割让阿尔萨斯和洛林地区。法国缺少丰富的铁矿,进一步阻碍了法国的经济发展。普法战争后,德国占领法国北方六个省,使法国国内市场萎缩。以上因素阻碍了法国经济的发展,也推迟了法国第二次工业革命。当法国迈入帝国主义阶段时,法国工业革命及其经济发展明显落后于美国、德国、英国。普法战争中的失败使法国丢掉了其在克里米亚战争取得的西欧和中欧大陆的霸权地位。战后法国调整了对外政策,法国对德意志的优势和潜力量保持高度的警觉,并一直想血洗前耻。但单靠自身力量是绝对不能战胜德国的,这样法国开始调整与欧洲其他国家如英、俄的关系,以寻求盟国的支持,共同对付德国。

普法战争及《法兰克福和约》的签订给整个欧洲大陆带来了深远的影响。对此一位外交官做了一个形象的比喻:"从此欧洲少了一个女管家,来了一个男主人。"[1] 对于德国而言,普鲁士的完胜扫清了德意志统一的干扰,德国终于结束长期分裂的状态,成为一个统一的国家。政治的统一也使得德国形成了统一的国内市场和独立的经济体系;德国从法国攫取了50亿法郎的战争赔款和拥有丰富铁矿的阿尔萨斯、洛林,为工业发展提供了巨额

---

1 方连庆,炳元,刘金质. 国际关系史(近代卷)上册[M]. 北京:北京大学出版社,2006:359.

资金和丰富的矿产资源。特别是对外战争的胜利，使容克地主、资产阶级更加醉心于对外侵略扩张，大批军事订货，刺激了重工业的发展，这使德国资本主义经济呈现跳跃式发展，迅速完成工业革命。到 19 世纪末，其实力超过法国、英国，仅次于美国。普法战争还使得德国一跃成为欧洲举足轻重的强国。这就改变了自克里米亚战争以来的欧洲格局，使德国在欧洲的霸权地位上升，成为强大的"中欧帝国"。一方面，德国的强大使其进一步加快了对外扩张的步伐，"我们也要求日光下的地盘"；另一方面，在欧洲，德国虽打败了法国，却不能以武力将其消灭，德国便采取在地理战略上尽量削弱法国，推行孤立法国的政策，阻止法国与其他国家结盟。由于吞并阿尔萨斯和洛林，德国对法外交政策背上了难以消除的负担，并且给自己招来了法国冷酷的无法调和的仇恨。

普法战争打破了相对平稳的欧洲均势关系。德意志帝国崛起，法国衰落，改变了帝国主义力量对比，从而加剧了帝国主义国家之间的矛盾，促使帝国主义重新调整相互之间的关系。德国力图以一个联合起来的欧洲孤立法国，包围不稳定的法兰西共和国。德国协调了与俄国和奥匈帝国的矛盾，1873 年三国正式形成"三皇同盟"，实现了孤立和削弱法国的目的。随着对殖民地的争夺加剧，三国之间的关系逐渐恶化，1878 年柏林会议后，"三皇同盟"瓦解。1882 年德又与奥意形成三国同盟。与此同时，法与英俄也逐渐接近，形成三国协约，从而在欧洲形成两大军事集团，两大军事集团疯狂地扩军备战，进一步加剧了帝国主义国家之间的矛盾，最终导致了第一次世界大战的爆发。由于在这次战争中的失败，法兰西"帝国像纸房子一样倒塌了，共和国重新宣告成立了。"[1]

四、普法战争后法语的"最后一课"

由一篇经过篡改后的外交电文而引发的普法战争，对德国、法国以及整个欧洲局势都产生了巨大的影响。普法战争后，法国战败，被迫割地赔款。

1　恩格斯. 法兰西内战 [A]. 马克思恩格斯选集（第 2 卷）[C]. 北京：人民出版社，1972：328.

作为法国主权国家的象征之一的法语在被割让地区也被禁止而代之以德语。法国作家阿尔丰斯·都德的短篇小说《最后一课》通过一个童稚的小学生的自叙形式,描写了爱国的法国老师为学生上最后一堂法语课的情景。《最后一课》生动地表现了法国人民遭受异国统治下的痛苦心声和对自己祖国的热爱。"韩麦尔先生已经坐上椅子,像刚才对我说话那样,又柔和又严肃地对我们说:'我的孩子们,这是我最后一次给你们上课了。柏林已经来了命令,阿尔萨斯和洛林的学校只许教德语了。新老师明天就到。今天是你们最后一堂法语课,我希望你们多多用心学习。'""韩麦尔先生之所以穿上他那套漂亮的礼服,原来是为了纪念这最后一课!现在我明白了,镇上那些老年人为什么来坐在教室里。这好像告诉我,他们也懊悔当初没常到学校里来。他们像是用这种方式来感谢我们老师40年来忠诚的服务,来表示对就要失去的国土的敬意。""那一天,韩麦尔先生发给我们新的字帖,帖上都是美丽的圆体字:'法兰西''阿尔萨斯''法兰西''阿尔萨斯'。这些字帖挂在我们课桌的铁杆上,就好像许多面小国旗在教室里飘扬。"而伴随着屋顶上鸽子咕咕地低声叫着,也让"我"产生"他们该不会强迫这些鸽子也用德国话唱歌吧"的担忧。小说最为生动地传达出对自己国家语言的热爱及语言的意义。

1912年这篇小说被胡适首次翻译介绍到中国,此后,选入中国的中学语文教材。《最后一课》超越了不同时期、不同意识形态的阻隔,成为在中国家喻户晓、最具群众基础的法国文学名篇之一,它甚至可以作为都德的代名词。作为"爱国主义"的符号,融入近代中国人百年的情感之中!一代又一代的中国读者,通过《最后一课》,了解到"法语(母语)是世界上最美丽、最清晰、最严谨的语言"这句话的内涵,懂得了"当一个民族沦为奴隶时,只要它好好地保存着自己的语言,就好像掌握了打开监狱的钥匙。"

普法战争是普鲁士和法国争夺欧洲霸权的产物。就外交语言的研究而言,这场战争无疑为我们提供了生动具体的例证。俾斯麦擅改埃姆斯电报的内幕,长期不为人知。在1898年,俾斯麦去世前出版的回忆录《思考与回忆》,揭示出直接引发这场战争的来自埃姆斯的电文,是经过篡改后变成了"埃姆斯急电"而大白于天下。[1]

普法战争的爆发生动具体地表明:外交语言在推进国际关系发展中意义重大,特别是国际危机发生时刻,对外交语言的运用和解读关乎国家生死存亡!语言对主权国家具有重要意义,语言是国家主权最直接的体现。

---

1 奥·冯·俾斯麦.思考与回忆(第2卷)[M].北京:读书·生活·新知三联书店,2006:113.

第二十二章　乒乓外交的语言运用

"可能现在世界青年对现状有点不满，想寻求真理。青年思想波动时会表现为各种形式。但各种形式不一定都是成熟的、固定的。因为寻求真理的途径总是要通过各种实践来证明是对还是不对，这在青年时代是许可的。"这是周恩来总理对美国乒乓球访华代表团成员格伦·科恩关于美国青年中广泛流行的"嬉皮士"运动做出的回答。周恩来的回答循循善诱、入情入理，既解决了科恩的疑问，也展示出中国人博大的情怀，令人折服。上述讲话被全球许多媒体报道。

上图为1971年4月4日开启"乒乓外交"之门的中国运动员庄则栋与美国运动员格伦·科恩见面的情景。

乒乓外交作为中美关系史上不朽的篇章，它打破了中美关系长达22年的僵局，使两国关系有了根本性的突破，并使世界人民在认识中国、了解中国方面影响深远，被誉为"小球转动了大球"。在乒乓外交开展的过程中，对外交语言的使用，特别是周恩来总理外交语言的运用具有多方面的研究价值。

一、得体原则的运用

英国思想家培根说过："交谈时的含蓄得体，比口若悬河更可贵。"[1]语言是社会交际的工具，是人们表达意愿、思想感情的媒介和符号。语言也是一个人道德情操、文化素养的反映。在国家间的交往中，外交人员如果能做到言之有礼，谈吐文雅，就会给对方留下良好的印象。得体原则是指说话要看时间，看场合，注意说话对象，兼顾社会文化规范和制约，说出恰到好处的话语，以便达到最佳的交际效果。[2]得体原则要求发话人既要注意场合和身份，又要兼顾受话人的态度和情感，这是外交场合基本的礼貌和规范。外交语言运用得当与否直接影响到外交结果。得体恰当的外交语言不仅能展现一国外交人员的专业素养和风度，还有助于树立良好的国际形象，甚至在一定程度上能够巧妙地帮助外交目的的达成。

1971年4月14日下午，周恩来总理在人民大会堂会见来华访问的五国乒乓球代表团。在会见美国代表团时，他引用孔子的名言"有朋自远方来，不亦乐乎"表达对美国代表团的欢迎之意，并请他们归国后把中国人民的问候转达给美国人民。这是开启乒乓外交大门的语言，它代表了一个时代的转折，而其中周恩来总理引经据典，巧妙地将中美联系在一起。恰当的古语使用增强了情感表达效果，使欢迎之意显得更为诚挚、热烈。

随后，周恩来总理说道："中美两国人民来往，过去是很频繁的，以后中断了很长一个时期。你们这次作为应邀来访的第一个美国代表团，打开

---

1 张伟.浅谈外交辞令的语言策略[J].湖北广播电视大学学报，2006，(6)：161.
2 蔡建平.语用得体原则与非得体原则的顺应[J].上海理工大学学报（社会科学版），2011，(4)：273.

了两国人民友好往来的大门。我相信，中美两国人民的友好往来将会得到两国大多数人民的赞成和支持。"[1] 周恩来总理用"中断"一词简要带过了中美关系长久以来的僵化，并将美国代表团访华形容为"打开了友好往来的大门"，这既表达了中方的欢迎和热切期望，又拉近了中美间的距离，打消美国代表团初来乍到的拘谨和陌生感。周恩来总理的上述表达很好地遵循了外交语言的得体性原则。欢迎词与答词是外事访问的基础性外交语言，其是否得体与严谨直接关系着一国的形象与态度。不难看出，中美双方对于此次访问都怀有愉悦的期待，也正是因为两国期盼改善关系的友好态度使中美关系得以改善。

外交人员肩负着维护本国利益，促进与他国友好交往，建立双方良好关系的重任，说话自然要字斟句酌。在外交场合，既要避免言辞失当，又要避免陈词滥调。无话可说却又非说不可时，"废话"便是最好的选择，也是外交语言得体原则的特殊体现。废话也讲究艺术，不能冠冕堂皇，也不能天花乱坠，要看似言之有物。当然，废话太多对受话人也是一种磨难，把握好度是外交人员语言艺术的一个重要考量标准。

中国乒乓代表团于 1972 年 4 月 12 日对美国进行回访，美方接待团成员爱克斯坦、总统特别代表约翰·斯卡利为表示欢迎，分别说道："中国这支世界冠军队对美国的回访将带动两国人民之间在体育、文化、教育和科学领域的一系列交流。""如同美国乒乓球队在中国受到的热烈欢迎那样，中国队也将受到美国的热烈欢迎。"中方代表庄则栋在答谢词中说："我们本着'友谊第一，比赛第二'的精神而来。我们要做出自己的努力，去加深中美两国人民的了解和友谊。"随后，尼克松总统在白宫玫瑰园接见了中国代表团。他在欢迎词中说道："虽然比赛不免有胜负，但由于两国运动员建立起了人民与人民之间的接触，因而更重要的胜利是美国人民和中华人民共和国人民之间的友谊。我们两国伟大人民之间的友谊，将意味为和平提供一个新的机会。"庄则栋在答谢词中说："我们每个人都深深感觉到美国

---

1 钱嘉东，王立."乒乓外交"的台前幕后[J].纵横，2000，（5）：7.

人民对中国人民的友好情感……双方乒乓球队的互访有助于进一步增进两国人民的友谊……这符合中美两国人民的共同心愿。"[1] 中国乒乓球队在底特律一家汽车厂参观时，一位美国女工因为一时找不到回赠的礼物表示歉意，中国运动员理解地说："你们的友谊就是最好的礼物。"[2]

以上几段外交语言的运用，可以看出无论外交人员还是参与外交活动的运动员是以一种谦虚、客气而礼貌的言语表达方式，来阐明本国在乒乓外交中的态度和立场，营造出了一种轻松愉快的交际氛围，使两国人员对双方的交往和互动充满期待。因此，外交语言虽然看似空洞单调，没有实际内容，实则是这种被认为"没有错误的废话"确是"伟大的废话"。

2011年12月8日举行了中美乒乓外交40周年纪念活动，时任国家副主席习近平在致辞中表示，"'乒乓外交'不仅拉近了中美两国人民间的距离，而且拉开了中美关系改善和发展的历史序幕。40年来，在两国几代领导人和各界有识之士共同努力下，中美关系历经风雨取得历史性发展。今天，两国领导人和各级别交往对话密切，经贸合作互利共赢格局进一步深化。在能源、环境、人文、科技、执法等广泛领域合作稳步推进；在应对国际金融危机、气候变化等全球性挑战以及朝核、伊朗核等热点问题上保持有效沟通协调。事实证明，同舟共济、携手合作是中美两国唯一正确的选择，也是不可阻挡的历史潮流。"这段话可以看作是对乒乓外交历史贡献的评价，习近平副主席的发言也是外交辞令得体原则的最好体现。[3]

二、模糊原则的运用

中美乒乓外交开展之际正值中美长期隔绝后的关系解冻期，此时两国的关系较为敏感，因此在外交语言上更需小心谨慎，避免不当的话语造成两国间的误会，影响外交关系的恢复和发展。外交场合是国家利益博弈的

---

1 司任. 美国友人目睹的"乒乓外交"内情 [J]. 炎黄春秋, 1994, (11): 13-15.
2 冯贵家. "乒乓外交"始末 [J]. 乒乓世界, 1997, (3): 27.
3 新华网. 习近平主席中美"乒乓外交"四十周年纪念活动 [J/OL]. http://news.cntv.cn/china/20111208/121884.shtml.

舞台，充斥着敏感而尖锐的问题。倘若外交人员快言快语而不深究话语背后刻意隐藏的含义，则势必会落入圈套，变主动为被动，给对方留下话柄；如若对对方的意图视而不见则易助长对方气焰甚至造成误会。因此，在面对敏感而尖锐的问题时，要迅速厘清对方意图，抓重点、究含义。要善于引导话题，变被动为主动，兼之以含蓄委婉、以退为进的策略，灵活巧妙表达自己观点。

外交言语活动不同于我们日常生活彼此间的交流，它具有特殊的目的和独特的功能，属于国家行为。即使是看似随意的表达都有可能产生深远的影响，尤其是在错综复杂的外交形势下尤为如此。因此，从国家角度出发，应该尽量避免在外交场合当即作出决定或过分清晰地表达意图，既为消除不必要的麻烦也为话题涉及方保留面子。为实现这一目的可以运用模糊表达方式，用来缓解紧张局势，间接给出答案或运用不同的形式给出不清晰的答案。[1]对某些敏感问题发出既能被对方接受，不留把柄，又能表达出自己的倾向性的说法。[2]

1971年4月14日，周恩来总理在人民大会堂亲自接见了应邀访华的美国乒乓球代表团。谈话在友好而亲切的氛围中进行，但出现了一个意想不到的插曲使会场的气氛一下子紧张起来。代表团中有一位美国有名的嬉皮士青年——科恩，他突然站立起身，向周恩来总理提问道："我想知道您是怎么看待今天在美国青年中广泛流行的嬉皮士的？"尽管感到意外，但是周恩来总理凭着自己丰富的阅历和深厚的理论修养，即席做了深入浅出和富有哲理的回答。周恩来总理面带微笑、神色安详地说："首先我对此了解不多，所以只能谈谈一些并不深入的意见。"[3]他接着回答道："可能现在世界青年对现状有点不满，想寻求真理。青年思想波动时会表现为各种形式。但各种表现形式不一定都是成熟了的或固定的。因为寻求真理的途径总要

---

[1] 宋琳琳.论合作原则视角下的外交模糊现象及其翻译策略[D].沈阳：辽宁大学，2011.2.
[2] 郭立秋，王红利.外交语言的精确性与模糊性[J].外交学院学报，2002，(4)：84.
[3] 冯贵家."乒乓外交"始末[J].乒乓世界，1997，(3)：26.

通过实践来证明是对还是不对,这在青年时代应该是许可的。……"[1]他进一步强调:"按照人类认识的发展规律来看,最后总要认识出一个普遍真理,这和自然现象一样。我们赞成任何青年都有这种探求要求,这是好事。但有一点非常重要的,就是最终总是找到大多数人的共同性。……如果自己通过实践证明是错误的,就应该改。正确的坚持,错误的改正,这是我们的认识。"[2]周恩来总理略作停顿,思考片刻又说道:"这只是我个人意见,只是一个建议而已。"[3]

"含蓄""婉转""克制""话说半句"或运用多种"托词"等成为外交语言的特色,这是因为在处理国家关系时常需避免刺激性或过于暴露而留有回旋余地。[4]面对出人意料的问题,外交人员需要通过巧妙而又机智的外交语言,对使人不悦、难堪、尴尬的问题做出回答。在周恩来总理的回答中,首先,周恩来总理以谦虚低调的姿态说明了自己的观点是浅显的,而后的发言博采众长、循循善诱,从前到后循序渐进地营造出一种意想不到的效果。其次,周恩来总理并没有直接对嬉皮士行为与观点作出评价,取而代之的是"懂得""正确的坚持,错误的改正"等模糊词语,表明对嬉皮士不置可否。而"个人意见""建议"等模糊词语的运用使表达温和有力。周恩来总理以世界青年探寻真理的行为作为切入点,侧面论述了嬉皮士寻求真理和自我价值的行为及思想应通过实践来证明其正确与否。这样的表达在给予赞同的同时有所保留,既表达了自己的立场,又打破了僵局,展现了以退为进的语言技巧。最后,周恩来总理的措辞不仅使观点得以委婉阐述,更为表达留有余地和补充的空间。这样的答复既不会造成对方失望,也不会使他人过度揣测说话人内心的真实想法。周恩来总理这样的模糊作答既能回答问题,又能取得较好的效果,还拉近了与科恩之间及两人背后的中美人民

---

1 中华人民共和国外交部、中共中央文献研究室.周恩来外交文选[M].北京:中央文献出版社,1990:473.
2 钱嘉东,王立."乒乓外交"的台前幕后[J].纵横,2000,(5):8.
3 姚远."乒乓外交"中的周恩来[J].中华魂,2013,(13):44.
4 郭立秋,王红利.外交语言的精确性与模糊性[J].外交学院学报,2002,(4):81.

之间的感情。

对于周恩来总理上述这番回答，科恩既赞赏又意外。在周恩来总理的论述中，他没有"表达出对资产阶级的敌视或者对嬉皮士颓废生活状态的批评，没有谈到严肃的国家制度问题，取而代之的是对青年人想法做法的理解和像朋友、像长者般的循循善诱。这既符合当时自由交谈的氛围，也表达出中国政府认同美国青年的一些做法、愿意同美国人民或者美国政府深入交往的态度。"[1]周恩来总理回答没有讲教条式的大道理，而是深入浅出地谈了自己的看法，赢得了全场的掌声，在第二天就被许多世界大报与通讯社报道。远在美国的科恩母亲也深受感动，托人买了一大束鲜花空运到北京送给周恩来总理以表谢意。周恩来总理这番游刃有余的回答缓和了现场的气氛，传达了中国对美国的情感，促使两国间增进认识和了解。这次以小球转动大球的外交活动，更是为尼克松总统日后访华打下了基础。

外交语言是一种"温和的委婉说词"。中美乒乓外交的受众群体是两国公民。面对共同的受众群体，外交人员需要积极地发挥其外交语言的能力，在言语中做到精确中有模糊，模糊中有精确。在外交场合中，委婉达意的模糊语言使发话者的语言更具有得体性、幽默性及灵活性等特点。运用模糊语言可以达到显中有隐、隐中有显的最佳交际效果。[2]

三、修辞手法的运用

纵观中美乒乓外交时期的外交语言，经常会用到修辞手法里的反问和比喻。反问是指以疑问的形式表达确定的内容，突出强调所要表达问题的核心，一般具有不可辩驳的气势。比喻是找出两个事物之间的相似点，以一物喻一物，使被描写的事物形象生动，道理通俗易懂。在外交场合，恰当、准确地使用疑问句可以使受话人由被动接受转化为主动思考，并使对

---

[1] 李小兰. 周恩来外交语言研究 [D]. 成都：四川师范大学，2011.31.
[2] 刘涛. 基于合作原则和得体原则视角的外交话语语用模糊现象探究 [J]. 时代文学（下半月），2011，（8）：201.

方理解，甚至遵循发话人的思维逻辑来审视问题，理解发话人的情感和想法，从而达到维护本国利益的目的。例如，周恩来总理在接见美国乒乓球代表团时说道："中美两国人民来往，过去是很频繁的，以后中断了很长一个时期。你们这次作为应邀来访的第一个美国代表团，打开了两国人民友好往来的大门。我相信，中美两国人民的友好往来将会得到两国大多数人民的赞成和支持。""你们同意我这个意见吗？"[1]在这段话中，周恩来总理首先坚定地表达了自己的立场，紧接着使用了一个反问句。这句问话看似无足轻重，但其高明之处在于答案只存在于"同意"和"不同意"之中。假使美国代表团回答"同意"，则表示美方与中方有着相同的态度和立场，而假使回答"不同意"则表示美国无意与中国展开友好往来。当然，第二种情形绝不会发生，如此决绝果断的立场一般只出现在形势极其严峻的外交事件和场合中，况且美国代表团访华本来就是以谋求发展友好关系为前提的。

使用大众化的口语能让听者更好地理解发话人的意图，使语言生动活泼，道理深入浅出、通俗易懂。虚词往往比实词的弹性要大，使用与否完全取决于发话人的意愿，以及语境下语法的完整性。在不同的场合和语境下，虚词可以适当地辅助强化发话人的态度，也能缓和事件的严重性。值得一提的是，在这段外交语言中周恩来总理接连使用了两个虚词。"很长"一词在语境中与过去很频繁的交流形成对比，表达了中美间隔阂的漫长岁月；而"相信"在句中增强了发话人对于两国人民友好往来前景的期盼。

比喻可以增强语言的直观性和形象性，在运用比喻时，对本体和喻体的准确把握往往能为语言增色不少并获得较好的语言表述效果。1971年5月30日，周恩来总理在一次外事工作会议上颇有诗意地说："4月7日，我们伟大领袖毛主席把乒乓球一弹过去，就转动了世界，小球转动了地球，震动世界嘛！"[2]，"乒乓外交"一向以"小球转动大球"而著称，周恩来总理把乒乓球比喻为"小球"，而"大球"则指代中美关系。这一比喻使抽象

---

1 钱嘉东，王立. "乒乓外交"的台前幕后 [J]. 纵横，2000，（5）：7.
2 姚远. "乒乓外交"中的周恩来 [J]. 中华魂，2013，（13）：45.

的两国关系变得具体，把乒乓外交与中美关系间深奥的内在联动性关系叙述的浅显易懂。乒乓外交不仅极大地改善了中美关系，甚至震动了世界。周恩来总理用"小球转动大球"这样形象的比喻使人们深刻认识到：小球虽小，影响却大。时任国务委员刘延东在纪念乒乓外交40周年的贺信中指出："40年前，中美两国老一辈领导人和政治家以非凡的战略远见和高超的外交艺术，用小小银球推动了中美关系的'大球'，开启了中美关系40年不平凡的发展历程。"[1] 这一经典的比喻即使在半个世纪过后的今天也依旧适用。巧妙利用修辞为外交语言增色的效果是立竿见影的，不仅使外交语言形象生动、内涵丰富，更能成为经典，昭示出善于运用外交语言的意义。

　　无论是运用得体的外交语言展示一国风采、加强两国间的联系，还是运用模糊谨慎的话语来避免误会，化解尴尬，又或者巧用修辞使得外交语言更加生动形象，达到良好互动的效果等，都是在外交场合经常用到的策略。外交离不开语言的推动，一番精彩绝伦的演讲、灵活巧妙的回答都能为外交活动增添色彩。中美乒乓外交开展期间双方外交语言的运用充分印证了这一切。

1　新华社.中美乒乓外交四十周年系列纪念活动举行刘延东致贺信[J/OL]. http://www.gov.cn/ldhd/2011-07/06/content_1900523.htm.

第二十三章　熊猫外交的语言运用

　　大熊猫是中国特有的物种,其外形憨态可掬,性格温顺随和,被誉为中国的国宝,也是最具民族象征性的动物之一。在中国古代,大熊猫被称"驺虞",西晋时被视为象征和平友谊的"义兽"。中国将大熊猫赠送或租借给他国,借以传达中国与接收赠送或租借国家间的友好关系及未来发展的美好愿望。

　　上图为2012年2月11日,时任加拿大总理斯蒂芬·哈珀及夫人劳琳·哈珀参观重庆市动物园,并出席中加双方租借大熊猫签字仪式。

作为中国独有外交形态的熊猫外交，是中国推进外交进程中不可忽视的点金石。熊猫特别可爱的形象及其稀有性，为其作为礼物租借他国以推进国家之间关系奠定了天然条件，但在推进熊猫外交的过程中，外交人员需要发挥语言优势来推进外交目标。中国充分发挥了熊猫自身所代表的形象语言的意义、礼仪语言的意义、行为语言的意义，并在运用这些语言意义的过程中，展现出中国外交人员多方面的语言智慧和技巧。

一、熊猫的形象语言

大熊猫是哺乳动物，属于食肉目，熊科，大熊猫亚科。大熊猫黑白两色界限分明构成独特的体色，而圆圆的脸颊，大大的黑眼圈，胖嘟嘟的身体以及标志性的内八字的行走方式使其憨态尽现，独享天下至呆至萌至宠之地位。被誉为"活化石"和"国宝"的大熊猫，已在地球上生存了至少800万年。大熊猫是中国的一级保护动物，主要栖息地位于中国四川、陕西、甘肃。大熊猫是世界生物多样性保护的旗舰物种，同时也是世界自然基金会的形象大使。

纵观中国历史，天下独尊的皇帝所穿的都是龙袍。中国人对"龙"情有独钟，喜欢自称"龙的传人"。然而，在西方，"龙"的寓意和中国历史文化中所代表的寓意相差极大。因此有人认为"龙"并不是代表中国国家形象的最佳动物。反观真实存在的大熊猫，其体型圆润肥大，再加上厚厚的毛发和特有的"熊猫眼"，天生就给人一种腼腆、温顺、呆萌的感觉，与生俱来的亲和力和魅力，让任何一个年龄段的人都不会认为这是一种攻击性动物。这就是大熊猫所具有的天然、独特、适合表达国家亲善意义的形象语言。

二、熊猫外交的礼仪语言

熊猫外交是中国与他国由来已久的一项外交活动。历史上，各国将熊猫视为一种通人性且有亲和力的动物，值得人们珍惜。中国与他国开展熊猫外交，表示中国很看重彼此之间的关系。这一种视若珍宝的赠送大熊猫的外交礼节，成为最有效、最亲民、最让人铭记的外交礼仪方式之一。

熊猫作为一种国礼是礼仪外交发展的产物，也与人类保护珍稀野生动物意识不断增强密切相关。伴随着国际交往的深入和国际之间的融合，国礼馈赠逐渐成为外交礼仪的一部分。同时，赠送国礼还必须讲究外交策略。从国宾互访赠送的国礼来看，我们注意到更多的是在赠送国礼背后的一些重要意义。[1]

熊猫外交的历史由来已久，据日本史料记载，早在公元685年，中国唐代武则天就曾送给日本天皇两只熊猫和70张熊猫毛皮。[2]大熊猫的秘密是于1869年传入欧洲国家的。最早研究中国野生动物的法国传教士阿尔曼·戴维带着大熊猫的秘密远渡重洋，法国自然历史博物馆遂收到了一件精美的熊猫标本。尽管这只是一件大熊猫的标本，但仍是西方所迎来的首只熊猫。大熊猫可爱的造型和其独特物种的特有形象使许多欧洲人为之神往，随之掀起的"熊猫热"驱动很多人不远万里前往中国开始了探寻熊猫之旅。自此以后，熊猫逐渐被人们所熟识，并成为各国渴望得到的珍贵物种。1941年是大熊猫在现代外交史确立独特地位的分水岭，此后大熊猫成为了真正最高规格的国礼。中国现代史上首次标志性的熊猫外交，即宋美龄向美国赠送一对可爱的大熊猫，以表达对救济中国难民的美国人民的感激之情。

美国联合救济中国难民协会自中国抗战开始后于美国建立，是一个受到美国政府支持且着重致力于救济中国难民的民间组织。在抗战初期，美国联合救济中国难民协会提供了十分重要的帮助，输送了大量的医疗器材、食品、资金以及药物等。中国决定赠送稀有珍贵且具有中国特色的礼物以示对该协会的感谢。宋美龄作为当时赠送行动的代表及主持，在收听广播时，得知了一则来自美国纽约白朗克斯动物园的新闻，动物园内唯一的一只名

---

1 辛铭. 第一"国礼"大熊猫[J]. 中国西部，2009，（4）：23.
2 林禾、余里. 中国"熊猫外交"揭秘[J]. 传承，2010，（4）：16.

叫"本度拉"的中国大熊猫死去了，许多美国人对"本度拉"的死去感到悲痛。宋美龄得知此消息后当机决定赠送给美国人民一只珍奇的大熊猫。1941年11月9日，宋霭龄和宋美龄两姐妹代表国民政府，正式宣布将大熊猫作为珍贵国礼赠予美国。宋美龄在接下来的外交活动中宣传中国艰苦抗战的精神，希望中国和美国站在同一条正义战线共同反对法西斯的侵略。宋美龄的柔性诉求、不卑不亢的态度及大熊猫的魅力打动了美国人的心。陈纳德援华飞虎队的第二中队取"熊猫队"为绰号，大熊猫俨然成为战时中美友谊的象征。在致纽约动物协会会长约翰·狄梵的信中，宋美龄写道："作为微不足道的感谢，我们通过您向贵国赠送一对可爱的毛茸茸的黑白大熊猫。"而这句话恰恰遵从了合作原则和得体原则，促使他国更加积极与中国合作。宋美龄应时顺势将熊猫带进了美国，也将中国的友谊通过美国传播到其他国家。

　　熊猫外交不仅是中国推进与美国关系的利器，美国也利用熊猫外交加速与中国关系的进程。1942年1月5日出刊的美国《时代》杂志用简报的形式报道了中国大熊猫。在《自然科学》专栏中出现了大量描写大熊猫的文字，并以护送熊猫为题进行了相关报道："这两只婴幼大熊猫是蒋介石夫人答谢美国联合救济中国难民协会义举的赠礼，在去年夏天被捕捉于中国内陆寒冷的山中。翻山越岭，先是从重庆搭飞机到马尼拉，再乘船到夏威夷……"1月12日，一篇题为《婴幼大熊猫在白朗克斯动物园初次露脸》的报道赫然出现在《生活》杂志上，作为报道该周五个主题事件之一的这篇文章，刊登了一幅倚门而坐若有所思的大熊猫照片，加注为："一只婴幼大熊猫，为中国政府赠送美国孩童的两只之一，在白朗克斯动物园初次露脸。"此时，距离珍珠港事件爆发不过一个月。美国两大杂志不约而同报道中国熊猫的消息，有意无意间传播中美两国共同勾勒的一幕和善画面。[1] 将熊猫的可爱珍贵作为中国元素的表达在当时可以有效提高本国的地位；将憨态可掬的大熊猫作为中国的亲善大使，使其出使外交活动，有效地推进

1　邵铭煌. 抗战时期鲜为人知的——"熊猫外交"[J]. 抗战史料研究，2012，（1）：139.

了中美关系。

中华人民共和国成立后，中国积极运用熊猫这一外交使者发展与其他国家的外交，推动彼此的友谊。苏联于1957年收获了一只名为"平平"的大熊猫，是新中国成立后第一只国礼大熊猫。两年后，作为配偶的名为"安安"的大熊猫又被送往苏联。1971年，当时中国与日本已开始"邦交正常化"，日本收到中国赠送的一对名为"兰兰"和"康康"的大熊猫。此后，中国又陆陆续续向各国赠送大熊猫。截至2014年6月，中国与美国、日本、奥地利、泰国、西班牙、澳大利亚、英国、法国、新加坡、加拿大、马来西亚等国家的17个动物园开展大熊猫合作研究。[1] 开展大熊猫国际合作研究，对推动中国与相关国家之间关系发挥了良好的作用。而在20世纪70年代初中美关系改善过程中，大熊猫作为国礼所发挥的作用无疑被载入国际关系史册。当年华盛顿地铁票的图案就是两只天真无邪的大熊猫在啃食竹叶，美国社会对大熊猫的喜爱及其在中美关系所发挥的作用可见一斑。时至今天，大熊猫对于华盛顿人来说也是一个特殊的存在。[2]

中国于2007年9月12日正式宣布结束赠送大熊猫的活动，取而代之是与国外开展合作研究。熊猫外交迎来了一个全新的更加广阔的舞台。近年来，大熊猫主题的衍生品大量出现，在世界各国随处可见。从文化传播角度，大熊猫的卡通形象获得了更多人的喜爱。以风靡全球的电影《功夫熊猫》为例，该片的灵感和取景来自中国四川，作为好莱坞动画大片引得无数大牌明星为其配音，最终票房获得巨大成功。电影里的大熊猫阿宝形象大大提高了普通民众对于大熊猫的好感度，在此基础上将中国的国家形象同大熊猫形象紧密地结合起来，不仅有利于全球对中国和平友好形象的认同，还能有效助推大熊猫衍生品的全球传播。据统计，在目前全世界范围内，约有41只大熊猫生活在中国以外，包括美国、加拿大、墨西哥、

---

1 中国林业网.全国第四次大熊猫调查取得了哪些成果？[J/OL].http://www.forestry.gov.cn/main/4048/content-747321.html.
2 迈克尔·柳.中国对美公共外交的三个案例[J].公共外交季刊，2010，（2）：77.

日本、泰国、澳大利亚、比利时、韩国等国家拥有大熊猫。[1] 从中国"租借"大熊猫的期限一般是 10 年左右。不可否认，赠送和租借大熊猫作为重要的礼仪语言表达，在今天外交活动中具有其独特的意义。

三、熊猫外交的模糊语言

20 世纪 70 年代初发生了一件轰动国际社会的大事，那就是中国与美国关系的解冻。而此期间，大熊猫"玲玲"和"兴兴"被赠送于美国具有特定的意义。这是自 1949 年以来，中国大熊猫首次被送往西方国家。时任中国外交部美澳司美国处处长的丁原洪，亲身参与到尼克松总统访华中方筹备工作当中。他回忆道："在招待尼克松总统的一个宴会上，周恩来拿着一包熊猫牌香烟走向尼克松夫人，递给她问道'喜欢吗？'尼克松夫人说'不吸烟'。接着周恩来总理就指着烟盒上的熊猫图案问道'喜欢这个吗？中国人民收到你们送的两头麝香牛，北京动物园也送两只大熊猫给美国人民。'尼克松夫人一听，惊喜地对尼克松叫道：'天哪，你听到吗？大熊猫！总理要送大熊猫给我们！'"[2]

在这段对话中，我们可以看出周恩来总理巧妙地运用了外交语言的模糊性，做到了精确中有模糊，模糊中有精确。首先第一个问句"喜欢吗？"他没有指名道姓谁喜欢，也没有问喜欢的是什么，而这句话却凭借一盒烟表达出了周恩来总理的意图。第二句话周恩来总理运用了得体原则和合作原则，直截了当地表达了他提问第一个问题的意思，从而达到显中有隐，隐中有显的境界。

大熊猫在推进国家间了解与交流发挥了独特作用，无论是从 1869 年大熊猫首次来到西方国家使欧洲人为之疯狂着迷，还是 1972 年在美国所掀起

---

1 中国林业网.全国第四次大熊猫调查取得了哪些成果？[J/OL].http://www.forestry.gov.cn/main/4048/content-747321.html.
2 孙桂华，夏俊."熊猫外交"的秘密往事[J].政府法制，2009，(21)：51.

的参观热潮。国宝大熊猫能够发挥的作用,不亚于外交官或政治家。[1] 毫无疑问,熊猫外交的运用将进一步提升中国和平形象,推进双方关系的改善。作为中国的国宝,这位穿黑白色礼服的"胖大使"、中国外交界的动物明星,为我国的外交事业做出了不可磨灭的贡献。[2]

---

1 林禾,余里. 中国"熊猫外交"揭秘 [J]. 传承,2010,(4):16.
2 吕冰. 熊猫与政治 [J]. 协商论坛,2005,(8):41.

第二十四章　环境外交语言透析

环境问题作为一个日益重要的全球性问题关系到人类的共同利益，也是各国争夺国际话语权和全球参与的一个重要领域。伴随着环境外交的出现，作为环境外交重要工具的环境外交语言也应运而生。"世界只有一个地球""如果人类不知道保护我们的水源，地球上最后一滴水将是人类的眼泪""在保护地球环境上，发达国家与发展中国家具有共同但有区别的责任"等，已成为国际社会的共识。

上图为2017年11月6日至17日在德国波恩举行的《联合国气候变化框架公约》第23届缔约国大会会议现场。

环境问题是指由于自然界或人类活动作用于人类的生存环境引起环境质量下降或生态失调，导致对人类的生产和生活产生影响的现象。环境问题作为一个全球性问题，为世界各国建立合作对话机制，提升在环境外交领域的话语权，展现负责任大国形象提供了一个良好机遇。伴随着环境外交出现，作为环境外交重要工具的环境外交语言也应运而生。

一、环境外交语言的概念

自外交语言产生以来，学者对其研究主要集中在诸如对外交语言概念的解读、外交语言特点分析、外交语言使用策略分析等，而将之划分领域进行具体分析则少见，尤其是对环境保护领域的外交语言研究仍处于起步阶段。

外交语言伴随着外交的产生而产生。"在人类外交或语言发展的历史上，外交语言主要指某一时期内实力最强、影响最大的国家的语言，例如，拉丁语、法语和英语曾先后成为国际上的主要外交语言。"[1] 然而，在当代，外交语言的含义已经发生了微妙的变化。人们对外交语言的概念的界定可谓各抒己见，不一而足。如"最确切、最全面的说法应该是：外交语言是外交活动中实际使用的语言。"[2] "在外交场合，国家政府部门的正式工作人员以和平方式进行国际交往时所使用的语言笼统地归之为外交语言。"[3] "外交语言是一种'温和而婉转的说词'。"[4] 综合以上关于外交语言的概念，我们可以将环境外交语言的概念界定如下：环境外交语言是主权国家围绕着国际环境保护议题在对外交往中所使用的语言。基于这样的解读，环境外交语言必定具有外交语言的一般特征，又具有其自身领域的特征。

---

1 郭鸿. 外交语言今昔 [J]. 世界知识，1989，(5)：28-29.
2 郭鸿. 外交语言今昔 [J]. 世界知识，1989，(5)：28.
3 编辑委员会. 第七届国际汉语教学讨论会论文选 [M]. 北京：北京大学出版社，2004：75.
4 金冠华. 杂谈外交语言 [J]. 外交学院学报，2003，(1)：78.

二、环境外交语言的特征

（一）强调环境保护的重要性

毫无疑问，在当今世界环境问题已经威胁到人类的生存和发展。环境保护的重要性体现在两方面：一方面，"全球性环境问题客观上日趋严重，如全球气候变暖、臭氧层损耗、大气污染、森林锐减、土地荒漠化、水资源匮乏、生物多样性丧失等，已经在一定程度上威胁到人类社会的生存和进一步发展。"[1] 另一方面，作为一种非传统安全议题，以气候变化为代表的更广泛层次上的全球环境问题，在双边和多边外交中地位明显上升。"它也是后冷战时代，随着传统的军事安全地位的相对下降，世界各国对影响国家安全的其他非传统、非军事威胁在主观认识层面上升的结果。无论如何，全球环境问题正渗透到国际关系领域，成为关系到人类生存和发展的重大国际问题。"[2]

从环境保护的现状看来，保护环境已经成为一种全球性共识，人类意识到生态环境的危机就是人类自身的危机，也意识到环境危机正是人类自身行为的恶果。但自20世纪70年代人类环境价值观逐渐确立以来，数十年过去了，环境保护并未取得实质性成果，国际合作也并未真正有效实现，有关环境问题的国际会议常常难以达成协议，尤其在发达国家和发展中国家之间在环境保护政策上矛盾重重。

（二）言必及权利责任

"保护和改善人类环境是关系到全世界各国人民的幸福和经济发展的重要问题，也是全世界各国人民的迫切希望和各国政府的责任。""人类有权在一种能够过上尊严和福利的生活环境中，享有自由、平等和充足的生活

---

[1] 王晓梅. 全球环境问题对国际关系的影响 [J]. 当代世界，2008，（5）：42.
[2] 王晓梅. 全球环境问题对国际关系的影响 [J]. 当代世界，2008，（5）：42.

条件的基本权利，并且负有保护和改善这一代和将来世世代代的环境的庄严责任。"[1]

各国政府都承认环境保护是一种义务，这在各国政府的环境保护政策上已逐渐反映出来，如将大气中的温室气体含量稳定在一个适当的水平，进而防止剧烈的气候变化对人类造成伤害已经成为各国必须面对的问题。

（三）言保护不离发展

"为了实现更合理的资源管理从而改善环境，各国应该对他们的发展计划采取统一和谐的做法，这是同时满足经济发展需要和保护与改善环境需要所迫切要求的。"[2] "合作促进有效方式用以发展、应用和传播与气候变化有关的有益于环境的技术、专有技术、做法和过程，并采取一切实际步骤便利和酌情资助将此类技术、政策的做法特别转让给发展中国家；促进制定和实施教育及培训环境保护人才方案。"[3]

环境保护的特殊性体现在它是关乎全球人类健康生存的重大问题，也是提高人类生活水平的要求。各国必须达成共同理念，必须建立健全环境保护长效机制，促进环境保护与经济发展相协调。

（四）呼吁国际合作

在当今世界，环境保护问题成为许多重要国际多边会议上讨论的热点议题。例如，在世界经济论坛、欧盟首脑会议、八国集团峰会、亚欧峰会、亚太经合组织会议上，以及在《联合国气候变化框架公约》《京都议定书》等缔约方会议上，环境问题成为各国谈判的焦点。

"全球和区域环境问题与国家政治、经济和安全等领域不断相互渗透，一体化和复杂化程度日益增强，环境安全成为国家非传统安全的基本要素，

---

[1] 联合国人类环境会议宣言 [J/OL].https://baike.so.com/doc/6391570-6605227.html.
[2] 联合国人类环境会议宣言 [J/OL].http://baike.baidu.com/view/242361.htm.
[3] 联合国气候变化框架公约京都议定书 [J/OL].http://www.china.com.cn/chinese/zhuanti/210852.htm.

环境利益已经成为影响国家利益的重要因素。"[1]"应对气候变化需要国际社会坚定信心，凝聚共识，积极努力，加强合作。""各国应进行合作，以进一步发展有关他们管辖或控制之内的活动对他们管辖以外的环境造成的污染和其他环境损害的受害者承担责任和赔偿问题的国际法。""各国应保证国际组织在保护和改善环境方面起协调的、有效的和能动的作用。"[2]"各级政府应承担最大的责任。国与国之间应进行广泛合作，国际组织应采取行动，以谋求共同的利益。"[3] 国际环境合作指国家及其他国际行为体在环境保护领域的合作，是为谋求人类共同利益，解决已经发生的对国际社会有共同影响的环境问题和对全球环境有损害或损害威胁的活动而采取的集体行动。其中，国家是国际环境合作中最重要的行为体，国家的意志和行为决定着合作的成败。世界各国已经意识到，"保护生物圈是人类的共同利益"。[4] 于是，"生态系统的整体性和环境危机的严重性决定了国际环境合作的重要性，它的成功与否，既决定着人类环境保护事业的成败，也关系着人类的命运。"[5]

三、环境外交语言的差异

外交语言是为主权国家特殊利益服务的工具。环境问题是全球问题，环境保护作为全球性的价值观念，它一方面涉及世界各国的利益，是任何一个国家都无法逃避的责任和必须完成的任务；另一方面它又涉及各国不同的环境状况和利益取向。因此，各国的环境外交语言既具有统一特征，又必然显示出国别性。

---

1 李干杰.加强环境保护国际合作,共同呵护人类赖以生存的地球家园——写在9.16国际保护臭氧层日 [J]. 环境教育，2008，（9）：11.
2 联合国人类环境会议宣言 [J/OL].https://baike.so.com/doc/6391570-6605227.html.
3 联合国气候变化框架公约——京都议定书 [J/OL].http://www.china.com.cn/chinese/zhuanti/210852.htm.
4 张若思.国际环境法 [M]. 北京：法律出版社，2000：176-177.
5 许健.论国际合作原则在国际环境保护领域的拓展 [J]. 天津大学学报，2009，（12）：3.

（一）发展中国家环境外交语言的表达

1. 发达国家负有更多责任

以中国为代表的发展中国家对环境保护寄予厚望，但强调发达国家的责任。发达国家必须要先采取措施，然后发展中国家积极跟进。2009年12月，中国总理温家宝在哥本哈根世界气候大会上表示："应对气候变化必须在可持续发展的框架下统筹安排，绝不能以延续发展中国家的贫穷和落后为代价。发达国家必须率先大幅度减排并向发展中国家提供资金和技术支持，这是不可推卸的道义责任，也是必须履行的法律义务。"[1]"国际社会，特别是联合国相关会议应在广大发展中国家最为关注的资金和技术转让问题上发挥作用，并使发展中国家取得实实在在的成果。"坚持规则的公平性，既坚持"有区别的责任"，又重视"共同的责任和义务"。"中国政府确定减缓温室气体排放的目标是中国根据国情采取的自主行动，是对中国人民和全人类负责的，不附加任何条件，不与任何国家的减排目标挂钩。我们言必信、行必果，无论本次会议达成什么成果，都将坚定不移地为实现甚至超过这个目标而努力。"[2] 2010年12月，中国国家发展和改革委员会副主任、中国代表团团长解振华在坎昆气候大会上表示："中国将继续通过南南合作向其他发展中国家，特别是最不发达国家、小岛屿国家和非洲国家提供力所能及的帮助。"[3]"我们希望利用本国资源实现自主减排的行动公开、透明，让全世界都知道我们付出的巨大努力。"[4]

---

[1] 温家宝. 凝聚共识 加强合作 推进应对气候变化历史进程——在哥本哈根气候变化会议领导人会议上的讲话 [J]. 资源与人居环境，2010，（1）：17.

[2] 温家宝. 凝聚共识 加强合作 推进应对气候变化历史进程——在哥本哈根气候变化会议领导人会议上的讲话 [J]. 资源与人居环境，2010，（1）：17.

[3] 新华网. 中国提出四点建议推动坎昆会议取得积极成果 [J/OL]. http://news.ifeng.com/world/news/detail_2010_12/09/3425749_0.shtml.

[4] 人民网. 中国在坎昆展现大国风范 [J/OL]. http://energy.people.com.cn/GB/13423010.html.

2.强调环境与发展并济

中国提倡"科技含量高、经济效益好、资源消耗低、环境污染少、人力资源得到充分发挥"的新型工业化路子。在坎昆世界气候大会上，中国代表团团长解振华如是称："按照联合国相关标准，中国还有1.5亿人处于贫困线标准以下。中国面临既要发展经济又要保护环境、还要应对气候变化的多重繁重任务。中国会吸取发达国家工业化过程当中的经验教训，不重蹈覆辙，在发展经济的同时努力减缓温室气体排放的增速。"[1] "发达国家应率先大幅减排，为发展中国家腾出必要的发展空间，并向发展中国家提供资金和技术转让支持。发展中国家也要在可持续发展的框架下为应对气候变化做出贡献。"[2]

国际社会曾就"边发展边治理"还是"先治理后发展"这一问题进行激烈的争论，最终环境保护与经济发展相协调成为共识。然而，相对于发达国家，发展中国家的发展压力更大，在保护环境和经济发展协调原则上态度更为坚定，中国也不例外。

3.诉求资金和技术转让支持

"发达国家要通过国际合作，为发展中国家应对气候变化提供资金、技术和能力建设的支持。"[3] 在坎昆世界气候大会上，解振华指出："我们绝对不会进行无约束的排放，并积极努力，争取尽早出现排放峰值。如果能够得到国际社会的技术帮助，峰值可能还会出现得更早一点。"[4] "我们期待：发达国家真正树立起'地球村'的发展理念，摈弃政治作秀，

---

1 人民网.中国在坎昆展现大国风范 [J/OL].http://energy.people.com.cn/GB/13423010.html.
2 新华网.中国提出四点建议推动坎昆会议取得积极成果 [J/OL].http://news.ifeng.com/world/news/detail_2010_12/09/3425749_0.shtml.
3 新华网.中国提出四点建议推动坎昆会议取得积极成果 [J/OL].http://news.ifeng.com/world/news/detail_2010_12/09/3425749_0.shtml.
4 人民网.中国在坎昆展现大国风范 [J/OL].http://energy.people.com.cn/GB/13423010.html.

采取有效行动，协助发展中国家构建起可持续发展体系；相互开拓市场，不设置技术转让壁垒，促进绿色商贸往来，以最优惠的和非商业性的条件，支援发展中国家采取应对气候变化行动、规划与实施污染治理工程、维护生态环境。"[1]

对于资金和技术的诉求也成为中国等发展中国家与发达国家的主要争议之所在。印度强调环境与发展并济，诉求资金和技术转让支持。"技术将是我们在接受应对气候变化挑战的关键。每个成员国都负有在气候技术友好合作的义务。如果我们进行最佳的科学和技术资源方面的合作，英国哥伦比亚资源调查公司将可能树立在可更新技术方面合作发展、部署和传播的一个好榜样。"[2] "我们需要进行多边协商努力以充分保证,《联合国框架协定》和《京都议定书》全面、有效、可持续实施，并且确保协商公平、客观。最主要是关于这一揽子计划——妥协、适应、资金和技术转让。"[3]

4. 提出"环境殖民主义"概念，反对借环境问题干涉国家内政

发达国家由于经济发达，民众的环境意识及对高质量生活的追求意识要远远超过发展中国家。发达国家民众多只关心本国国内的区域性环境问题和已经产生严重影响全球性环境问题，而对存在于广大发展中国家的可能演变为新的全球性环境问题的区域性环境问题关注较少，这就减轻了发达国家政府承担区别责任的国内压力。然而发展中国家对于环境保护合作问题，与发达国家的看法大相径庭。

首先绝大多数发展中国家认为，环境污染仅仅是发达国家的现象，

1　2010年北京宣言[N]. 科学时报，2010-08-03（A1）.

2　Embassy of India.Opening Statement by the Prime Minister of India Dr. Manmohan Singh at the Plenary Session of the BRIC Summit[J/OL]. http://www.indianembassy.org.cn/NewsDetails.aspx?NAID=1&NewsId=93.

3　Ministry of External Affairs.Intervention on Climate Change by MOS Smt Preneet Kaur at the Post-Forum Dialogue Partners' meeting[J/OL].http://www.mea.gov.in/Speeches-Statements.htm?dtl/720/intervention＋on＋climate＋change＋by＋mos＋smt＋preneet＋kaur＋at＋the＋post forum＋dialogue＋partners＋meeting.

发展中国家不需要参加国际环境合作；其次，担心保护标准会耗费本国有限的经济资源；再者，担心国际上对于发展的援助会被转移到环境保护的项目中去，而新的发展援助会以实现环境保护为先决条件；发展中国家还认为发达国家试图把环境保护的标准强加给发展中国家，有损发展中国家对本国资源所拥有的主权，是一种"环境殖民主义"；最后还有一个顾虑，就是担心发达国家会借环境保护合作而干涉内政。为此，发展中国家提出以下主张：

（1）坚持共同但有差别的责任原则，以有效平衡发展中国家的心态，消除其在责任承担上与污染严重的工业化国家和发达国家合作的顾虑。坚持该原则，需要根据各国情况进行细节的归责划分。比如，根据不同国家环境责任能力大小及环境利益大小的标准，可做出如下划分："发达国家可以划分为：有环境责任能力且环境利益较大的发达国家、有环境责任能力但环境利益较小的发达国家；发展中国家可以划分为：有环境责任能力且环境利益较大的发展中国家、有环境责任能力但环境利益较小的发展中国家、无环境责任能力但环境利益较大的发展中国家、无环境责任能力且环境利益较小的发展中国家等。"[1] 并按照类型要求承担不同的环境责任，这样就可能更有目的和更有效率地落实共同但有区别的环境责任。

（2）消除在贸易过程中环境主义歧视，尊重发展中国家的发展主权，坚决抵制发达国家对发展中国家进行污染转移、间接掠夺发展中国家自然资源等不道德行为。

（3）发达国家必须在履行环境保护国际法或相关协定上面以身作则（不管是"硬法"还是"软法"），树立榜样形象，才能真正确保其本国的环境和人民生活质量提高。"只顾及个人利益的做法往往不但无法达到生活的理想目标，而且可能会使个体利益水平在原有基础上下降，社会总体利益

---

1 戈华清，吴世彬. 论国际环境保护的效率与均衡——以"智猪博弈"解析"共同但有区别的环境责任"[J]. 河海大学学报（哲学社会科学版），2008，（3）：86.

受损。"[1]

（二）发达国家环境外交语言的表达

1. 强调环境问题的重要性，具体问题被动保守

美国总统奥巴马在2009年哥本哈根世界气候大会上说："如果我们未能克服它，我们这代人面对挑战做出的反应将由历史评估，如果我们未能勇敢、高效、团结地解决困难，我们将面临使后代遭遇无法生存的环境的危险。"[2] "我们的世界处于不可持续发展的路上，它不仅威胁我们的环境，还包括经济和安全。必须制定一条新的路线来达成应对气候变化的一份可操作协议。"[3] "如果我们敏感并重实效，如果我们毫不倦怠地致力于合作工作，我们将能达到共同的目的：改变现存的世界状况，营造一个更加安全、洁净、健康并有利于子孙后代健康发展的世界。"[4] "气候变化是现存对人类最大的危害，要求人类必须立即采取行动。美国将在国内和国际领域，充分做好准备带领并坚定地去弥补过失。"[5] "我们将继续致力于执行国会的立法工作，加强能源安全，减少温室气体排放。"[6] 但摆在世界面前的是，在特朗普就任美国总统期间，实施了一系列的"退群"行动，其中就包括退出《巴黎气候协定》。究其原因乃是显而易见的经济利益诉求，认为《巴黎气候协定》对美国形成了"不公平的经济负担"。美国的这种利己主义的"退群"行为必然招致国际社会的广泛批评和反对。

---

[1] 丁社教.法治博弈分析导论[M].西安：西北工业大学出版社，2007：55.
[2] U S Department of State.United States 09 COPENHAPEN-President Barack Obama[J/OL]. https://www.state.gov/documents/organization/179310.pdf.
[3] U.S. Department of State. Secretary Clinton Calls for Broad Operational Agreement on Climate Change，Secretary Clinton[J/OL]. https://2009—2017.state.gov/r/pa/prs/ps/2009/dec/133557.htm.
[4] 孙楠，刘倩倩.我们共同的目标：应对气候变化[J].山西能源与节能，2010，（2）：46.
[5] U.S. Department of State. Secretary of State Hillary Rodham Clinton，April 27，2009[J/OL]. https://2009—2017.state.gov/secretary/20092013clinton/rm/2009a/04/index.htm.
[6] U.S. Department of State. U.S.Statement at COP-16"，Cancun，Mexico December 9，2010[J/OL]. https://2009—2017.state.gov/e/oes/rls/other/2010/152621.htm.

2. 突出发展中国家责任

"由于地缘政治和全球经济因素,目前全球就处于危机之中的气候变化还未达成一致意见。因此我们迫切需要在规模性和紧迫性上做出反应,我们迫切需要达成全球共识。""我们认为这是所有国家在这次直接经济危机中可以做的环保行动""如果我们未能就气候变化达成一致意见,尤其是发展中国家,我们想要提高生活水平的诉求将变得更加困难,而不是更加容易。"[1] 从奥巴马总统的以上发言中可看出,发达国家在强调自身责任的同时,时刻不忘提醒其他国家的义务。美国的外交特色一直以主动型外交为主,这与其国家实力和国际地位分不开。

3. 强调共同采取行动,全力促进环境保护进程

2010年坎昆首脑会议结束后,时任英国外交大臣威廉·黑格表示:"我们很高兴,在坎昆、墨西哥联合国气候变化谈判上关于减少森林砍伐达成的协议和取得的成果,使发达国家和发展中国家切实采取具体行动减少温室气体排放,向发展中国家提供资金和技术支持。这使一个在联合国框架下具有法律约束力的应对气候变化的全球性协议得以实施。"[2]

在西方很流行的一个说法是:"挣在美国,住在英国。"意思是说美国工商业发达,是一个追求物质的好地方;而英国环境优美,是一个享受生活的好地方。英国环境优美、生态平衡、自然状态良好,得益于英国具有良好的环境保护举措,这些举措又在很大程度上得益于英国人的环境保护意识和生态化生活习俗。"英国是一个小岛国,其土地资源十分有限,工业发展又比较早,因此整个民族就形成了与之相一致的讲究实际、不尚虚华、崇尚科学的风俗习惯;而这种风俗习惯又反过来影响着这个民族的自然观,

---

1 Foreign Secretary's new Special Representative for Climate Change[J/OL]. https://www.gov.uk/government/news/foreign-secretarys-new-special-representative-for-climate-change.

2 Foreign & Commonwealth Office.Foreign Secretary "delighted" at successful conclusion of Cancún Summit,11 December 2010[J/OL].https://www.gov.uk/government/news/foreign-secretary-delighted-at-successful-conclusion-of-cancun-summit.

进而影响着他们的环境保护意识。可以说，英国民众生活方方面面的习俗几乎均对环境保护起着积极的作用。"[1] 英国希望通过绿色政治增强全球影响力。但值得注意的是，英国"脱欧"将对英国乃至欧盟的环境政策产生影响，比如，不再受欧盟强制环境管束的英国环保将何去何从？离开英国的欧盟，环境法规执行的条件是否会发生改变等，都充满着未知。

通过以上对各国环保外交语言的分析，可总结出：全球环境问题实质上是一个十分复杂的问题，背后牵涉各国利益，因而国际环境保护合作一直面临着难以克服的"瓶颈"。但是，我们必须找出解决问题的途径，推进环境保护合作进程。环境问题在国际事务中的地位越来越高，各国的发展无不受到环境问题的影响和制约，环境保护问题也会受到各国的高度重视。因此，在各国交往和国际关系中，环境保护问题和解决生态问题必定起着重要的作用，这就要求我们熟悉各国在环境保护问题中的角色和各自的环境外交语言，通过对各国环境外交语言的准确解读把握各国环境外交政策的实质，找到问题所在，扫除障碍，共同推进全球环境保护进程。

---

1 申富英，李珩. 英国人的日常生活习俗与环境保护 [J]. 民俗研究，2006，(2)：259.